KARI HOTAKAINEN

KIMI RÄIKKÖNEN

知られざる
キミ・ライコネン

カリ・ホタカイネン　著
五十嵐 淳　訳／監修

KIITOS SAMI VISA

サミ・ヴィサへ

ÄLKÄÄ KERTOKO MINULLE FAKTOJA. KERTOKAA MITÄ NE TARKOITTAVAT.

「私には事実を語らないでくれ。事実が何を意味するのかを語ってくれ」

SISÄLLYS

［目次］

はじめに

世界には、競技人口の少ないスポーツが数多く存在する。その中にはオリンピック種目として認定されているものすらある。凍らせた急斜面を橇《そり》に横たわりながら、とてつもない速度で滑走する人間。冬季オリンピックでは、専門的な解説つきで、この競技の様子が事細かく放映される。私は、ひとりもリュージュをしている人を知らない。それもそうだろう。山の斜面にコースを建設する余裕がある国はそう多くない。実際世界には17しかない。オリンピックが終われば滑走コースは残念な博物館に姿を変えてしまうのだ。

フィンランド人にとって重要なスキーのジャンプ競技もそうだ。誰がこの競技をしているのだろう。理論的にこの競技をすることに問題があるわけではないのに、テレビで観戦しているほとんどの人は、おそらくスキージャンプをしたことがない。とは言え、競技者でない者が御託を並べたり、敗因を分析したりするのは自由だ。

さらにフォーミュラ・ワンとなると競技者も激減するだろう。帰宅後にＦ１のトレーニングへ行くと言って出かける者などいない。なのに、どのバーでも、どのガソリンスタンドへ行っても専門家が必ず見つかる。そして、誰それにはセパン・インターナショナル・サーキットは合わないなどと蘊蓄を傾ける。

私たちは、１秒たりともスキーの板をつけて空中を飛ぶことはないし、時速３８０㎞でサーキットを走ることもない。それでも私たちは専門家なのだ。部外者は好き勝手言える。

本書は、外野の目で綴られている。むしろ、その他の目など存在し得ないだろう。そして本書は伝記ではない。厳密に言えば、伝記になり得ないのだ。主人公は、まだ人生の半ばにいるのだから。本書は、自動車整備工になっていたかもしれないモータースポーツ選手の物語である。幸運にも、彼は瞬く間に世界的なスターとなった。それは両親のおかげでもあり、自身の努力の賜物でもある。彼は、ひたすら速さにこだわった。そんな野望を抱く者の大半は無名のまま終わってしまう。彼にとっては、その方が良かったかもしれない。しかし、もう手遅れなのだ。

AUTO ON PUHUMATON PAIKKA

［ 無言でいられる場所 ］

1981年。フィンランド、エスポー市カルフスオ。深夜。子どもが落ち着かない。眠れないのだ。母は息子を抱きよせてなだめる。こうされるのが好きな子だ。この子は2歳年上の兄とは、まったく違う。夜になると弟は敏感な触覚をピンと伸ばし、過ぎ去った一日の出来事を思い出して眠れない。対照的に兄は、弟のことなど露知らず、子ども部屋ですやすやと眠っている。

翌朝、寝不足気味の母が通勤時間に、あることを気にかけていた。長い間、夫と話し合っていたことだ。もうすぐ2歳を迎えようとしている下の息子が話そうとしない。ひとことも。

両親は息子を病院へ連れて行き検査を受けることにした。息子はすべての検査を難なくこなす。異常はひとつも見つからない。むしろ、同年代の子どもたちよりもスラスラ問題を解いている。それでも話そうとしない。おそらく話すのはもう少しあとなのだろう。

最終的に下の子は話すようになった。そして夜中に母を煩わせることもなくなり、親離れの時を迎える。親にとって子離れはつらい。行動は言葉を凌駕する。言葉より行動の方が雄弁だ。子どもの頃に特有の亜麻糸のような癖毛も次第に下の子には見当たらなくなっていた。

36年後、今度は息子の名前の半分が抜け落ちてしまう。いま彼の名前は単に「キミ」。キミ＝マティアスという名前は、道の埃に埋もれてしまった。そしていまや誰も彼の正式な名前を覚えていない。マレーシアの首都クアラルンプールにあるサマ・サマホテルのロビー。金曜日の朝9時10分。何十人ものファンがキミの出待ちをしている。彼の正式な名前を知っているファンは少ないだろう。知っているのは、このホテルのエレベーターからキミが無言で降りてくることぐらいだ。

マレーシア、日本そして中国からファンが押し寄せる。最低限のボキャブラリーを駆使した、いわゆるフォーミュラ英語でファンは熱く語り合う。叫び声と金切り声に言語の壁はない。数あるエレベーターのドアからドアへ、ファンの視線は瞬時に動く。まるで異国情緒豊かな鳥たちが美しく、それでいて言葉にならない鳴き声を輪唱しながら同じ食べ物を、つまり口数の少ないドライバーをついばもうとしているかのようだ。

第2エレベーターからファンにとって馴染みの顔がロビーへ降りて来る。キミのマネージャーのサミ・ヴィサだ。ファンは意味深に彼へ手を振る。サミは007と印字されたフェラーリのリュックを背負っている。その数字でジェームズ・ボンドを思い浮かべるファンはいない。7はキミのカーナンバーだ。さらにサミがロビーに現れるということは、もうすぐキミが降りてくるサイン。当然ファンは嗅ぎつけている。最初にキミを目にするのは自分だと言わんばかりに、ファンは色めき立つ。

第4エレベーターのドアが開く。赤を纏った男性が到着する。

キミはスポンサーのロゴ入りのポロシャツ、短パン、キャップ、サングラスを身に着けている。キミと一緒に赤に身を包んだフィジカルトレーナーのマーク・アーナルも現れる。彼は16年間キミと行動をともにし、ドライバーが不自由しないように段取りをつける。そんな彼にも平穏なプライバシーをスターに保証することは難しいようだ。

キミはファンを目にすると歩みを止める。庭に止めてあるマセラティの懐へスムーズに行くために何をすべきか彼は知っている。数分立ち止まり、40メートル歩く、それだけのことだ。

サミ・ヴィサは、キャーキャーと歓喜するファンをキミに近づけない。雇い主に触れさせないように、そのつどキャップやシャツなどファンの私物をキミに渡す。キミは「ＫＲ」のような文字を綴る。それが繰り返される。まだあるのか。仕方ない、あとひとつ。彼は素早く自分のイニシャルをサインする。キミの表情はぶれない。正確には、わずかに口角が緩む。キミは微笑み、遠くから来てくれた外国人サポーターへ無言のプレゼントを贈る。

ファンは歓声を上げる。何かを手にしたのだ。何ものにも代えられない何かを。ホテルの外扉が開く。キミはさっとマセラティの方へ歩き、そして運転席へ座る。シートはできる限り低く、そして背もたれはできる限り後ろに下げるように調整されている。キミは、すべての車にこんな風に座る。これは彼の職業病と言ってもいい。フォーミュラカーは仰向け状態で運転するものだ。

マーク・アーナルは、助手席に座りキミにボトルを手渡す。ボトルの中には厳選された液体が入っている。空気は湿気をおび、34度の暑さ。エアコンが外気温のことなど忘れさせてくれる。車はゆっくりと動き出す。ホテルへの出入道を抜け、高速道路へ入ると瞬く間にキミは１００㎞／ｈ以上に加速する。灰色の濃厚な液体が入った５００㎖のボトルを左手で振って混ぜる。右手はハンドルを握り、中指でギアを下げる。車はガクンと減速する。取材で同乗させてもらった私は時速70㎞の標識を危うく見落とすところだった。速度制限が１００㎞になると、キミは１４０㎞まで加速する。私がサミ・ヴィサをちらっと目で追うと、彼は表情で「何も言わないでいい。いつもこうなのだから」と私に訴えかける。

ホテルからマレーシアのセパン・インターナショナル・サーキットまで10㎞弱。キミのチームメイトのセバスチャン・ベッテルと彼のフィジカルトレーナーを務めるアンティ・コンツァスは、私たちよりも先に出発していた。しかし、サーキット付近で私たちは彼らに追いついてしまう。道中キミは朝の挨拶すらしない。それどころか近しいスタッフであるマークやサミが同乗していてもキミは一言も言葉を交わさない。私はサミが言っていたことを思い返した。キミは朝から選手モードに切り替わる。彼以外誰も用のない、そして鍵すら持っていない場所へと向かう。自分の世界へ入り込むのだ。キミが外見上クールに見えるのは、単に彼が集中しているだけのことだ。

私たちは車から降りる。ピットへ向かう前にちょっとしたファンサービスがあるとサミが私に教えてくれた。推定200名のファンがフェンスの裏側で待機している。ファンは私物のキャップやカード、そして自分の腕やTシャツをフェンス越しに差し出す。かろうじてKRと読める文字をキミは素早くそれらへ綴る。棒の先で揺れるハンディカメラもお構いなし。これ以上何もする必要がないように、すべてをさせてあげる。

ファンにとって、この出会いの意味は大きい。滅多に目にすることのできないクルマや、間近で目にすることのできないレーシングドライバーに会うために大金をはたいて現地に足を運ぶのだから。実際に得られるものは少ないが、ファンの期待は大きい。ことさらファンは話のネタを欲しがる。もちろん時が経つにつれて話は独り歩きしてしまう。物語は変化するものだ。排ガスよりも多くの噂がピットから漏れ、ドライバーたちはテレビ画面で月面に着陸した宇宙飛行士のように大きなヘルメットの中から一瞬顔を覗かせる。試合の結果を表示したボードが真実を語り、ドライバーたちが言葉少なに事の次第を繰り返し述べる。情報には事欠かない。それでもファンは満足しない。誰を見たとか、誰に触れたとか、誰と目が合ったとか、ちょっとした事実にこだわる。それはサングラスの内側、つまり写真でしか見たことがない氷のようなブルーの瞳にも向けられる。サーキット、ライン、そしてコースの歪みを見ているキミの目。あるいはサングラスに隠れたキミの瞳へ向けられる。

F1で4度のチャンピオンを獲得したルイス・ハミルトンが1週間で受けるインタビューと同じくらい多くのインタビューに、キミは18年のキャリアの中で毎週答えてきた。そんなキミから、いったい何をファンが聞き出したいのか正直わからない。

10分で、すべては終わる。キミはスキップするようにピットへ向かう。走っているのか歩いているのか、彼は野うさぎのように軽い足取りでピット周辺へ進み、フェラーリのガレージへ通ずる道を探し出す。彼は、もうそこにはいない。どの道に進んだのか、神、いやキミのみぞ知る。もちろんキミの道はサーキットに設けられたコーナーのあるコースなのだが。

フェラーリのブースに設けられたキミの部屋は簡素なものだ。合板に似た材料で建てられた約12平米ほどのスペース。内部は1センチ単位で余すことなく有効に活用されている。マッサージにも使える幅の狭いベッド。テーブルの上にはマーク・アーナルが順番通りに並べた3つのヘルメット、グローブ、レーシングシューズ、タオル、そして念入りに混ぜた大量の給水ボトルがある。部屋の隅には青くて小さい頑丈なビニール製のバスタブのようなものがあり、凍りそうなほど冷たい水で満たされている。ドライバーはレース前後にそこへ一瞬だけ腰を下ろす。重さ700kgのレーシングカーを太陽が容赦なく丸焼きにし、ドライバーは体温調整に迫られる。この部屋にはメディアが伝えるような華やかさは微塵もない。ただし、ここは居心地が良い場所だ。

私たちはフェラーリのモーターホームという大型のキャンピングカーへ移動する。それはパドックに設置されている。パドックとは招待客や記者のために用意された長い路地のようなエリアだ。その脇にすべてのチームが独自の小さな世界を構える。関係者以外でパドックへ入るためには、約6000ユーロの年間パスポートが必要だ。その値段でおいしい食事と、通常のチケットでは想像もつかないものが味わえる。それは何か。ドライバーを目にする権利、ピットガレージの上階に設けられたレストランの指定席、そしてこの上ない優越感。この感情を得るために過剰とも思える大金を支払う。

フェラーリのモーターホームに新鮮なバジル、ニンニク、そして焼きたての薄皮の白パンの香りが漂う。フェラーリはイタリアを丸ごとマレーシアに持ち込む。そのためには金に糸目をつけない。テーブルに並んだご馳走は、メインシェフとアシスタントが魔法のような手さばきで作るイタリアの伝統料理だ。フェラーリの物流責任者セルジオ・ボンディはできる限りすべてをイタリアから持ち込んでいると語る。パスタ、コーヒー、椅子、テーブルはもちろん、パンを焼く粉さえ持ち込む。

大会の2日前には料理人が最高の生鮮食材を現地調達する。中国、アブダビ、オーストラリア。どの国でも同じだ。小さなイタリアを築くためにヨーロッパではトラック30台分を運搬する。他の場所には年間30万kmを空輸する。各大会が終了すると総重量4万4千kgになるサーカスのような装備を梱包し7時間で荷積みする。コーヒーは年間7万杯消費する。今年バルセロナで新車のテストに170名のフェラーリの作業員が参加した。年間予算が4億ユーロ以上に大幅に膨れあがるのも不思議ではない。ただし、理性よりも感情が優る世界だ。

そして、この資金があってこそ二人の若いドライバーが1時間半のレースを完走できるのだろう。死に脅えながらも立ち止まることなく出発した場所へ正確に戻ってくる。ずぶ濡れになり、呼吸を荒げ、首筋を熱くし、言葉少なに、それでも生還する。

サミが私の肩をたたいた時、私はぼんやりしていた。最初のフリー走行のスタートを見るためにピットガレージへ向かう時間だ。長いピットスペースの端を通り抜け、私たちは2台の赤いレーシングカーが待つ中枢へと足を踏み入れる。それぞれのクルマの間には独立した空間がある。そこにはパソコンが並べられ、ヘッドセットを装着した赤い作業着の男たちでごった返している。私たちは少し離れたところに立っている。ここなら耳栓で十分だ。

キミはすでに自分のクルマに乗り込んでいる。見えるのはヘルメットとマーク・アーナルが飲料ボトルを手渡した右手だけ。もうひとつのボトルはアーナルの左手にある。突然落としたり、割れたりしてもいいようにボトルは常に2つ用意する。乾いているドライバー、身動きの取れないドライバーのために。

エンジンが唸りをあげる時が来た。フェラーリのエンジンは体重700kgの豚のようだ。豚の脇腹に100本のナイフを両側から突き刺した時の叫び声、それはまるで負傷し怒り狂った獣の鳴き声だ。ピットガレージから地獄へ突進しようと、はやる獣。それはあたかも赤に身を包んだ奴隷がホームストレートを抜け、サーキットという名の自由を追い求めようとする姿そのもの。

擦れた金属音が耳栓を突き抜け、頭の隅々まで溶鉄のように流れ込む。レーシングカーは爆音を立てピットガレージからコースへ向かう。コースに入るとわずか5秒で時速200kmに達し、全長5・5kmのコースを1分半弱の速さで1周する。レーシングカーを肉眼で認識するのは難しい。超低空ロケットのように滑らかにホームストレートを駆け抜ける。すべてが目の前で起こっている。それでもモニター越しにしか全体像が把握できない。

後のことだが、私はこの地獄のような騒音についてキミと話す機会があった。いまのエンジン音は芝刈り機みたいだ。けれど数年前は、もっとましな音だったとキミは素っ気なく答えてくれた。

初日のフリー走行は計2回。このわずかな時間で装備を調べ、タイヤをテストする。すべてが明日の予選のための準備だ。午後のサーキットは閑散とする。しかし仕事が終わったわけではない。技術的なミーティングのあと、キミが3歳の時に習得した「あること」が始まる。しかも見ず知らずの人の前でするのは、さらに厄介だ。そう、話をしなければならない。十個のマイクの前に立ち、キミは首筋を右手で揉みほぐしている。彼の母パウラはこの仕草が何を意味しているのか知っている。息子は激しい苛立ちを覚えている。口からはっきりした音で、意味のない何かを伝えなければならない。その声は言葉に姿を変え、文章となって世界中に拡散する。コンポストのように言葉が蓄えられ、ネット中に沈殿して腐食する。誌面に至ってはすべてリサイクルに回されるか、魚の包装紙となる。記者もそうだがファンも、挙句の果てにはドライバーまでもが2週間後に、この時の発言を覚えていない。マレーシア、日本、中国、いやオーストリアかもしれないと、どこでこれらの言葉が発せられたのかを誰も覚えていない。なぜなら、それらは日々更新される文字の羅列に過ぎない。言い換えれば日々更新される結果表の数字を言葉に置き換えたものに他ならないからだ。

フリー走行で5番目に速かったですが、この結果は明日の予選にどう繋がりますか。いやはや、何とも言えない。

チームメイトより も1 0 0分の1秒速かったのですが、どうしてだと思いますか。いやはや、何とも言い難い。

明日の予選を見据えて、クルマは良かったと感じますか。いやはや、そうですね、明日になったらわかるでしょう。

自信を持って明日はスタートを切れそうですか。いやはや、はい。

コンストラクターズチャンピオンの方は諦めてはいませんよね。いやはや、はい。

キミは上下左右あらゆる方向へ視線を向ける。なぜなら記者の方を見る必要がないからだ。黒のサングラスは太陽の紫外線ではなく、人々の視線を避けるために着けている。

記者会見が終わるとキミはその場から瞬時に立ち去り、再びフェラーリのピットガレージへ姿をくらます。そこでは今日の走行を踏まえて技術的な改良が加えられている。

ようやくキミはガレージから出てくる。意を決したかのように人々の間を駆け抜ける。目を凝らしていなければ、私は視界から彼を見失っていただろう。私たちがホテルに向かう頃には夕暮れが近づいていた。キミは制限速度を超えて加速し、空いている方の手でドリンクボトルを手探りで取りながら唇へ運んでいる。

低音が響く。あたりは静かだ。キミの指示に従ってマセラティだけがうめき声をあげている。

キミの頭の中は覗けない。しかし、彼が思い浮かべる風景を次のように想像することができる。まだ1日残っている。スイスの自宅は1万㎞の彼方。2日後にようやく帰宅できる。後部座席には、馴染みのない人間が座っている。彼は私について本を執筆している。もうすぐシャワーを浴びて、眠りにつける。できる限り長く眠りたい。家は大丈夫だろうか。なんの問題もないだろうか。息子のロビンは新しいことを何か覚えただろうか。娘のリアンナはミントゥを夜に困らせていないだろうか、それとも、いい子にしているだろうか。自宅にいることができればそれに越したことはない。でも僕にはそれができない。今日のマシンは調子が良かった。レーシングカーに乗るのは心地よい。運転するのは最高だ。ホテルに着き車から降りるとすぐに問題が待ち受けている。彼がなぜ急いでいるのかを聞く必要もない。

キミは、マセラティのエンジンを切り、足早にドアの方へ向かう。懲りないファンが数人エントランスで待ち受けている。疲れ果てたドライバーはサングラスを外す。青い瞳がファンへ向けられる。右手で困った時のお馴染みの仕草をする。キャップにＫＲの文字が浮き上がる。それからエレベーターのドアがシューと音を立てて閉まり、その場から彼を運んでいく。

夜ふけ前に私はホテルの部屋でネットを開いていた。すると昨日の記者会見の様子がたまたま目に飛び込んで来た。ドライバーたちは今年で最後となるマレーシアＧＰの思い出をインタビューで答えていた。義務感を漂わせながらも丁寧に、正確には退屈そうな素振りを見せずに答えている。キミに順番が回ってくる。マレーシアは彼の人生で最初のＦ１での優勝を２００３年に飾った場所だ。その意味を込めて記者は、キミがとりわけ寂しくなるだろうと感想を求める。短い沈黙のあと、タイルの床にいくつもの石が落ちたように言葉が垂れ落ちる。何が寂しいか正直わからないとキミは答えた。確かに素敵なコースだ。でも、ここで目にできるのは飛行場やホテル、そしてサーキットぐらいだ。何か私の心に残るものがあるか否かは、その中からあなたが選んでくれて構わない。

一部の記者たちからは笑いがあふれた。一部は意表を突かれたように黙りこんだままだ。これはコントの手法だ。話が尽きたら、真実を語ってオチをつける。どのドライバーも、どの記者もレースの週末に、その町やそこで暮らす人、ましてや食文化に親しむ余裕などないことを十分承知しているはずだ。それなのに誰も真実を語ろうとしない。３歳で話せるようになったキミを除いて。

EI METRIÄKÄÄN

［ 1メートルすら ］

大臣の護衛車の後ろには十分なスペースがある
クアラルンプール、キミの運転する車内で

マレーシアの首都クアラルンプール、サマ・サマホテル。土曜日の朝、9時10分。明日の決勝を誰がポールポジションでスタートを切るのか決する日。ホテル出発時刻は9時半。ドライバーは、ぎりぎりまで睡眠をとる。

私はロビーのバーでコーヒーを飲み、座っている。横のテーブルでは、キャップをかぶった女性2名と男性1名、計3名が人生を謳歌しビールグラスを傾けている。彼らは点々とシミのあるフェラーリレッドのTシャツを身につけている。明らかにお手頃で美味しいタイガービールを味わった思い出のシミだ。彼らは50歳代で、しわがれ声と何日間も体内でマリネされたアルコール臭を放っている。どうやらオーストラリア人のようだ。彼らはシドニーからF1観戦とビールグラスを傾けるために水曜日には現地入りしていた。

昨日私たちは酔っ払ってあなたに絡まなかったかしらと濃い赤毛の女性の方が私に話しかけてきた。私は昨日バーにいなかったから、そのような手荒な歓迎は受けていないと答えた。ピンクの頬にえくぼのある連れの男性が、私がキミのサポーターなのか、それともハミルトンのサポーターなのか手短に質問してきた。彼の考えでは私は明らかにルイス・ハミルトン側の人間に見えたようだ。私は自分が誰のファンでもない非同性愛者だと答えた。女性たちは、前日失礼なことをしていなかったことに安堵して笑い始めた。

男性は立て続けにキミ・ライコネンについてどう思うか私に聞いてくる。キミのことは知らないが、死を受け入れない生き方を評価していると私は答えた。そして、私は1度もフォーミュラのレースを最後まで見たことがないし、その競技に興味がないことも伝えた。女性たちは、Ｆ１に興味のない珍しい男に関心を持ったようだが、男性はちらっと私の目に視線を送り、女性を黙らせた。その視線を私は喉と耳の両方で感じた。というのも男性の瞳孔が定まらず揺れていたからだ。男性は、私の国籍と、フォーミュラに関心がない私がセパン・インターナショナル・サーキットの近隣ホテルで何をしているのかに興味があるようだ。私はフィンランド人で、ごく普通のバケーションだと答えた。御一行は、私がキミと同じ国から来ていることに驚いた表情をしている。私の評価は鰻登りだ。彼らは私の祖国を祝してビールを追加注文する。そして、各々がまるでキミの家族の一員であるかのように一斉に御託を並べだす。彼らは、キミがこのホテルに宿泊していることを知っている。しかし、まだキミを目にする機会に恵まれていないようだ。それもそうだろう。御一行がエレベーターを確認することすら忘れてしまうほど酔いつぶれた夜遅くにキミはホテルに戻ってくるのだから。彼らはキミをその目で見たくてたまらない。キミが時速２９０㎞の速さでメインストレートを一瞬で走り去っていくのを観戦しただけでは十分でないのだ。そもそもその速さでは人の姿を肉眼で捉えることはできない。私もそれには同感だ。

　男性は私にきつい酒を振る舞いたがる。どうやらフィンランド人は朝食にウォッカを飲んでいると思われている。私は申し出を断り、つかの間の談話に感謝の意を伝える。席を立とうとすると、男性は私の幸運を祈ってくれた。もっとも彼によるとそんなものは必要ないようだ。私がキミと同じ国の出身であること自体が、すでに十分幸せなのだそうだ。

酔っぱらいのオーストラリア人は一斉に激しい尿意に襲われる。ビーチサンダルをバタつかせ、カラフルな短パンをカサつかせながらトイレめがけて猛ダッシュする。彼らの姿がちょうど消える頃エレベーターのドアが開き、赤を身に纏った男がマセラティに跳ねるように向かって行く。

いつものように速度制限を超えたキミの走りで気持ち良いぐらいスムーズにサーキットへ向かう。しかし環状交差点に差しかかると足止めを食らってしまった。まだ降りないでくださいね、とキミは呟く。彼の気持ちは、はやる。１秒でも早く職場に行きたいのだ。小さなスペースへ、ヘルメットの中へ。

私たちはサーキットに到着する。３時間後には、誰が日曜日の本戦をポールポジションでスタートを切るのか決着がつく。そう言えば、キミが好きな曲のひとつに「Paalupaikka（ポールポジション）」がある。この曲を彼は好んでカラオケで歌う。歌詞の内容を理解するのは難しいが、リフレインの最後に「ポールポジションでぇ〜」と急に大声を張り上げる。ヘクトルが作詞作曲を手がけ、今は亡き歌手カリ・タピオがレコードに収録したカントリーソングだ。カラオケで好きな曲がそうであるように、歌というものは偶然にも歌い手の人生に重なってしまうものだ。「時は奪う、マットの下からも／若き日の狂気と全能／悪魔から夜を、神から朝を授かった／小さな永遠のような毎日／十分満足だったのに／気づくのが遅すぎた／いま私はこの場にいて、恐らく離れない／自分の足のみで／ポールポジションで」

ポールポジションを狙うハンターは自分のすべきことをそつなくこなしている。私の頭の中では、まだ先ほどの曲が鳴り響いている。私たちはサミとフェラーリのモーターホームへ歩く。赤に身を包んだ作業員たちはエスプレッソを飲み、心の高鳴りを抑えている。フェラーリのチーム代表マウリツィオ・アリバベーネがいる。灰色の髭を蓄えたスレンダーな男は、フェラーリのロゴで飾られた筒状のものを吸い、煙を周囲へ吹き出す。その装置は、フィリップモリス社製の新商品「アイコス」だ。たばこのカートリッジを高温に熱し、紙に巻くことなくニコチンを吸引することができる。有害物質をひとつ取り除いてくれる。彼以外にも他のめぼしい人物がアイコスを手にしていることに私は気がついた。

アリバベーネは、経験豊富な人物だ。彼は、ジュースを詰めた瓶を地下室に貯蔵するかのように緊張を自分の内面に閉じ込めることができる。ぼんやりとした彼の視線は、モータースポーツの現実を見据えているようだ。つまり、仮にドライバーが上手くやっても、エンジンが壊れることがあり得る。仮にドライバーがひとつの運転ミスをすれば、順位は5位となる。仮に決定的な場面で誰かが前を走っているとすれば、0・5秒を失ってしまう。0・5秒は、気を失いそうなぐらい長い時間だ。他のどの競技でも差はこんなに小さくないが、この競技では小さな差が大きな差になり得るのだ。

アリバベーネは、アイコスのホルダーから3センチほどのたばこを引き抜き、それを専用の灰皿の穴の中へ押し込む。それは見た目が上品でおしゃれな道具箱のようだ。よくある臭そうなポケット灰皿ではない。アリバベーネは彼のドライバーたちが時計に好かれることを願うようにリズムを刻みながらピットに向かう。

サミ・ヴィサは、この日3杯目の水の入ったペットボトルと小さいカップのエスプレッソを私の前へ運んできた。彼は１９９６年にキミと知り合って、もう22年になる。年齢的にキミの父と変わらないサミが、キミのマネージャーを務めている。これまでキミは誰かのアドバイスを受け入れるのが苦手だった。そのアドバイスが適切で的を射ていればいるほど、なおさら受け入れ難かった。キミは常に自分の道を歩んできた。その道は時に小道や溝の底であり、時に道なき荒野であった。どんな道であろうがドライバーはドライバーだ。そんなキミもサミの言うことだけは聞いてくれる。理由は明らかだ。つまり、サミはこれまでキミを騙していないし、騙さないからだ。キミの自宅である通称「ヴィラ・バタフライ」のサウナで2年前にマネージャーの職務について口約束を交わした。

「もし騙したら、お前を殺す」

口約束は時に契約書に優る。数多くのイタリアのファミリー映画を観てきた私には、契約に含まれる脅し文句が頭に引っかかる。そんなことを考えていたときに、夜のように黒く大柄の男性がテラスへ現れた。彼は周囲を気にしない声でサミ・ヴィサに挨拶をする。彼はサミを知っていると公言するように私にも握手をする。私は彼のことを知らない自らの無知さを、コーヒーカップを指で触ってごまかす。男性は料理長とハグをするために席から離れた。男性と料理長は活発に身ぶり手ぶりで挨拶している。その間にサミが、この男性はセネガル人の有名ジュエリーデザイナーのモコであると私に教えてくれた。世界的に有名な高級ジュエリーブランドであるクロムハーツの創業者でありオーナーのひとりだ。ここで彼を知らないのは私だけのようだ。彼が代表を務める会社はマドンナやレニー・クラヴィッツなど多くのスーパースターたちとコラボレーションしている。モコはF1の永久パスポートを保持している。彼はそれを現在の国際自動車連盟会長で当時フェラーリのチーム代表であったジャン・トッドから与えられた。

モコが私たちの席に戻ってきた。私がキミ・ライコネンについて本を執筆していると語ると彼の瞳に炎がともる。「青白い顔の親方さん聞いてくれ」。彼は、そう始めるとすべてを語りたくてうずうずしている。モコは1979年からF1を観戦するようになった。アパルトヘイトが根強く存在していた当時、彼のような黒人男性がレーシングカーを運転する白人男性を応援するのはタブーであった。モコの祖国であるセネガルではフットボールやラグビーが盛んに行われているにもかかわらず、彼はフォーミュラを選んだ。彼は作品が作者を代弁するような芸術家とキミ・ライコネンを同一に見なしている。私が次の質問をしようとしたその時、つい目の前の大男が身につけている聖職者が着るような膝まで届くカソックをいぶかしげに凝視してしまった。それはカラフルであった。モコは私の視線に気づき、フィンランドのアパレル企業であるマリメッコの成功に話題を移し興奮気味に話し始めた。彼はこれまでマリメッコの生地をいくつも買い求め、自身のために独創的な洋服をいくつもミシンで縫ったそうだ。

彼はザウバーに所属していたころからキミに目をつけていたと教えてくれた。「この子は暗闇から現れ、パッと火がついた。私はただ見て、追いかけ、彼のことを記憶にとどめていた」とモコは当時を振り返る。キミがフェラーリに移籍したあとに、正確にはキミのフェラーリ時代の開幕戦であるオーストラリアGPでキミとモコは出会いを果たした。モコがパドック付近にある木の根元に座っていた時に、キミが歩いて通り過ぎようとした。「Good afternoon, mister Räikkönen, welcome to Ferrari（こんにちは、ライコネンさん。ようこそフェラーリへ）」とモコはキミに挨拶した。キミは立ち止まりモコを見て笑みを浮かべて感謝を示した。「私たちの脇には数人のカメラマンがいた。彼らは私たちを追いかけ、ライコネンから笑みがこぼれる瞬間を捉えようとしていた。そのために見ての通り、ひとりのアフリカ人が一役買わされたんだよ」とモコは笑う。

「私のコレクションの中からキミに幸運を呼ぶ物をプレゼントした。そうしたら彼はそのレースで見事に優勝を飾ったんだ」

「見た通りのことが結果に反映する」。キミには下心がない。

今回モコはプライベートジェット機でフランスの自宅からサーキットへ到着した。グランプリのあとに、ここからローリング・ストーンズのコンサートを見るためにストックホルムへ行く予定だ。「やつらが」そう頼むのでしかたがない。彼が代表を務める会社は、ジュエリーコレクションを制作している。それはローリング・ストーンズのベロマークのロゴを基にしている。そんな自慢できるようなことも彼自身は語らない。私もそのことを他の人から伝え聞いた。このことが気になって彼に尋ねると、仕事については自分で語ることはないが他の者たちがうまく語れるように努めているとモコは教えてくれた。

モコはキミを「アイスマン」というより、むしろ「ワイズマン」だと思っている。賢い人間はすべてを語らず、何かを自分の中の貯蔵庫へ残しておく。「作家で例えるならキミは、マルセル・プルーストやアルベール・カミュに似ている。彼らは沈黙を保ち、ペンに語らせる」。私はプルーストやカミュの作品とキミとの接点をまったく見いだせない。しかし、モコはそのように思っている。それから彼はキミの親戚や両親、そして祖母とも知り合ったと話してくれた。

モコは話をやめ、賑やかに話している集団の方へ一瞬目を向けた。そして私がキミに関する本を執筆している途中で大きな困難にぶち当たるだろうと彼は指摘する。どのような困難かを私は彼に尋ねた。しかし、彼は多くを語ってくれなかった。最終的に彼は、私がキミの母と徹底的に話す必要があると助言してくれた。なぜなら誰だって母はひとりしかいないからだ。私は、そうするとモコに約束した。

約100メートル先から馴染みの音が聞こえてくる。私は物思いから覚めた。豚を殺している屠殺場へ移動する時間だ。赤い男たちは獣にエンジンをかけている。誰が5・5㎞を最速で運転できるのか。すでに練習走行は始まっている。時間は1時間。それから休憩、そして本日のメインイベント、予選アタックが始まる。そこで日曜日の走行順位が決まる。

ヘルメットの中。汗まみれの頭部。頭の中に脳がある。周回が厳しくなればなるほどレーシングカーよりも脳の方が重要な役割を担うようになる。何千回も繰り返した経験が仕事を楽にする。コーナーが直線に変わり首筋が揺れる。いつものことだ。脊髄は古いデータを蓄積している。キミはこれまでの自身のキャリアで、レースで約7万km周回を重ねてきた。それに加えて数多くのテスト走行、練習走行、予選を経験している。死の瀬戸際にいることにキミは慣れていると部外者である私が勝手に言うと、キミは大げさだと言い返す。現在のレーシングカーは以前よりも安全になっているのだそうだ。

タイムアタックの1周目は期待できる予感がした。2周目はさらに。最終セクションでちょっとしたミスがでた。それによりポールポジションを手放すこととなった。キミは明日の本戦で2番グリッドからスタートを切る。優勝する可能性はかなり高い。レーシングカーが脳に従うだけだ。

それから複数のマイクが口元に向けられる。いまどう感じるのか、明日に何を期待していいのか語らなければならない。肌が赤らみ、キミは首筋を引っかく。今回は苛立ちからではない。純粋に肉体的な痛みのためだ。彼はアトピー性の皮膚炎がある。それが時にひどく悪化する。最後に記者たちは、スローモーション映像に映るコースでのふくらみがポールポジションを失った原因だとして手短に事実に即した報告をキミに求めた。しかし、明日の本戦には不安はないとキミは答えた。彼は必要なことだけしか言わない。それはまさに何も言わないに等しい。彼がほとんど話をしないときは、仕草から彼の考えを読み取らなければならない。それによると、このクルマは優勝できる仕上がりだと読み取れる。もし予想外の出来事が何も起こらなければ。この競技においてまさに予想外の出来事とは、なんでも起こり得ることなのだ。

サーキットからホテルへ戻る沈黙の車内。明日は本番。なぜここまで1万kmを旅してきたのか。

その答えが明日になって判明する。日曜日のためにキミは木曜日には現地入りしている。ホテルのドア付近で頭を垂れ、できる限り速くエレベーター付近へ移動する。今日、彼は立ち止まらずに一瞬でファンのキャップにサインした。8階の左から3番目のドアへ。シャワー、軽い夕食。スカイプ、スイス、家族。ミントゥ、ロビン、そしてリアンナ。ロビンは新しい単語をいくつか覚えただろうか。

ロビーのバーは静かであった。もう3名のオーストラリア人は酔いつぶれている。2人の目、つまり4つの目はかろうじて開いている。私を認識するのに2人分の目で十分だ。彼らがサーキットにいた間に私がそこでいったい何をしていたのか彼らは知りたいようだ。私は語ろうとする。残るひとり、つまり残り2つの目も開く。キミは明日優勝する。そのことは彼らも疑ってはいない。それは明日、彼らが絶対にレースを観戦しに行くのと同じぐらい確かなことだ。

時間の感覚を失っているこの3人ともう少し言葉を交わす。キミ・ライコネンのアルコールに関するプライベートの過ごし方が様々な記事にあふれている。しかもデタラメなものばかり。彼らを見ていると否応なくこのことが頭をよぎる。現在のキミの年間飲酒量は、これらのオージーファンがこの週末にこぼした量ぐらいだ。

日曜日は汗だくで朝を迎えた。木陰でも36度。レーシングカーの中ではその倍だ。ピットに緊張感が走る。なんらかのトラブルが発生した。ウォームアップの周回でマシンの調子がおかしい。キミのマシンのパワーが出ない。赤い服装の作業員たちがキミのもとへ急いで駆け寄る。カーボンフレームを外し、男たちは頭をクルマの中へ突っ込む。数分が経ち、まもなくスタートを迎えようとしている。事態を把握できていないチーム代表アリバベーネの不安そうな表情をカメラが接写でとらえる。観客の声がこだまする。キミのクルマはピットガレージへ手で押されて行く。赤い男たちは道を開けるように指示を出す。時間はない。時間があっても、もうマシンは動きを止めている。大空を大量の見えない紙幣が舞っている。もし不具合が見つからなければ、それらは失われる。ようやく不具合は見つかった。しかし、修理する時間はない。キミはクルマから降り、ヘルメットをかぶったままピット内部へ消えて行く。

ルイス・ハミルトンの隣に誰もいないグリッドがある。世界の裏側まで無駄な旅をした。1メートルすら運転していない。以前はできた。2003年に、このコースでキミは自分のキャリアで最初のF1グランプリ優勝を飾ったのだから。

本日のトラブルの原因はターボのチューブにあった。そのことについて、いまは語らない。明日になってからだ。ドライバーには何の落ち度もなかった、ただ無駄に働いただけだ。1メートルすら運転することができないドライバーの心境を記者たちが質問する。キミは答えなければならない。仕事を成し遂げられないのに、職場で制裁を受けるかのように。

ようやくあたりが暗くなって、サーキットから去ることができる。

マセラティは100万都市の渋滞の中、寡黙な男たちをナメクジの速度でゆっくりと運ぶ。キミは何かをひらめいた。前を護衛車が走っている。明らかに誰かマレーシアの大臣がサーキットから去るところだ。白バイ二人が三台の送迎車の列を先導する。キミは護衛車を追いかけようとする。

護衛車は渋滞の中で優先的に、そして専用ルートを特権的に前進する。警官たちは、あなた方は我々を追ってきてはいけないと怪しい車の存在を嗅ぎつけ制止する。キミは不満げに鼻息を荒くし、護衛車の後ろで渋滞の隙をついて進む。私がサミ・ヴィサをちらっと見ると表情で「今回はたまたまこういう風になったのだ、何も言わないでくれ」と答えた。

私たちは静かなホテルへ到着する。試合のなかったドライバーはエレベーターの中へ姿を消す。私はサミとロビーに残った。落胆は私たちにも伝染する。言葉では足りない。言葉のない怒りがターボのチューブに向けられる。700万ユーロのマシンの中で100ユーロにもみたないチューブがどうしてちゃんと機能しないのか。

キミは今晩のうちにバンコクへ向けて出発する。そこでスポンサーのイベントがある。その後に日本の鈴鹿で仕事が待っている。残りすべてのエネルギーをそちらへ向かわせる。すべてこれまでどおり。いまは次のグランプリに集中するだけだ。そしてエンジンに何も異常がないことを祈るばかりだ。いや、すべては以前のままではない。キミには家族がいる。妻と二人の幼子が。いまの彼には失うものがあるのだ。

KAKSI SEKUNTIA

ON IKUISUUS

［ 果てしなく遠い２秒 ］

PHOTO : SUTTON IMAGES

スイス、ツーク州バールの自宅。父は水の入ったペットボトルを左手に、ロビンのおもちゃのクルマを右手に持ちソファで横たっている。ロビンは床の上へ自分のおもちゃを並べている。どこへも急ぐ必要はない。最終戦のアブダビＧＰへ発つまで、まだ３日ある。今回は家族全員で出かける。これで、今シーズンは終わりだ。

キミが自宅のソファに座るときは、ドライバーではなく父親だ。彼は生き生きと話し、ロビンの話に耳を傾ける。一緒に遊び、面白い話をし、そして笑う。悪ふざけをして息子を捕まえる。それを繰り返す。38歳のキミは父になって、もう3年。半年前に第二子リアンナも授かった。日常ではサーキットよりも多くのことが起こる。場所によって差はあるもののコースでは同じようなことがただ繰り返される。幼い子どもたちと過ごす、つかの間の出来事は常に新鮮だ。明日はまた別なことが起きる。繰り返すことはない。ロビンの語彙に新しい単語が加わる。リアンナの顔に新しい表情が生まれる。Ｆ１ですることは、毎回先頭を走る者を追い抜くことだけだ。

アイスマンと呼ばれる彼が、いまそこに座っている。氷についての知識は必要ない。アイスマンは、マクラーレン・チームの代表だったロン・デニスが考案したキミの愛称だ。それは芸名、サイン、仕事道具でもある。冷たいイメージを背負ってレースができるという意味では、いいネーミングだ。しかしレースを離れ、自宅のドア付近に来ると氷は溶けている。

キミは寡黙なことで知られている。静寂を発明したのはフィンランド人ではないが、それを磨き上げて、寡黙さ、休息、三つの単語の文章、30秒の黙祷などをフィンランド人は多用している。笑いのセンスにも静寂が大切だ。例えば、落とし穴に人が落ちる。落ちた人は何が起こるのだろうと待っている。しかし、何も起こらない。黙ってきょとんとしている。そして何ごともなかったかのようにその場から立ち去る。このときに生まれる静寂が、フィンランド人の笑いのツボだ。

どうしようもない質問が記者から浴びせられたとき、キミの職場でもこのような静寂が生まれる。休むことなく言葉が行き交うメディア。そこで注目されたければ黙ることだ。キミが寡黙なのは、シャイな性格と賢さが合わさって生まれる。もし、わかりきったことを質問すれば、キミから引き出せる答えは、わずか二つの単語と首筋を引っかく仕草のみだ。

Ｆ１でメディアの雰囲気に慣れるまでキミは時間を要した。凍った湖に開けた穴の中へ頭から飛び込むように２００１年にいきなりＦ１デビューを果たす。そんなキミにはメディアに対応するだけの十分な経験がなかった。開幕戦のメルボルンには何百もの記者や多くのテレビ局が駆けつけ、目の前には十台ものマイクが並んでいる。以前のフォーミュラ・ルノーでは、たまに記者会見がある程度だった。しかし、状況が一変する。たどたどしい英語を使いながら話す若い男は、いい意味で困っていた。奇跡が起こってしまったのだ。１年前はまだ遠くの方にかすかに見えていたフォーミュラ・ワンの世界が目の前に突然開けたのだ。

キミが「フォレ」と呼ぶ、古い友人のテーム・ネヴァライネンは面白いことを語ってくれる。「スターの階段を徐々に登っていたのであれば、有名人としての品格を備える準備期間があっただろう。ただし、そうであったらキミはいまとは明らかに違っていたはずだ。記者が求める質問にきちんと答えるような、つまらない男になっていたかもしれない。いまの彼は面白い。キミが発するわずか三単語の返答の方が、他のドライバーの長々しい説明よりぎっしり意味が詰まっているのだから」

　マイクを毛嫌いしたり、恐れたりする初めてのフィンランド人アスリートがキミ・ライコネンなのではない。むしろ自身の寡黙さが受け入れられ、国際的なブランドとなった最初のフィンランド人アスリートがキミなのだ。彼がそう仕向けたのではない。勝手にそうなったのだ。彼がブランドを立ち上げたのではない。ある日ブランドになっていることに気づいただけだ。確固たる個人ブランドは常に本物であり、それゆえに誤解を生む。一方で脆弱なブランドは、意図的に築かれた体裁を気にした添加物だらけの代物だ。キミはオーガニックだ。森と湖の国フィンランドのエスポー市カルフスオ産の純粋なブランドだ。

　レコーダーの赤い録音スイッチを押す。会話を記録する準備ができた。キミは目新しい装置をちらっと見た。それが気になるのか、気にならないのか私にはわからなかった。

　キミ・ライコネンにとって、有名であることは生存競争の産物や義務、または必要悪のようなものだ。「もしＦ１を無名のまま運転できたら、最高に素晴らしいだろう」と彼は言う。この最初のコメントがレコーダーに録音できているか私は確認する。もちろんキミは、そのような世界は存在しないし、これからも存在し得ないことを十分承知している。７００万ユーロのレーシングカーは無名では乗れない。無名のまま運転できるものと言えば橇《そり》か、芝刈り機ぐらいだ。

「ゴーカートに乗っていた頃は、フィンランド選手権であっても、表彰台に上がることでもなければ記者会見などなかった。フォーミュラ・ルノーでも記者会見に出た記憶がほとんどない。Ｆ１の記者会見は正直に言うと面倒とは感じていなかった。しかし、ひどく腹立たしかった。チームの一員として理解しているつもりだが、個人的にはインタビューは無駄だと思っている。来る日も来る日も同じ質問と返答が繰り返される。おそらくこの競技では、すべき質問が多くないのだろう。答えをコピーして使ってくれれば、記者会見がもっと少なくて済むのに」

ロビンの目の前には十台ほどのおもちゃのクルマとサーキットがある。そのコースのホームストレートは山のように盛り上がっている。すべてのクルマを山の頂へ登らせるために出力を上げなければならない。山頂から最終ストレートへクルマは猛スピードで駆け下りて行く。キミが手助けする。レコーダーの赤の録音ライトが点滅している。彼の話が聞きたいのはやまやまだが、彼はいま遊びに夢中だ。

「年間20レースを走る。毎回レース期間中の木曜日になると前回の大会のことを、金曜日にはフリー走行のことを記者は質問する。僕には理解できない。金曜日のフリー走行の結果をリストで見て、なぜ８番目、７番目、６番目なのかを意味もなく記者は質問するのか。フリー走行の結果に見出しをつけたいだけだ。土曜日にならないとポールポジションすら決まらない。そして日曜日にならないと本戦は行われないというのに」

午前中３本目となる「ペンタ」という水のボトルをキミは開ける。フィジカルトレーナーのアーナルが、それをキミに飲むように勧めている。不純物のないこの水は臓器にゆっくり吸収される。

キミの仕事と知名度の関係を考えるためにここで一旦立ち止まろう。フェラーリの年間予算は4億ユーロを超える。その裏にあるものはスポンサーの存在はもちろん、商品販売、そしてマーケティングやイメージ戦略と多岐に渡る。大きなイメージは誰にもつかめない。鍵の穴から覗くように各々が物事を自分の視点でしか見ていない。小さな鍵穴からはドライバー二人しか見えない。そのうちのひとりは嫌々ながら一言二言だけ意見を述べ、耳のあたりをさすっている。

スイスの高級時計メーカーであるウブロは、４千万ユーロでスポンサー契約している。しかし、キミの腕には時計は見当たらない。私はなぜ時計を着けていないのかキミに尋ねた。と言うのも私には大企業が大枚をはたいた先がとても気になったのだ。皮膚炎が悪化するから時計を着けることができないのだとキミは答えてくれたが、それではウブロの社長の方が炎症を起こしてしまうのではないかと私は思った。キミは、もしスポンサーの要請で時計を着けなければならない状況がくれば、リュックサックに時計を付けることにしていると説明する。１９９５年にローリング・ストーンズがヨーロッパツアーで行った記者会見のことが頭をよぎる。その時ツアーのメインスポンサーは自動車メーカーのフォルクスワーゲンであった。記者たちは、ミック・ジャガーにフォルクスワーゲンをどう思うか質問した。ロールス・ロイスを好んで運転していると彼は答えた。

テレビで聞き慣れたキミの話し声。それは低く、ハスキーで、奥深くから響く声だ。この独特の声の背景には、ある事故が関係している。５歳の時にキミは自転車で転び、首をハンドルに強打した。この時の後遺症で彼の声帯はダメージを受け、完治することはなかった。彼の声は他の人とは明らかに違うものになってしまった。

ミントゥが生後半年のリアンナを腕に抱きかかえて上階から降りて来る。妻と娘と過ごす時間をせがむようなキミの視線を私は感じた。レコーダーを止め、考え事をしに私は大きな家の中をまわりはじめた。キミがどこからここまでたどり着いたのかを考えてみる。エスポー市カルフスオからここまで２４４０㎞と20年。私は中階のバスルームへ移動する。インテリアはどの家にもある馴染みのあるグレーと黒。私の頭の中はキミのキャリアのスタートライン、彼がザウバーと契約を交わしたその瞬間へと逆行する。自動車整備士を目指して入学した職業訓練校を中退した若い男は、いまスイスのラッパーズヴィールという小さな町にいる。その町のホテルでテーブルに並べられた契約書類を彼はじっと見つめている。彼の他にはマネージャーのデイビッドとスティーブの親子、そしてチームオーナーのペーター・ザウバーと彼の弁護士がテーブルを囲んでいる。年俸50万ドル、そして獲得ポイントに応じて5万ドルのオプションがつく。この契約書を結ぼうとしている若者の家には、その当時トイレすらなかった。彼は父と母に金銭的な恩返しをしたいと思っている。両親がここまでレールを敷いてくれて、チャンスを与えてくれたのだから。

ミントゥとロビン、そしてリアンナは散歩に出かける。私たちは先ほど中断したところから話を再開した。「あなたは、知られているようで知られていないことで有名だ。知られているとすれば、あなたが寡黙だということだ」。それが単によくある指摘だからなのか、それとも知らない人と話すことが嫌なのか、なかなかキミは答えてくれない。その代わりに興味深い話をしてくれた。

「悪い思い出だって良い思い出であり得るかもしれない。あなたがレースでなかなか勝てず、ひどい結果ばかりだったらどうだろう。何年も結果を出せない多くのレースで後方のグリッド、例えばXグリッドからスタートを切って、4位か5位に食い込んだとする。その時このグリッドからスタートしてこのようなパフォーマンスを出せる奴は自分以外にはいないとあなたは実感するかもしれない。しかし、他の誰もそんな風に感じてくれないものだ。逆にあなたがずっと1位で結果を残していたら、同じ状況でも記者たちは上出来だと思い込む。仮にレースがどうしようもなくつまらなかったと感じられても、あなたが1位なら、記者たちはあなたのパフォーマンスを高く評価する。このパフォーマンスに対する本来の評価は、他のドライバーたちがトラブル続きで奇跡的に1位が転がり込んできた本当につまらない最悪のレースだったということであろう。その事実を差し置いて、あなたは最高に良かったと言うのは、理性のかけらもない。その意味では、悪い思い出だって良い思い出であり得るかもしれない。チーム内で状況に照らし合わせ4位は上出来であったと十分認識しているとしても、1位は1位だ。誰が表彰台に立っているのかを見たいだけならば、この手のことを説明するのはまったくの無駄だ。レースの結果だけ見ていれば良い。リタイアしたレースにだって、いい思い出がある。なぜならエンジンが壊れるまで、すべてが恐ろしいほど上出来だったからだ。例えば2002年にエンジンがひどく壊れたことがあった。それでもその年は良い思い出が残っている。確かに上手くいかないこともあったが、たくさん学ぶことができたのだから。視聴者には到底理解できないことだろうが」

私の視線は広いリビングの中を行ったり来たりする。彼がスターである痕跡を私は探していた。テーブルの下に置かれた大きな赤い本が目にとまる。それは、２００７年度のＦ１世界選手権について書かれたドキュメントだ。フェラーリがキミに捧げた本だ。キミのタイトル獲得を祝した本は、ソファに横たわるスウェットパンツ姿の男が類稀な人物、つまりスターなのだと私に思い出させてくれた。

Ｆ１のピットにはメディアに加えて、セレブやスーパースター、そしてロックスターやビジネス界のカリスマ、はたまた王族や大臣にいたるまで数多くの著名人が訪問する。みんな自分の分け前をひと粒でもひと欠片でも手にしたいのだ。欠片とは何か。それはフィンランドの小さな町パルカネのファンであろうが、フィンランドの2倍以上の人口がいる大都会東京のファンであろうが何も変わらない。ある種の達成感、または接触感や親近感といった思い出の欠片だ。私は死をも恐れぬドライバーに触れた。ドライバーたちは握るべきではないと思いながら、それでもステアリングを握る。危険ではないの？　もちろん。興奮するの？　間違いなく。ありふれた質問が繰り返される。

YouTube のビデオクリップが流れる。世界的に有名な女優ニコール・キッドマンがフェラーリのピットガレージを訪問している。キッドマンはキミへ手を伸ばし、「Nice to meet you（はじめまして）」と挨拶する。キミは、義務感を漂わせながら握手し、視線をすぐにそらした。この動画の中のそっけない素振りは誤りだ。だから人気があるのだ。要はキミの振る舞いにつきる。著名人の前では次のように振る舞わなければならないという暗黙の了解がある。「あなたがここへ来てくれてうれしい。私はあなたの出演した映画を何本も見ている。さらにあなたの旦那さんがメインを務める映画は素晴らしかった」。このように言わなければならない。それなのにキミは、レース以外の裏方の仕事がいかに面倒なことであるかと言わんばかりの表情をしている。輝く星が空から降りてこないのには理由があるだろう。それなのになぜスターたちは私の仕事場のガレージの中でうろついているのだろうか。

キミはチャンネルをいくつか変え、モトクロスの中継番組を見つける。視線は巨大なモニターに釘付けだ。若い男性たちが、屋内のコースを走っている。走るというより彼らは空中にいる時間の方が長い。天井めがけて飛び跳ねる。強い衝撃で地面へと着地する。いくつものコブからなる小山をモーグルしながら登って進み、そこから空中飛行が始まる。この競技を見慣れていない者にとっては衝撃的だ。ものすごい音にも驚かされる。それと股間をぶつけて怪我でもしないのかと心配してしまう。キミは微笑み、無知な私にこの競技のマニアックな話をして楽しんでいる。キミによるとモトクロスではバイクには座らず立ち乗りするから股間用のプロテクターなんて使わないのだそうだ。

キミは好んでモトクロスについて語る。なぜならそこからすべてが始まり、彼は投資までしているからだ。彼は「Ice One Racing」という名のモトクロスチームのオーナーだ。このチームは、ベルギーで活動し、チームを牽引するのは元トップライダーのアンティ・ピュルホネン。この競技への熱の入れようを物語るかのように、キミはフィンランドの避暑地であるポルッカランニエミにモトクロスコースを建設した。

約35年前にエスポー市カルフスオにある実家の庭でイタルジェット社製の子供用オフロードバイクの背中にまたがり、キミはアクセルを回していた。まだ幼かった彼をバイクがスピードの世界へ引きずり込んだ。そのスピードはいまだに止まらない。2歳年上の兄ラミと自宅の庭をオフロードバイクでボコボコに荒らすほどだった。こんなことが4輪の世界へ足を踏み入れるまで続いた。キミの息子ロビンはまもなく父が芝生や土をバイクの後輪で巻き上げていた時の年齢を迎える。

スピードに興味があるとはどういうことなのか。どんな魅力があるのか。なぜ止まっていられないのか。体内に何かそうさせるウイルスでも感染しているのだろうか。何がそこまでヒートアップさせるのか。確かに様々な分野、例えば芸術やビジネスで過熱気味になることはあるだろう。あるいは反射神経や死をも恐れぬ肝っ玉が勝利に直結するようなスポーツ競技も数多く存在するだろう。ヒートアップすることが当たり前になっている人間は、台所の埃っぽい床板を日光が照らして教えてくれるような、ごくありふれた日常を恐れてしまう。なぜならオーバーヒートしてしまうと、遊園地で最も怖いアトラクションから平らな地面に降り立つように、すべてが退屈に感じてしまうからだ。フィンランドで最も成功をおさめたスキージャンパーのマッティ・ニュカネンは4秒間空中を飛ぶことが幸せだった。しかし、地上に降りると彼は自分を見失い不祥事を起こした。空中の紳士は、同時に地上ではどうしようもない奴になってしまう。両極端すぎて中間を見つけるのは難しい。

キミはスピードとは何かを考えるようになった。おそらく以前はそんなことを考えようとすることすらなかった。細かく説明できないが、運転はできる。言葉は見つからないが、最速で走るラインは見つかる。語らないのに、それでも語っている。

「そのスピードというものを、あなたが知らないだけだ。スピードというのはクルマが制御不能になって初めて何かわかるものだ。例えば夏休みの後に久しぶりにストレートコースで思いっきりアクセルを踏み込んだとする。すると頭が持っていかれる感覚になる。そのままトンネルへ入りブレーキを踏む。その時そのスピードとやらがなんたるものか4秒間は感じることができる。しかしその感覚はすぐに消えてしまう。ふだん休暇のあとは、いつも首筋に痛みを感じ、頭もまともに保っていられない。体中が痛い」

聞いているだけで恐ろしくなる。

「僕は恐れたことはない。怖いのなら、やめた方がましだ。クルマの中にいるのが好きなだけだ。この仕事では運転する以外に素晴らしいことはない。クルマの中では落ち着いていられる」

普通の自家用車に乗り続ける私だって、車の中が居心地が良いことくらいわかっている。

F1マシンは、世界で最も狭い職場だ。ヘルメットをかぶり、カーボンファイバーで体形に合わせて作られたシートに仰向けに横たわる。膝を少し曲げ視界が限られる。エンジニアと連絡を取るチーム無線を除けば、オーナーとコンタクトを取る必要はない。他のドライバーはみんなライバルだ。その一部は次のコーナーで後ろから仕事を奪おうと狙っている。戦力外通告は1秒。年俸は桁違い。時としてタイトな労働環境。利益は測定不能。ヒートアップする労働時間は1時間半から2

時間。総労働時間は不定。自由時間は限定的。認知度は１００％だが、忘れ去られるのは早い。

キミの職業の特殊性について聞き出そうと私はさらに突っ込みをいれた。彼は深く考え込む。簡単に答えられないようだ。それはなんら不思議なことではない。何が特殊なのかを問われても言葉では表現しきれない職業などざらにある。そもそも言葉で表現する必要がないのかもしれない。例えば、作家が書いた本を読むのか、それとも作家がその本について話をするときに解説を聞きに行くのか。どちらを選ぶだろう。同様に作曲家の曲を聴くのか、その曲の説明を聞きに行くのか。寒い部屋の中でヒーティングシステムがどういうものか細かい説明をされて喜ぶ人はいないだろう。私はこれまで何百冊もの本を読み、そして作家のインタビュー記事も数多く読んでいる。後者に関しては何も記憶に残っていないが、その代わりに多くの本が私に影響を与えてくれた。

キミは体勢を変える。そしてボトルを飲み干しゲップする。ふだん彼はいま何をし、これまで何をしてきたのか考えることがないようだ。私がこれまで取材してきた多くの専門家は、キミに関して口を揃えてひとつの言葉を繰り返す。直感。それは備わっているか否かだ。練習で身につく代物ではない。

「もちろんクルマを操るときに無意識的に問題を回避することがある。ブレーキを踏む最適なタイミングがなぜここなのか問われても、答えることができない。意識的に踏んでいないからだ。むしろあそこでブレーキを踏もうなんて考えていたら、それは最悪の結果を生むだけだ。常にタイミングを逸してしまう。感覚的にどこでブレーキを踏むべきか総合的に把握するだけだ」

キミは視線で自分の言ったことが相手に伝わったか確認する。もちろん伝わった。しかし、私はさらに知りたいことがある。多くの人はレースのスタートに注目する。フルスピードで混沌へと向かうスタートこそ、この競技の醍醐味のひとつだからだろうが、ただ、どうしても理解に苦しむ。レーシングカーはコーナーへ向かって肩を並べて急ぐ。マレーシアのセパン・インターナショナル・サーキットでは、ホームストレートを抜けると時速２３０㎞まで加速し、時速80㎞に減速して最初のコーナーへ突っ込む。数秒前のスターティンググリッドで１１０だった血圧は１８０まで上昇する。最初のコーナーでストレスは最大に達する。どうやってここを切り抜けるのだろうか。

「最初のコーナー付近では他のマシンがどこへ進むのか、全体像を把握しなければならない。タイヤすれすれで突っ込むが、数年も走れば誰がどのような動きをするか、つかめてくる。何度も見ているうちに、誰とギリギリ並んで走れるのかわかるし、誰が無茶な走りをしないのか、そして信頼できるかも見えてくる。何をしてくるのかまったく読めない奴らがいれば、無茶せず安全にしようと抑えが効く。ゲームというものはなんでも同じだ。お互いの弱みを知るのが大切だ。頭の中のコンピュータがいくつか選択肢を並べる。その中から最善のもの、あるいはその次に最善のものを選べばいい」

家族の声が廊下から響く。危険と隣合わせのキミの仕事について話を続けるには気がひける。ロビンがリビングに駆け込み、クッションを積み上げて床に飛び降りるのに程よい高さの塔を作りたがる。ロビンは何をしたいのかというヴィジョンを提示する。それを理解するのはコースでラインを組み立てるよりも難しい。11月の光が壁一面ほどの大きな窓から差し込む。キミはソファから床へ飛び降り、息子と一緒にクッションを並べ始める。時間が止まる。またいつ時間が動き出すことやら。覚悟を決めたかのようにキミは遊びに夢中になる。父の顔の表情やブーブー鳴く仕草にロビンが笑う。キミは、床からでも答えられるから質問してもらって構わないと、視線で促してくれた。

時間の捉え方の差に私は興味をもった。１９８０年のレイクプラシッド冬季オリンピックの15km走で、フィンランド人クロスカントリースキーヤーのユハ・ミエトが１００分の１秒差で金メダルを逃した。そんなに僅差で歴史に名を残せた。フォーミュラでは時計にさらにひとつの単位が追加されている。結果を表示した画面では大差ないように感じられるが、コースで見るとかなりの差があるように思われる。

「基本的にすべては2秒間に集約される。トップから2秒遅れて走らせるのは難しくない。それは単にレーシングカーを運転しているに過ぎない。先頭との差が１００分の１か10分の１になったら、ようやく仕事に取りかかれる。これなら先頭車両を好きな場所へ行かせても平気だ。常にこのような状態を保っていれば、コーナーに差しかかった時に何をすべきか自ずと明らかだ。空気抵抗で加速に差が生まれる。のろのろ後ろを走っていたら、オーバーテイクするチャンスなんて巡ってこない。仮に1周あたりコンマ何秒か他より遅れているとする。ブラジルＧＰでは70周あるから、単純計算をしてみても、その差は歴然だ。小さな差が大きな差なのだ」

キミとロビンは塔を完成させた。ロビンは天井への小さな階段を上り、そこからドンと床に落ちる。キミがはしゃぐとロビンは笑う。子どもと過ごす時間の単位は、他とはまったく違う。つかの間なのだ。

VALKOISIA

MUSTALAISIA

［ さすらいの一家 ］

兄と弟、10歳と8歳

しばらくして、ユーモアのセンスの欠片もなく単に「オフィス」とキミが名づけた薄暗い部屋へ私たちは移動し、時計の針を戻すことにした。部屋はおおよそ20平米で、灰色の濃い色調がこの部屋にも広がっている。アルミニウム製の頑丈なテーブルが鎮座し、その上には大きなパソコンが一台置いてある。壁一面には威圧感のある棚。そこには各年に使用したヘルメットがずらっと並べられている。好みに合わせて形を変えることができる白いソファが二つ。くつろぎのある空間の壁に映像を映すプロジェクターがある。いまそれで映画を見るつもりはない。キミの過去を振り返ることにしよう。主人公は現在38歳、まだ人生の半分にも満たない。彼は普段から過去を顧みることはしないようだ。何をしたのかはさほど重要ではなく、これから何をするようになるのかを重視するタイプだ。

自分で自分の過去を語るのは容易ではないし、ましてや自分の過去になど、さほど興味はない。その点は私たちの共通認識だ。幸いにも取材すべき人たちがいる。彼らは、過去の記憶を携えてこの部屋に入り、各自の視点で時計の針を戻してくれる。最終的な人物像は曖昧に終始するか一部がぼやけてしまうものだが、これなら全体像ははっきりし、より真実味を帯びる。

キミ・ライコネンに関しては、彼のミステリアスな部分がよく語られる。話が誇張され過ぎるのも問題だが、朝のトイレから夕食に至るまで何でもＳＮＳで語り合う時代にあっては理解できなくもない。寡黙でいることは容易にミステリアスとして持ち上げられてしまう。以前ならそのような人はごく普通か、すこしシャイな国民でしかなかった。その意味では、キミも私も非ソーシャルメディア側の席に腰かけている。

キミはこの日4本目のペットボトルを口にし、私のレコーダーの点滅するライトにちらっと目を向ける。表情は不安げだ。レコーダーが外の世界とは繋がっていないことを念のためにキミに伝えた。本来言葉は自由なものだ。しかし、この部屋から悪しき噂を立てるような真似はしない。

キミはソファで体を楽にして話し始める。話はあちこちに脱線するが、私はすべてが始まった時点に彼の話を食い止めようとする。最初にオイルやガソリン、そして排ガスの臭いが漂う話が並び、しばらくしてからお金の匂いのする話へと続いた。お金が匂う以前は、家計は火の車だった。言い換えるとキミ＝マティアス・ライコネンは、あまり裕福とはいえない家庭に生まれた。誤解がないように補足すると、貧乏という意味ではない。モータースポーツにお金を注ぎ込むという意味では金銭的に厳しかった。

サミ・ヴィサは、モータースポーツを愛好する最高の方法は、自ら運転しないことだと断言する。なぜなら、アクセルを踏むと同時に排気管から紙幣が舞い散ってしまうからだ。

キミと2歳年上の兄ラミの父であるマッティ・ライコネン（1954‐2010）は、このことを知っていた。残念ながら、いまは亡きマッティから話を聞くことができない。父マッティがエンジン、そして母パウラがガソリン。息子たちとともにみんながガソリンを餌にするような根っからのモータースポーツ一家だった。マッティは仕事として地ならし機を運転したが、すべての余暇を彼の趣味の修理につぎ込むか、アマチュアレースを走っていた。

マッティはレースの大会を見せに息子たちを連れていった。そして子供たちの拳を油まみれにすることも、修理させたりすることも、そして溶接をもさせていた。何かを得たいなら、自分でしなければいけない。そのことを兄弟は要領よく学んだ。

「実家の庭で二人は何でもしていた。たぶんいつもラミと何かを競い合っていた。レスリングでなければ、ボクシングの殴り合いをするように。もちろん僕たちが初めてゴーカートを見に行った日のことを覚えている。それはたぶんベンボレという町だった。父の仕事仲間の若い男性が車で送ってくれた。それからほどなくして父がおんぼろのゴーカートを買ってくれた。そのゴーカートを二人で代わるがわる運転しはじめた。2歳差とはいえラミと僕には身長差がある。そのためにアクセルペダルを僕の高さに調整しなければならなかった。10分間隔で調節して二人でゴーカートに乗った。その当時は、毎週木曜日の夜にクラブの大会があった。そこからすべては始まり、メカニックとして父がラリーやレースに関わるようになると、ゴーカートの話は大きく膨らみつつあった。日常がレース中心に回っていたし、家族は絶えずオートバイやゴーカートと関わっていた。どんな装備であれ、スピードを出さなければならなかった」

キミはスピードについては話してくれるが、競争については話さない。言うまでもなく彼はまず兄に勝ちたかったし、その次に他の者すべてに勝ちたかった。闘争本能は見かけでは判断できない。それほど奥底に潜んでいるものだ。

私はラミに、弟のキミについて具体的なことを質問した。ラミはこんな思い出を語ってくれた。

「庭でサッカーのＰＫ戦をしたことがあった。順番に5回ずつシュートをする。キミが負けそうになったら、回数を15回に変更する。もしそれでも足りなければ、20回。夜遅くなるまで、正確にはキミが納得するまでＰＫは続いた」

母パウラは、まったく性格の異なる二人の息子を授かったと語る。「ラミが理性であれば、キミは感性。おそらくそんな風に兄弟の違いを例えたらいいかもしれないわ。キミは道路でちょっとでも空いているスペースがあれば割り込む。ラミはもっと紳士的で、誰かが隣にきたらお先にどうぞとスペースを譲ろうとするタイプだった」

キミの運転スタイルは、一般の車を運転しているときもまったく変わらない。個性的だとラミは楽しそうに話す。

「あの車が入ってこられないなら、自分が行くと奴は考えている。だって空いているのだから。渋滞を切り抜ける時もブレーキを踏むのではなく加速することが最善策だと思っている」

古い友人たちもまた日頃のキミの運転に関していろんな意見を持っている。長い間キミのヘルメットのペインターを務めるウッフェ・タグストロムによるとキミは理解できない運転感覚を持っていると言う。

「彼は一度どこかを運転すると、どんな大都市であっても、道順をはっきりと覚えている。一年後に同じ道を運転したとしてもそうだ。彼にカーナビは必要ない。本当に独特の感性を持っている。信念が本当に強い。疑念をまったくもたない」

2000年代初頭からキミを知っているユハ・ハンスキは、キミの運転スタイルを褒めちぎる。「一般道路で彼はひどいドライバーだ。まったくもって無鉄砲な運転をする。それでも彼が運転する車に乗ると不思議と穏やかな気分になる。彼の空間認識能力は半端ない。例えば、新しいコースへモトクロスを走らせに行っても、キミはすぐにアクセル全開で走ることができる。コースの特徴を本当に素早く認識してしまうのだ。私たちはと言えばコースを把握するのに四苦八苦して、まともに走れるようになるだけで疲れてしまう。この彼の持つ潜在能力はとりわけF1では大切だ」

マレーシアGPでホテルからサーキットまで運転してくれたキミの姿が頭に浮かんだ。もちろん彼はそんなこと覚えてはいないだろう。それに自分の運転方法に注意を払わないだろう。彼にとってのルーティーンなのだから。

話は幼少時代へ遡る。兄弟は遊んだり、スポーツをしたり、無茶したりと常に動き回っていた。サッカー、アイスホッケー、そして陸上競技といろいろ忙しかったが、火曜日は唯一練習がない。その代わりに、その日は修理の日。マッティは工具類を持ち、息子たちは何かを修理したくてうずうずしている。例えば自転車に不具合が見つかると、アングルグラインダーで切断し溶接までしたとラミは当時を振り返る。マッティは口出しするわけでもなく息子たちを自由奔放にさせていた。首を傾げたくなるような子どもらしいアイデアも、それができあがるまでじっと見守っていた。

ゴーカート。この単語には千の物語がある。この単語には家族全員の物語がある。ゴーカートにすべてを捧げる子どもはそれほど多くはいない。ライコネン一家にとってカートは、家族で一緒にするものであり、家族で一緒に過ごすものであった。同時にそれは家族からすべてを奪い、多くのものを与えてくれる。下の子にとってゴーカートがどれだけのことを意味するのか、その時はまだ誰も知るよしもない。この時はまだあくまで家族のライフスタイルで、星をつかもうと手を伸ばしていなかった。視線はゴーカートコース、手はオイルまみれ。その日その日に楽しいことを目いっぱい満喫するような、正確にはオイルまみれの生活だった。

「若かった頃、修理もそうだが何でも自分でするのが当たり前だった。いまはそうではない。多くの人は、何もしなくたってお金持ちの父親がいる。その当時そんなことを考えたこともなかった。自分で洗車したり、整備したりするのが当たり前だった。億万長者の父親に甘やかされて育った奴らが、いまはたくさんいる。やつらは何もしない。大体ヘリコプターで現場へかけつけ、すべてが整えられたテーブルにつくだけだ」

キミの口調には、長い道を歩んできたレーシングドライバーとしての怒りが込められている。そして彼の話し方は、まるでメカニックのようだ。実際、彼はメカニックを高く評価している。自分でするからこそ基礎が身につくし、同様に自分でするから車を理解することができる。キミは中退してしまったが、ラミは自動車整備士の資格を持つ者としてキミと同じ見解だ。整備士の資格がなくても車の異常の原因が何かを弟はメカニックのように理解しているとラミは言う。

「車の状態はどうか、車の動きに不審な点がないか、エンジニアやメカニックへ伝える必要がある。そのためにはある程度は技術に精通していなければならない。自動車整備に関わっていたこと

キミと兄ラミ・ライコネン
最初からスピードへの快感があった

は、その意味では役立っている」とラミは証言する。

キミは、クルマの音を言葉として聞き取ることができる。裕福でないという事情もあって基礎的な作業をすべて幼少期に経験した。家族の所有する中古のワゴン車には情報と感情がぎっしり詰まっている。この感情こそが原動力。そのことに気づいていた母は当時をこう振り返る。

「カート用品をすべて荷造りして積み終えた時に、この場にいられるのはなんて幸せなことなの、と大声を出したのを私は覚えているわ。みんな幸せの感情を露わにしてハグをして、お互いをとても近くに感じることができた。それが家族の余暇の過ごし方だった。フィンランドではジプシーのことを『黒い人たち』って言うけど、そうすると私たちは白いジプシーね。だって、冬に借金を払って、春が来ると各地を家族で巡るのよ」

ゴーカートは趣味というよりライフスタイルだ。サッカーやスケート、それにアイスホッケーやフロアホッケーの類の趣味ではない。何をするにもある程度お金は必要だ。ともあれ、ゴーカートは家族の支えとその経済的な支援なしでは、若者は誰ひとり趣味としてすることはできない。フィンランド人の俳優兼コメディアンのヴィッレ・ミュッリュリンネは、このことを痛感したひとりだ。彼はもう何年も息子たちとゴーカートの大会を巡っている。そんな彼が、ゴーカートとはいかなる競技なのか、面白おかしく語ってくれた。彼が35歳の時に息子がゴーカートを始めた。エンジンのことすら知らない俳優が、息子を支える父親を実生活で演じることになった。それは世にも不思議な世界へ迷い込んだ瞬間であった。彼のコメディアンとしての経歴がここで大きく役立つ。コメディアンをしていなかったら、耐えられる世界ではなかったからだ。二人の幼い息子。二台のカート。古いワゴン車。知識のない頭。いくら必要なのだ。笑うしかない。

「私は技術的にゼロに等しいズブの素人だ。でも、なにかと助けてくれる、すごくいい奴らがいる。そう、あらゆることで助けてくれた。確かに何も知らないままこの世界に入って来た父親にとっては地獄のような世界だろう。私の場合、車体の調整どころか、何から何までさっぱりわからなかった。なんとなくわかり始めるまで数年が過ぎた。その時ゴーカートが生半可な気持ちでやる趣味などではなく、常に真剣勝負の世界なのだと覚悟した。同時に息子との意思疎通が全然できないことも、最初は息子の方がどうしようもないドライバーなのだと決めつけていた。しかし、そうではなかった。単に父親の方がどうしようもなく無能であったことが問題だったのだと痛感させられた」

キミにこの話を聞かせると、にこやかな表情を見せた。彼にとってこの話は、そう遠くない馴染みの歴史なのだ。大会が週末にあれば、木曜日か遅くとも金曜日に現地へ向かう。土曜日と日曜日にレースで走り、それから洗浄と整備、そしてカートをワゴン車に積む。同じことが次の週末も繰り返される。ゴーカートの世界では、腕が試される。とりわけ自身がカートを操縦した経験を持ち、修理と調整ができる父親が高く評価される。キミの場合、それは父マッティだ。両親の社会的な肩書きなど何も意味を持たない。大統領から勲章を受けようが、肉体労働をしていようが、ゴーカートの甲高い騒音の中では両者は混ざり合う。コースの端から顔を真っ赤にして「トップスピードで行け」と両親たちは叫び、サウナで夜遅くまでレースのことについて話に花を咲かせる。

ミュッリュリンネによると、スピードというものは伝染し神経を高ぶらせるのだそうだ。「私だってコースで叫んでいた。誰にもスペースを譲るなとか、中へ切り込めとか」。ゴーカートをする子を持った父親の心の高ぶりについては、キミにとっても聞き慣れた昔話だ。同様に夜になり話が盛り上がって両親たちの話に尾ひれがつくこともある。キミは記憶の中で幼少期の夏の夜に時計の針を戻した。

「酔っ払いがビール片手に叫んで嫌な気持ちになる大会も時々あった。ワゴン車の中で寝ようとしたら、誰かが近くで騒いでいる。そんな時は腹が立ってしょうがない。コースの端でも、なんやかんやぼやいている。アイスホッケーではすべて聞こえるだろうが、ヘルメットを頭からすっぽりかぶるゴーカートでは何も聞こえやしないのに。子どもにとってゴーカートはかなり長時間の遊びかもしれないが、両親たちにとってはそうではない」とキミは思い出を語る一方で、彼の両親が何も知らずにこの競技にずっぽりはまったわけではないと付け加えた。たぶん彼らは心の奥底で単に勝利だけ願っていたわけではない。大切なことは家族が共通の話題を持つことだった。

ミュッリュリンネがゴーカートで必要となる経費の総額について話していた時に、キミの家族の当時の様子がより詳細に浮かび上がってきた。「平均的な予算なんてものはない。経費は膨らむ一方だ。上のクラスでは、エンジンだけで数千ユーロする。そして車体も同額、それからワゴン車も購入しなければならないし、荷台車も必要だ。目の中で札束が慌ただしく飛び回る。海外のレースに参加するようになれば、それはまったく別次元だ。週末だけで5千から1万5千ユーロは必要だ。

その経費が安く済むか高くなるかは、自分でするか誰かに頼むかの違いだ。メカニックやデータエンジニアなどすべて揃えたいなら1万5千ユーロは飛んでいく。一般の家庭には海外でレースをする余裕なんてない」

ミュッリュリンネはお金にまつわる切ない話を切り出す。「息子が第2のライコネンにでもなって、誰かが息子にとんでもない金額を投資する。それは夢物語かもしれないが、私はそう思って疑わない。カートはそんなにも夢のある競技だ。だって、1位と2位との差が1秒にも満たない世界なのだから。この競技でヨーロッパの大会を転戦している多くの人が、銀行からの多額の借金をしたり、家を抵当に入れたりしていることだって私は承知している。それが無駄になるかもしれないことも知っている。いつになってもスポンサーが見つからなければ、それならそれでいい。この世界に終止符を打つべきだろう」

カートをやめメカニックになるまで長い間ラミもキミとともにコースで走っていた。「カートは15年ぐらいでやめた。モチベーションがなくなったこともそうだが、体重が4、5kgオーバーしていた。父と母が献身的にサポートしてくれたことは言うまでもないが、キミは運に恵まれていた。そして運に見放されることなく、彼の才能に気づく人物のもとへ辿り着いた。キミは諦めると言うことを知らない奴だ。抜かなければならないときは誰彼構わず抜き去る」とラミは語る。ラミは現在、父マッティが急死する前までしていた仕事を引き継ぎ、キミの不動産と進行中のプロジェクトを任されている。

K NUPURIN KAUPPATALO OY
auma
104
PEPSI

MHF

1

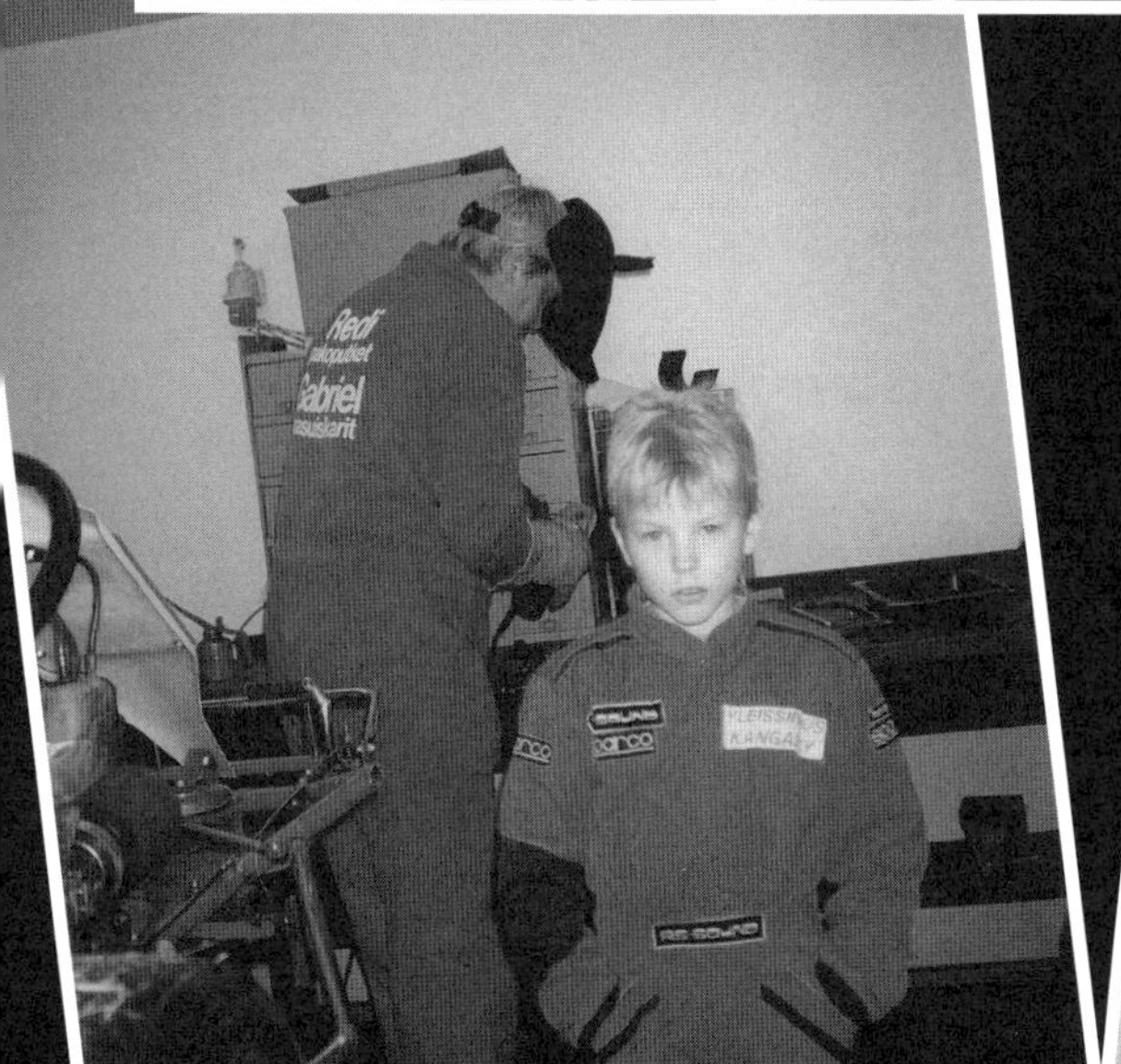

ゴーカート、この単語には千の物語がある
この単語には家族全員の物語がある

特に、学校で読んだり、勉強したりするような日常が遅く感じられる。そのぐらいキミは速さを求めていた。学校では学習障害のために思うように勉強が捗らない。その障害は母パウラから遺伝したものだ。1年生のときから誰かの助けを求めるべきだったとパウラは後悔する。

「ラミはそつなく学業をこなしたけれど、学習障害があるキミには毎回がチャレンジだった。3年生までこの障害と戦ったわ。キミが少し集中することを覚えはじめて物事が前へ進んだと思ったら、キミは落ちこぼれてしまったの。5年生の時キミにとって学校はとても居づらい場所となってしまった。でもその時、本当に正しい決断をしたと思っているわ。大きな町の学校へ転校しないで、地元の小さな学校に残ることにしたの。幼馴染みが近くにいてくれたからとても助かったわ。大きな学校へ転校していたらものすごく大変だったと思う。勉強はキミに向いてなかったけど、手を動かして何かしたり、運転したりする方が得意な子だった」

数学の図形やドイツ語の文法について話し合わなければならないときに、黒板から目をそらしたり、鼻をほじくったりするような落ち着きのない少年少女が世界にはこれまでにもずっといたし、これからもいるだろう。しかし、そのような少年少女の中で最終的にF1まで辿り着ける者などそうはいない。10歳のキミが最初のミニ・ラケットクラスのレースを走っていた時ですら、それほど先まで目を向けていなかった。

ゴーカートはレースだが、ステアリングを強く握りながら歯を食いしばったり、しかめ面をしたりするまでのものではない。隣で1歳年下のトニ・バイランダーがアクセルをふかしている。彼はキミの生涯の友となる。ただし、最初からキミと親友というわけではなかったとトニは語る。レース以外で次第に遊ぶようになって意気投合したのだそうだ。血気盛んな11歳、明日のことなど気にせずに気持ちは浮ついていた。友人関係は普通でお互いのハンバーガーをつまみ食いし合う仲だったが、チームを奪い合うようなことはなかった。キミが1993年にカンカーンパーという町にあるトニの家を最初に訪れたことをトニは思い出す。お互い忙しかったので会うことは難しかったものの、それ以降トニとキミは友情を深めていく。F1ではないが、トニ・バイランダーもまたフェラーリチームで何年もレーシングカーに乗るプロのドライバーになった。

さらにスピードを追い求める。ライコネン一家はガソリン臭が漂う中で、なんとかやりくりしながら生活していた。大会にはこれまで以上の経費がかさみ、スポンサーの当てもない。「湯水のようにお金が消えていき、お金が足りるなんてことはあり得ない。私の母が時折お金を工面してくれることもあったわ。必要な部品はヤーティネン・レーシングからクレジット払いで購入するようにして、冬に返済していたの」とパウラは当時の状況を語る。

ヤーティネン・レーシングサービスは今でもヘルシンキ市コナラで営業している。エンジニアの教育を受け、自身もレーサー経験のあるラッセ・ヤーティネンは、ライコネン一家の物語に欠かせない人物だ。彼によるとライコネン一家は、ひと昔前の現場の雰囲気を絵に描いたような、何でも自分たちで行う家族だった。

「店に来る顧客の中にはいまだにライコネン一家のような家族がいる。マッティは温和で誠心誠意を尽くす父だった。当然彼の家族の雰囲気はとても良い。今は以前に比べるとチームがたくさんあって、昔ほど個人に融通を利かせることもなくなってきた」

ヤーティネンの右腕であるトニ・サーリネンも同じ意見だ。彼はフィンランドチャンピオンを獲得したことがあり、30年以上この分野で働いているメカニックだ。ライコネン一家がヤーティネンの店に顔を出すようになったのは1990年代の初頭ごろ。「うちの店は必要な備品を手頃な値段で手配することができた。それが、ライコネン一家が先へ進むためのひとつのステップとなった。レンタル料をいくらかもらって備品を貸し出した。それができなかったら、おそらく彼らはヨーロッパの大会へ参加することはできなかったろう。トニの家族も同じやり方だった」とヤーティネンは語る。

タイヤはとりわけ消耗が早い。1セット200ユーロで、ひとつの大会で3セット必要だ。両親のささやかな月給からそのような額を繰り返し切り崩すのは難しい。

次第にキミの速さに気づく者が現れるようになったとヤーティネンは言う。「イタリアのガルダ湖で行われた欧州選手権でペーテル・デ・ブラーンが私のところに来て『Now I have seen it!（今すごい奴を見たぞ！）』と言った。当然それはキミのことだ」

キミは好んでは本を読まなかったが、コースだけは詳細に読み込んでいた。トニ・サーリネンは、優秀なドライバーには先を読む能力があり、できるだけ遠くに目を向け、衝突を回避すると教えてくれた。そして水を得た魚は図々しくもある。キミはレースを有利に運ぶためにサーリネンをピットへ連れ込んだ。負けん気も強い。友人でライバルでもあるオスク・ヘイッキネンと出会った時がそうだ。フィンランド南部のエスポー出身のキミは、東部のサヴォ州出身のオスクにやられるわけにはいかない。結果的にオスクは万年2位だった。カートを続けるには底なしの金庫でもなければ、唯一の可能性はオスクに1位を譲らなかったようにレースで目立つしかないと、サーリネンは強い口調で語る。現在の状況はもっと厳しい。ヨーロッパのカートをワークスチームで走りたいなら、1万5千ユーロを見つけなければならない。そうなるともはや一般家庭の手に負える趣味ではなくなってしまう。ただ残念なことに、フィンランドでこの競技は家族の支えで行われているのが現状だ。それでは、どうやってキミは注目されたのか。ひとつは彼の年齢だ。キミは4、5歳年上のドライバーにずっと勝負を挑んでいた。そのような者は、多くの人々の記憶に残る。時にクルマよりも速く噂は流れるものだ。

どんなに言葉で説明するより偶然の出会いの方が効率的に物事を動かすことがある。有能な親子としてライコネン一家の評判は本場にも広がり始めた。ある日、白いジプシーであるライコネン一家は、やり手のマーケティング担当者と面会した。ゴーカートコース付近にマーケティングと販売のプロが団体で現れる。彼らは何か急いでいる。商談部屋のガレージから一瞬だけガソリン臭を取り除かなければならない。アマチュアレースに、社長やマーケティング部長たちがストレスを発散し息抜きをするクラスが誕生したのだそうだ。すぐにこの階級はシニアと呼ばれることになる。この時にライコネン一家は、はじめてペトリ・コルピヴァーラ、サミ・ヴィサ、そしてリク・クヴァヤなどの面々と知り合った。後者2名はキミの人生の様々な場面で後に影響を与えることになる。クヴァヤは2005年から2015年までキミのマネージャーを務め、後任にはサミ・ヴィサが就いた。

しかし、この当時彼らは成功を収めたビジネスマンに過ぎず、エンジンのメンテナンスやチューニング、そしてクリーニングなど誰かに助けを求めなければならなかった。「そのためにメカニックを雇う必要がある。どうしていいか方針も見込みも立たなかった時に、ユッカ・ソイメッツァにライコネン一家を勧められた」とサミは当時を振り返る。この当時ラミはキミのメカニックを務めていたが、ビジネスマンたちのカートを整備することで満足のいく副収入を得ることができた。ラミとともにキミも不器用な大人たちを手助けし、それ相応にシニアクラスの有力者たちはキミに対して素晴らしいスポンサーを用意してくれた。このようにしてライコネン一家の趣味にわずかながら酸素が供給された。ソコスホテル、キャロルズ、コフなどフィンランドでは名の知れた企業とスポンサー契約を交わした。これらの企業の支援でこれまでより良い装備とタイヤで走ることができるようになった。

トニとキミはともにゴーカートでヨーロッパを目指していた。そのためにはお金が必要だ。成功するためには速さも要求される。当初はどちらとも見込みはなかった。ライコネン一家の財布に風が吹きすさんでいた。外部の助けなしではせいぜいフィンランドのレースを走るのが関の山だ。欧州選手権は夢となっていただろう。

決定的な支援者が家系から現れた。パウラ・ライコネンの姉妹ヴァルプリの夫ユッシ・ラパラだ。彼は有名なルアー工場の一族で、熱狂的なモータースポーツファンだ。彼は自分の財布を開いた。そしてヨーロッパへの扉を開いてくれた。「でも、あとで全額ユッシへ返済したわ」とパウラが付け加える。

キミは水を少しずつ口に運び、物思いにふけっている。彼は若き日の自分を取り戻そうと試みているのだ。職業訓練校の自動車整備士のラインでぐずぐず作業をする落ち着きのない少年時代の自分の姿を。本には目もくれなかった自分の姿を。目の前にキャブレターやドライブシャフトが流れて来るとすぐに目が輝き気持ちが引き締まる姿を。フィンランドでうまくやっていければ、ヨーロッパでもやっていけるのだろうか。いま集中できれば、次の算数のテストを切り抜けられるのだろうか。練習に費やしたお金が無駄になってしまったら、どうすればいいのだろうか。大きなレースでしくじってしまったら。プレッシャーなしでは何も生まれない。しかし、プレッシャーが大き過ぎたら、力み過ぎてステアリングを強く握りしめてしまう。

若き日のキミは学校のベンチに座る。そして、将来の職業のことをまだ知らないながらも、当時からその核心に迫ることを深く考えていた。

VETTYNYT HEINÄPAAL

［ 水を含んだ藁のかたまり ］

今日は、これまでにしよう。私は、話すことに疲れ気味のキミの気配を察した。キミはソファから飛び起き、長い廊下の向こうにいるミントゥ、ロビン、リアンナに急いで駆け寄る。話を終える前に、夕方にサウナへ行き、プールで泳ごうと私たちは約束していた。とは言うもののキミは家族と過ごしたいようだ。私は先にトレーニングジムへ行くことにした。翌朝には、彼の記憶をヨーロッパへ戻して話をすることになっている。多くの国々がまとまった大きくて恐ろしい塊のような、そして言葉も通じない陸地で、17歳のキミは何を目にしたのだろう。

キミの自宅のトレーニングジムには器具が揃っている。それらで汗をかくことにした。ここでキミは、狭い車内で2時間も身動きの取れない非人道的なレースに備えるために何年間も自らを傷めつけている。首筋、首、肩、そして横隔膜。それらが調整不足であれば、戦いにならない。モータースポーツをひとつの単語で捉えるには無理がある。単語をモーターとスポーツに引き裂いて考えてみよう。レーサーがトレーニングしてもクルマの耐久性に影響を与えることはない。しかし、スポーツ選手としてレーサーの体は鍛えることができる。ジムの片隅に見慣れない器具がある。それはフォーミュラカーのシートのようだ。両サイドからワイヤーロープで器具の主要部にヘルメットが繋がれている。ステアリングは、重石に固定されている。器具を起動すると拷問が始まる。レースとほぼ同じGが頭にかかり、ステアリングは震える。この器具でなんとか私は1分半耐えることができたようだ。

円形状のサウナ。その真ん中にハルヴィア社製の連続暖房が可能なサウナストーブがある。以前使用していたサウナは心地よく感じられなかった。そこでフィンランド人の建具屋の手によるサウナを買い求めた。家でゆっくりする時間のないキミは、サウナひとつとっても満喫しなければならない。

キミとロビンは泳ぎに行く。2歳半のエネルギーは、プールを波立たせ、気分を高揚させるのに十分だ。キミにはロビンがプールで何を頭にかぶるかおおよそ見当がついている。父は息子に海の猛獣がどんなものかを教えてあげる。すでに父自身が海の猛獣になりきっている。少しの距離をキミはほぼ完ぺきなクロールで泳いでみせた。ロビンはすぐにキミの真似をする。人類の存続という観点でも真似るという行為は必要だ。何を真似るかは賛否のあるところだが、真似ることでやり方を覚える。だからと言って、庭でおしっこをするのは民間伝承とは言えないとミントゥが口を挟む。キミはロビンにそれをもう教えてしまっていた。ミントゥによるとその習慣はキミの幼少時代にまで遡る。家にトイレのない家庭で育ったキミとラミは庭で放尿していた。トイレのある家を手にしたからといって、キミには慣習を変える理由がわからないようだ。

ロビンは、お父さんと私に自分の潜水姿を見せたがる。褒めてくれる人を探していたのだ。ロビンはもう一度見せようと気持ちがはやり、水が跳ねてしまった。その弾みで少し水を飲んでしまう。びっくりした表情で咳き込む息子を父は気にかける。

スイスの自宅に夕暮れが訪れる。下の階の応接間へ私は降りる。そのドアには「兵舎ライコネン」と書かれた表札がある。徴兵を経験したことのある男のユーモアだ。徴兵は彼にとって楽ではなかったが、苦い思い出は後に研磨され一風変わったユーモアになる。眠りに落ちる前にトニ・バイランダーが語ってくれたことが頭をよぎった。その話はキミのユーモアのある面を引き出してくれる。キミは２０１２年にＦ１へ驚くべき復帰を果たした。その時、キミはトニに連絡を取り、ラハティ市にある軍のスポーツ学校の大尉Ｊ・パルッコネンの電話番号を教えてもらった。「キミは自身のカムバックをこの人に電話で知らせたかった。そして、キミのことをとても気にかけてくれていたパルッコネン大尉に、たとえ10年ブランクがあっても心配はいらないと伝えたかった。その意味ではパルッコネンが私たちのチーム代表、いやチーム大尉だった」

ライコネン一家の朝。ドライバーは見当たらない。ミントゥはキッチンでスムージーを作っている。そしてキミはまだ寝ていると教えてくれた。それは珍しいことではない。キミはいつでもどこでもできる限り睡眠を多くとる。睡眠は彼にとってレーシングカーより平穏でいることができる場所なのだ。夢の中では、誰も愚かなことを質問しない。

ようやくキミが中段の階へ現れる。声は低く、寝癖がつき、歪んだ笑みを浮かべている。そして食卓につき、オートミール、ベリー類、スムージーをあっという間に平らげる。

私たちがヨーロッパに発つ前にロビンに遊びをせがまれる。激しく、速く、そして大声を上げる。ミニカーがリビングを通ってレースをする。ロビンはクルマたちの後ろで這って進み、カタカタと声を出す。フィンランド語と幼児語、そして英語がミックスしたような言葉を話す。そんな息子が、何をしたいのか見当がついたという表情をキミが見せる。息子の行動から手がかりを嗅ぎつけ、それを当てることにキミはいつも夢中になる。彼は屈んで、ロビンのクルマにスピードが出るように調整してあげる。行動は言葉を10対0で凌駕する。

ロビンがミントゥと外出すると、私たちはキミの部屋へ移動した。昨日約束したヨーロッパの話が待っている。カートをする者たちにとってフィンランドの天候はまるで四分割された地獄のようだ。温暖な冬、寒い春、雨の多い夏、みぞれのような秋。青空のもとでまともに走れるのはたったの数ヶ月。イタリア、フランス、そしてスペインでは、ほぼ一年中アクセルを吹かすことができる。そんなこともあってキミやトニ・バイランダーが最初にヨーロッパの大会へ参戦した時は、負け戦を挑みに来たと思われても不思議ではなかった。ライバルたちの練習量の方が明らかに上回っていた。それだけではない。装備の差も歴然で、彼らには伝統もある。キミやトニ、そして他のフィンランド人たちが提供できるパフォーマンスは二つしかない。スピードと火事場の馬鹿力だ。それらを頼りに先へと進むしかない。先に進めなければ、むしゃくしゃしながらおんぼろのワゴン車へ帰って安価なツナ缶を頬張るまでだ。

キミはふくらはぎを掻きむしる。そして痛い思い出へと時計の針を戻す。だいぶ昔のことだ。思い出にメッキが施されても仕方がない。しかし、メッキの端々から錆が顔を覗かせている。

「ラミは僕のメカニックだった。大会へは中古のワゴン車で意気込んで向かい、費用は家族が捻出してくれた。最初はそれでなんとかやりくりしていが、次第に叔父のユッシ・ラパラから金銭的な援助を受けるようになる。そうでなければ、大会には参加できなかっただろう。借金してまでレースに出場したこともある。それは主にイタリアで大会が行われる時だ。その時に父と母がゴーカートに全財産をつぎ込んでいるということが、ようやく理解できた。もうあと戻りはできない。そんな感覚があった。ワゴン車とテントで寝起きし、時には傾きかけたホテルに宿泊することもあった。当時はそれが当たり前に思えた。フェラーリのモーターホームで過ごせる今となっては、とても変な気持ちだ」

懐は寂しかったが、想像力は豊かだった。父マッティはキャップを後ろにかぶり、次に何を改良しようか真剣に考えている。ガレージでお馴染みの火花が散る。マッティが何かを溶接しているようだ。彼がガレージから出てくると、配管の一部と防水シートを「寺院風防雨カバー」と勝手に名づけてパウラに見せる。それをワゴン車のサイドの保護用に取りつけた。

１９９５年に速さを試しに初めて伝説的なモナコを訪れた。しかし、モナコ・カップは水を含んだ藁のかたまり（ロールベール）へと突っ込んで幕を閉じてしまう。このレースは、後にキミのメカニックを務めることになるカッレ・ヨキネンが初めてライコネン一家に同行した大会でもあった。カッレは、この時の出来事を写真のように鮮明に覚えている。

「そのモナコの大会でキミは、満足の行く速さで走っていた。そして4番手でラストラップを迎える。そこまでは上出来だったが、突然彼はレースから消えた。そして、ゴールへ戻って来ることはなかった。どんな不具合がクルマに生じたのだろうと私は首を傾げる。しばらくすると、キミが送迎車に乗って戻ってきた。何が起こったのかキミに尋ねると、ロールベールへ突っ込んでしまったと教えてくれた。コースにはロールベールが置かれたシケインがある。キミは少し頑張って走ったために、そこで膨らんでしまった。ぶつかってもロールベールが弾け飛ぶと思っていたようだが、夜に降った雨でロールベールは1トン近くの重さになり、びくともしない。私たちの最初の国際大会はそこで幕を閉じた」

翌年の1996年に欧州選手権に参加した。そこでは厳しい学校のように、ゴーカートは単なる才能ではやっていけないことをまざまざと教えられた。キミは当時をこう振り返る。

「そこでは手も足も出なかった。トニとミスばかりしていた。まったく土俵が違ったんだ。何もできずに涙だけこぼれた。ゆっくり走ろうとすれば、クルマの制御が効かなくなる。それぐらいコース上には、ゴムの欠片が点在していた。永久に上手く走れないのではないかと感じた。ファイナルにすら残れないレースがたくさんあった。それからタイヤを交換することにした。最初はヴェガ、それからブリヂストン、そしてようやくまともに走れるようになった」

キミが歩んできた道には、たっぷり水を含んだロールベール以外にも様々なものが立ちはだかっている。あり得ないほどひどい語学力、金銭難、そしてシャイな性格もそうだ。この三拍子が揃ってしまうと、ひっそりと誰とも会わずにレストランの洗い場にいるか、安いホテルの清掃員をするのが関の山だ。どうやってキミは誰もが成功し得ない場所で成功をつかんだのか。もし彼の成功をスイス時計のようにばらすことができたら、小さな部品の山ができあがるだろう。サクセスストーリーには決まって主人公の他に多くの脇役が登場する。その人たちはパンくずのように歴史の表舞台から姿を消してしまう。キミの物語は仲間たちとの物語だ。父、母、兄、そしてスポンサーやメカニック。そして速く走る少年の噂を適した人たちに広めてくれた人もいる。さらに最終的に決定権を持つ人物やリスクを恐れぬ投資家にその噂を伝えてくれる人もいる。どのような話の流れがあったのか定かではない。しかし、突然キミはスピードの本流に辿り着く。たった3年間で、他の人が一生で経験できないぐらいたくさんのことが起こった。お金に困っていた少年がＦ１にいる。このモータースポーツの最高峰に。

モータースポーツの世界では自分の意見や好みなど何の意味も持たない。この世界で物が言えるのは、チェッカーフラッグと時計の二つだ。日常生活で、あるいは仕事をしていれば自分の意見や好み、そして判断が求められる。そしてそれらは誰が何を言い、誰が何を質問するかによって常に変わるものだ。しかし、一旦チェッカーフラッグが振られてしまえば、説明は不要だ。もちろん、英語ができなければ説明しようもない。同時に、時計が時を刻み始めると言葉で話す必要がない。キミは運転した。しかしいずれにせよ誰かしらが英語を話す必要があった。

カッレ・ヨキネンは、当時キンモ・リーマタイネンのコーチ兼メカニックであったが、ちょうど良いタイミングでフリーになった。その後の数年間カッレはキミの運命を左右する立場となる。というのも、ヨーロッパのレースに参加していたキミはこれまで以上に速さを求めていたからだ。カッレは、ライコネン一家を手助けするためにヨーロッパ各地をともに巡った。成績が上がれば上がるほど、湯水のようにお金が流れて行く。何が何でも装備をアップグレードする必要があった。

１９９７年もレースに参加した。この段階でカッレの経験と語学能力がキミにとって嬉しい結果をもたらす。カッレにはカートとジュニアフォーミュラの経験があり、業界にたくさん知り合いがいる。とはいえ全員を知っている必要はない。ひとりで十分だった。

カッレ・ヨキネンはベルギー人のペーテル・デ・ブラーンに話しかけに行った。彼は当時ＣＲＧチームのチューナーをしていた。彼は、ヨキネンがカートドライバーであり、また腕利きのメカニックであることを知っていた。それからもう21年が経つ。ペーテルはキミとの出会いを詳細に話してくれた。

「私が最初にキミに会ったのは１９９７年、イタリアのロナートという町だった。キミのメカニックのカッレ・ヨキネンは、うちのチームでその数年前までドライバーをしていた。カッレが訪ねてきて、自分のドライバーをもっと良いクルマで走らせてあげたいと協力を懇願された。どうやら予算的に難しかったようだ。その時に、うちのチームのトップドライバーのひとりが見知らぬ赤いドライビングスーツの少年に負かされたのを私はよく覚えている。レース後にカッレが私の方へ駆け寄り、自分のドライバーの走りを見たかと質問した。向こうにいるうちの誰のことを話しているのか私は彼に確認すると、それはあの赤いドライビングスーツの子だった。その当時私はＣＲＧに勤め、チームのドライバーのエンジンをチューニングしていた。そんなこともあり、トップドライバーが使わずに残っていた予備のエンジンをキミとカッレに提供することにした」

些細なことだが、あることがペーテルの頭に引っかかった。それが後にキミのブランドとなる。

「キミが両親と実務的な話をしに、うちの会社を一度訪れたことがある。話の途中でキミがどこにもいないことに気がついた。父マッティが、おそらく息子はどこかで眠っているのだろうと平然と答えたのを聞いて私は少し驚いた。しばらくして、ブリヂストンのタイヤの箱の中で寝ているキミを見つけてさらに驚いた。その時に写真を撮るべきだった。いずれにせよ私たちはその時に決断をひとつ下した。こうしてキミは今後もＣＲＧと私のサポートを得ることになった。私は彼の進化を見続けてきたが、少し怠惰な面もあった。私たちはこの件についても話し合い、彼の振る舞いや態度にもできるだけ口を挟むことにした」

一年後にペーテル・デ・ブラーンは自身のチームＰＤＢを妻のロッタ・ヘルベリと設立した。彼女はキミと同じクラスで運転するレーサーだ。キミはＰＤＢレーシングチームに入り、彼のメカニックであるヨキネンと大会を転戦する。キミは販売できるカートがあれば集めるなどして実務的な面で手伝ってポケットマネーを少し手にした。しかし最も重要なことは、ちゃんとした装備で戦うことだった。

キミは、デ・ブラーンにまつわる興味深い話をしてくれた。「ペーテル自身もいつだったかフォーミュラに乗っていた。しかし、彼はやめてしまう。ベルトをつけると窮屈でたまらない。あるテストであまりにもベルトがきつすぎて、ピットから出るなり彼はベルトを外してまった。クルマから降りて、レースをリタイアしてしまう。その時、彼はこの競技が自分には向いていないと悟ったそうだ」。話から察するに理性的な判断だ。

キミは視線を棚の方へ向ける。そこには18年間使ってきたヘルメットが積まれている。素晴らしい思い出であり、格好いいアイテムだ。それらを見ていた時には忘れていたが、これらのヘルメットの所有者、つまりキミは１９９７年10月にロシア車のラーダで自分の道へ進んだ。この暖房が効く共産圏の車を母の同僚のアンネから譲り受け、職業訓練校のクラスメイトとともにエンジンをまともなものに交換した。そして、運転免許証を取得するとすぐに、ラーダのトランクをガチャっと開け、そこへ工具箱を投げ入れた。

「あの学校へ通うのが耐えられなかった。工具箱をトランクへ放り込んでオランダに向かった。友達のフォレが学校の庭で見送ってくれた。というよりフォレは私の行動に驚いていたみたいだった」

キミはオランダに引っ越し、ＰＤＢのメカニックと一緒にロッテルダムの脇のフラールディングという町で暮らす。少し遅れてヨキネンもキミの連れとして同じ場所に引っ越してきた。そこを拠点に彼らはワゴン車でヨーロッパ中の大会を巡った。レーシングカーの装備もキミの寝る才能と同じぐらい素晴らしいものになっている。ペーテル・デ・ブラーンの話には説得力がある。

「例のアイスマンという愛称がキミにつけられるのは後のことだが、私たちは薄々そのような兆候を感じていた。彼は本当にストレスを感じない奴だ。フランスで開催された欧州選手権でのエピソードをよく覚えている。キミは遅刻の常習犯で、サーキットへ向かう時はいつも彼に待たされる。今度遅刻したら一切待たないと前日の夜にきちんと伝えていた。朝になってキミから電話がかかってきた。どこにいるかと彼に聞かれて、私はもう出発したと答えた。本当に懲りない奴だ。サーキットまで45㎞ほどある。キミは間に合わないと高をくくっていた。しかし、私たちが到着してから30分後にキミはのんきに微笑みながらサーキットに姿を現した。そして他のチームの車をヒッチハイクしてきたからノープロブレムだと平然と言い放った」

つかみどころのない怠惰な性格、どこでも眠れる能力、能天気な性格、そして物凄い速さでクルマを操る能力。イメージは固まった。なんでもあり得そうであり得ない。キミの記憶は良いレースの話から悪いレースへ二転三転するが、エンジンだけでなく、英語でも助けてもらったカッレのことについては一度も忘れずに語ってくれる。

キミの部屋は広い。そこには、戦後に兵士へ支給された戸建ての住居がすっぽり収まるぐらいだ。その下の階に45歳のモータースポーツのベテラン、メカニックでありコーチのカッレ・ヨキネンが座っている。彼は、目まぐるしく変化する状況の中、キミとヨーロッパ中を駆け巡った。思い出がたっぷり詰まった過去を話しはじめるとカッレの目が輝き出す。まだカートの世界から身を引いたわけではないが、現在の彼は違う業界で生計を立てている。

「ペーテルは、自身のチームのメカニックの職を私に確約してくれた。キミも車体を組み上げたり、溶接したりして、いくらかのポケットマネーを得ることができる。キミはエンジンを組むのが上手で、もしかすると整備ができる唯一のF１ドライバーかもしれない。技術的に有能な奴だった。私たちはペーテルと握手を交わし、キミはオランダに出発することになった。私たちはいつも旅をしていたが、オランダを拠点としていた。ブリヂストンのタイヤテストに招かれるぐらいキミの速さは太鼓判だ。キミと二人で行動するようになると、ペーテルはクレジットカードとオランダ通貨を私たちに渡し、それを頼りに旅に出た。どのレースに参加するかはペーテルが指示を出す。私たちは二人で整備を行い、他の人たちが専門家に任せるようなタイヤや足回りのメンテナンスも行った。キミは、いわゆるキャブレターという燃料配給装置も自分で作った。それをキミは誰にも触らせなかった。当時のことを思い出すと現状を嘆くしかない。いま私は少年たちとゴーカートのレースを転戦しているが、彼らは機械に触れることすらしない。しかも10歳のころからフィジカルトレーナーやマネージャーがついている。彼らは正直言って技術のことは何も知らない。それは良くないことだ。キミのようにデベロッパーにならないと」

カッレは、若い頃の二人の移動生活の様子、例えば、キミが運転免許証を取得する前と後、レースの前と後、酔っ払う前と後などについて語ってくれた。喧騒に満ちた若者の日常と違うことと言えば、喧騒の真っ只中で小さなクルマでレースをしている点だけだ。スピードの魅力、窮屈な毎日、常に理性を超えた喜び。

たとえ運転免許証を持っていなかったとしても、交通に関する感覚を持たなければならない。キミによると無免許運転で最初に長い距離を走ったのは、ヘルシンキ市からラハティ市までの99㎞だ。カッレはラリーのコ・ドライバーのように助手席に座り、無責任な大人の役を務めている。ワゴン車は何事もなく直線道路を走る。ラハティ道はシケインがほとんどない。

キミは当時スウェーデンでも無免許運転したことを覚えている。サーキットまでの移動距離がかなりある。車内にはカートドライバーのアネッテ・ラトバ＝ピーッキラと父マッティ・ライコネンが同乗していた。父はその頃アネッテのメカニックを引き受けていた。ピーッキラ一家が所有するハイエースでサーキットへ向かう。

「父はハイエースのエンジン音に眠気を誘われて休憩を取りたかった。休憩できるように運転を代わろうと父に言った。父はストックホルム周辺に着いたら起きると言って仮眠をとった。彼らを桟橋付近で起こした。僕はその時まだ15歳だった」

カッレは、未成年のドライバーに寛容に接し過ぎたと当時を振り返る。「若気の至りだ。運転していいと言ってしまった。それ以降、交代で運転することになった。アウトバーンも二人で同じぐらいたくさん車を走らせた。イモラにいた時、馬力の少ないレンタカーを借りた。キミがホテルまで運転したいとせがむので私は許可した。それからキミはロータリーを何度も運転した。ドリフト走行で絶えず車は横滑りする。私は彼の手足の動作を確認した。どうやってこの車をあのように走らせることができるのか。彼の運転技術に舌を巻いた。私も試してみた。ある程度レースを経験している私ですら、彼のように車を操ることができない。そのロータリーをめいっぱいドリフト走行することに夢中になりすぎて、私たちが車を返す頃にはタイヤが完全に擦り切れていた」

キミは長丁場となった旅について話し出す。彼らはヘルシンキからイタリアのウジェントという町にブリヂストンのタイヤテストに出かけた。その距離３３５９km。「その頃は僕が運転免許を持っていたので状況はましだった。３日間車内に缶詰で、高速道路でひどく視界が暗くなって事故を起こしそうになったりもした。ひどく酔っぱらってイタリアのリミニという町で停車しなければならず、そこに2日滞在した。お金が無くなってしまって、ひとりがホテルで、ひとりがワゴン車の中で夜を過ごした」

カッレとキミはヨーロッパを巡った。噂がイギリスを駆け巡る。速いフィンランド人ドライバーが現れた、少なくともジェンソン・バトンと同じぐらいの速さだ。カート界の重鎮であるピーター・コリンズが、デイビッドとスティーブ・ロバートソンにそのように語った。ロバートソン親子が、バトンをウイリアムズ・チームに引き合わせた直後だった。父デイビッドと息子スティーブは慎重にキミとカッレの二人組の動きを注視することにした。ロバートソン親子だけがそうしたわけではない。ノルウェー人のスカウトであるハーラル・ユイスマンも速いドライバーの存在を嗅ぎつけていた。ここでまたも偶然がキミの運命に作用する。偶然にも彼らがノルウェーで北欧選手権に参加している時に電話が鳴った。知らない言語だと言ってキミは受話器をカッレへ手渡す。カッレは話を聞き、ユイスマンと名乗る人物に会いに行くとキミに伝えた。

ハーラル・ユイスマンは元レーシングドライバーだ。彼は屋内カート場を所有している。カッレはあるエピソードを披露してくれた。その話は、いまスイスのバールにあるキミの大豪邸で私たちがソファに座っていることに少なからず関係する。「食事をご馳走するから寄っていきなさい、会えるのを楽しみにしているとユイスマンは私たちに面会を申し入れてきた。私たちはユイスマンを訪ねた。座ってはいたが落ち着かなかった。それから飲み物を口にしたあと、あなたのカート場に新しいコースレコードが欲しくないかと私はユイスマンを挑発した。コースは埃っぽくて、このコンディションでは秒単位で遅くなると彼は答えた。そんなことは聞いていない、コースレコードが欲しいのかどうかだと私は突き返した。それはキミがコースに入ってから15分後のことだった。新たなコースレコードがあっという間にたたき出された」

ユイスマンはいま目の前で起こったことをすぐにマネージャーのデイビッド・ロバートソンへ伝えた。それでもデイビッドは慎重だった。

"NO,
I KNOW SO"

［ いや、私にはわかるんだ ］

オランダの宿舎の電話が鳴る。知らない電話番号だ。キミは用心して電話に出ない。受話器の向こうに彼が話せない英語が待ち伏せている。カッレが電話に出ると、英国紳士が上品で明瞭な英語を話し出す。紳士は私たちと話したいことがあるようで、イギリスまで来てくれないかと頼んできた。面会の目的は、若きドライバーの将来について話し合うことだった。キミは怖気づき、カッレは胸を高鳴らせる。電話の向こうにいたのは、デイビッド・ロバートソンと名乗るマネージャーだ。彼が手がけたジェンソン・バトンは高名なウイリアムズ・チームに雇われたばかりだ。そして今、彼は私たちとの話を望んでいる。ただひとつ気になることは、ペーテル・デ・ブラーンにこのことをどう伝えればいいのかだ。私たちは彼の支援を受けている側の人間だ。

カッレとキミは正直に事実を語ろうと決めた。これまでだってそうやってなんでも切り抜けてきた。ペーテルはご立腹だ。私からトップドライバーを奪うなら、お前自身もドアから消えるだけだなとカッレに言い放った。もっともなことだが、キミとカッレはそれを脅しと受け取った。「大丈夫。僕が思いっきり速く走るよ」とキミはカッレを安心させた。ペーテルは、カッレとキミに妻が所有するルノー社製の小型乗用車クリオを貸す程度のことはしてくれた。彼らはイギリスに行く足が必要だということをペーテルは察してくれたのだ。面会はイギリスのブランズ・ハッチにあるシスルという名のホテルで行われることになった。彼らはフランスの国境付近に到着し、フィンランドのパスポートを二つ提示した。国境監視員はパスポートを確認し、彼らが乗っているクリオを見て次のようなことを質問した。あなたたちは書類、つまり車を国外へ持ち出すための許可書を持っていますか。車内からは何も書類が見つからないので、国境を超えることはできません。

国境監視員に対して低姿勢でいたものの、腸が煮えくり返る思いで車へ戻る。頭を抱える二人。面会に行かなければ。国境を抜ける穴を見つけなければならない。カッレはキミに地図を手渡し、検査が行われていないもっと小さな町がないか探すよう促した。国境を超えられそうな場所が、50km先で見つかった。そこからだとフィンランド人とクリオの両方が国境を超えることができる。彼らがブランズ・ハッチに到着したのは夜遅くなってからだった。シスルホテルの庭に車を停め、シートを適度に倒して睡眠を取った。片方は一瞬で眠りについた。

夜が明けるにつれてキミはナーバスになった。そしてカッレに話をつけてくれないかと頼んだ。キミ自身は付き添いとして黙って横に座っているとカッレに伝えた。カッレはキミの願いを聞くことにし、キミはただ言うべきセリフだけを繰り返し練習した。

「My name is Kimi Räikkönen, nice to meet you（キミ・ライコネンです、はじめまして）」

彼らは、立派なホテルのロビーへ歩を進め、レストランの方へさっと目を向けた。あるテーブルに50代の紳士が座っている。カッレはすぐにあの人がマネージャーのデイビッド・ロバートソンだとわかった。握手を交わし、キミが自分のセリフを言う。打ち合わせ通り、その他の話はカッレが担当した。デイビッドは二人に食べたいものを尋ねた。長旅後の寝起きに本来ならトースト、ハム、目玉焼き、ジュースとコーヒーと叫びたいところだが、何を注文していいのかわからないぐらい二人は緊張していた。

デイビッドが質問し、カッレが答える。キミは黙っている。話が盛り上がってくると本題に入る。デイビッドは一呼吸置いて、キミの現状についてのカッレの意見を求めた。

この子にチャンスを与えてくだされば、キミはいつか世界チャンピオンになるとカッレは答えた。デイビッドは、ゴクッと一飲みして質問する。

「Do you think so?（君はそう思うのかね）」

「No, I know so（いや、私にはわかるんだ）」とカッレは言った。

デイビッドは先にカッレを、次にキミを見る。そして、彼はテストの可能性を含め今後の方針を専門家と協議すると約束してくれた。少しの沈黙の後、デイビッドはメカニックであるカッレの役割は今後どうするつもりかを問いただす。つまり、キミとカッレはセットで考えたほうがいいのかを確認したいようだ。カッレは、自身がただのメカニックであって、キミの友人だと答えた。この時の様子をカッレは、「もし私が別なことを答えていたら、デイビッドは具だくさんのスープだと考えていたかもしれない」と後に語ってくれた。私にはキミとの間に契約がある。「絶対うまく行くように思いっきり速く走ろう」。デイビッドの前で無駄にアピールするのも野暮だとカッレはとっさに思った。デイビッドは事を理解したと言い、キミに分厚い書類の束を差し出す。それは契約書の草稿だ。キミが契約書に署名することで自分の役割はこれまでだとカッレは覚悟した。しかし、キミ自身がカッレを置き去りにするつもりは決してなかった。そのことは、後のエピソードで判明する。

カッレとキミはデイビッドと別れの握手を交わし、外に止めていたクリオの方へ歩き出す。そしてオランダへの帰途についた。オランダに到着するやいなや、小さな部屋の床の上に契約書を広げ、内容を確認し始めた。カッレが文章の読解を先導する。単語が羅列されている。その一部は難しい。カッレは良い意味で契約書というものを疑っている。と言うのも彼には白い紙の上の文字に苦い思い出がある。彼は自分のドライバー人生の中でひどいクラッシュを経験している。その事故により首筋を負傷し、キャリアを諦めなければならなかったし、約束されたお金も入ってこなかった。法的な文面を読むのは根気がいる。書類が床の上で大の字に寝そべってから、もう一週間が経つ。自分たちで読解することを諦め、契約書類をフィンランドにいるサミ・ヴィサへ送った。彼は書類をラリードライバーのトミ・マキネンと確認した。トミはこのような契約書を目にする経験を持っていた。何の問題もない。契約書は信頼のおけるものであった。その後にいよいよ運命を決する瞬間が訪れる。

契約期間は15年。キミは怖気づいたが、振り払うように、コースへ走りに出かけた。彼は人生の岐路に立っている。これからはレースにお金がかからない。立派な装備もある。父と母、そして親戚に札束を並べてもらう必要はもうない。

契約書には心を揺さぶる数字が並んでいた。職業訓練校を中退した若者がその数字を不思議そうに眺めている。彼は毎月千ポンドを手にする。それは旧フィンランド通貨で1万マルクを意味する。つまり年間12万マルクを手にするのだ。これまでしわくちゃの数10マルクか、つるつるの100マルクしか扱ったことのない若者には気が引ける額だ。

これまでキミはただ運転したいだけだった。これからは運転してお金がもらえる。もう二度とチャンスは訪れないだろう。コースでは常に多くの選択肢から問題を解決する。しかし、契約書ではひとつだけだ。署名し、足首を真っ直ぐ伸ばしアクセルを踏み込む。視線は地平線へ。

最終契約書に署名する前にロバートソン親子はドライバーの速さを確かめたかった。デイビッドは、12月にイギリスにあるスネッタートン・サーキットへ速さを証明しに来るようにとキミに通知した。望むところだと言いたいところだが、この件に関してひとつだけ「しかし」があった。それはキミが、これまでフォーミュラカーを運転したことがないということだ。フォーミュラカーは、ゴーカートとはまったく違う。カッレとキミはパニックになった。スネッタートンへ行く前に未知のクルマを必ず試乗しなければならない。「マルコ・コイラネンが車を貸してくれると約束してくれたので、それを試乗するためにアラスタロという町へ出かけた。そしてクルマを暖めるまでもなくキミはコースレコードを叩き出した」とカッレは当時を思い出す。

「よく滑る靴のようだ。そのように感じられた。ウイングがない。グリップがない。フィンランドで子どもが遊ぶネッピスというおもちゃの自動車のようだった」。その思い出でキミは笑みを浮かべるが、レーシングカーの中では笑う気にはならない。最初のラップはギャンブルだ。神経がピンと張り詰める。ステアリングがきつく握られる。

「5周目に危うく壁にぶつかりそうになったが、なんとかコースに踏みとどまることができた。もしコースを外れていたら、契約は交わされなかっただろう。しかしながら数日後に行われたドニントン・パーク・サーキットでのテストでは、彼らのドライバーたちと遜色ない速さだった」

キミは、マネージャーのデイビッド・ロバートソンの息子スティーブがサーキットに来ていたのを知らなかった。スティーブはイギリスのF3シリーズを経験した人物だ。スティーブはこの競技を熟知している。彼はミカ・ハッキネンやミカ・サロと何度もレースを行ってきた。父デイビッドは、キミの走りを見て来るようにと息子をサーキットに送り込む。スティーブはキミのファーストラップのことを昨日のことのように覚えている

「カーブでどんな風に曲がるか注視していた。彼がどうやってクルマを操って、制御しているか私にはわからず絶句した。本当にクラッシュするギリギリまで攻めている。そのようなことが特に印象に残った。そしてクルマから降りた彼がなんて幼く見えたことか。私はせいぜい14歳ぐらいだろうと思った」

キミはクルマから降りて、契約書に署名した。それは彼の将来に判を押したことに他ならなかった。当初は15年契約だったがロバートソン親子は期間を短縮するかとキミに尋ねた。キミは12年を望んだ。しかし契約が終了してからも、今は亡きデイビッドに代わって息子のスティーブがキミのマネージメントを担当した。

18年の時を経て過去の記憶がキミの部屋へ舞い降りてきた。彼のまっとうな発言で誰もが言葉を失う。

「デイビッドとスティーブは僕にとって父と兄弟のような存在だ。いずれも立派な人物だ。彼らはいつも他人の利益を優先して考えてくれた」

この契約はイギリスへの移住を意味していた。これからどのような旅が待ち受けているか知らずに、語学能力が乏しいキミは赤いスーツケースで荷造りしていた。もし彼を待ち受ける困難について知っていたなら、生まれ育ったカルフスオに残っていたかもしれない。キミだけが旅立ったわけではない。１９９９年の１月に兄ラミも徴兵へと旅立ったのだ。カルフスオは静けさに包まれた。マッティとパウラにとって息子が同時にいなくなることは悲痛以外の何物でもない。ガレージに息子たちがいない虚しさ。マッティは狼狽した。

SUURI JA PIENI MAAILMA

［ 大きくて小さな世界 ］

KOEAJO: LEGENDS FORD VERTAILU: KANSANKILPURIT

VM

BMW kauden yllättäjä **F1**

Jouhki tyrmää kierrätyksen **WRC**

Casey Stonerin muodonmuutos **RR**

Luunmurskaaja Vehviläinen **MX**

vauhdinmaailma.fi

12·2007 6,95 €

Isä oli sankari

MARCUS GRÖNHOLM PALASI LAPSUUDEN MAISEMIIN

Mika Salon hurjat ideat

NASCAR, A1 GP, AVARUUS...

KISAT

Fuji

Shanghai

Brasilia

Katalonia

Korsika

Japani

Uskomaton tie mestariksi

KIMI RÄIKKÖSEN ALBUMIKUVAT JA SAO PAULON IHMEEN TAUSTAT

V-M SAARELAINEN MIKA KALLIO HENRI HIMMANEN

1999年1月。エスポー市カルフスオ。シューと音を立ててファックスが2枚届く。マネージャーのデイビッド・ロバートソンから送られたファックスには、指定日とロンドン内の指定場所がキミ宛てに書いてある。マッティとパウラは、赤いスーツケースを引きずるキミを空港へ見送りに行く。キミが出発する直前にマッティはキミに現金をいくらか持って行くか聞いた。父と息子は、きっかり100マルクで手を打った。若い読者への参考までに100マルクは現在の17ユーロ（およそ2000円）に相当する。

飛行機へ向かって歩きながら、3時間後に到着したら何を話せばいいのだろうとキミは深く考えている。英語はキミの頭の中に数百グラムしかない。仮に1キロぐらいあったとしたら、もっとましだったろう。緊張する。

キミはロンドン・ヒースロー空港へ到着する。スティーブ・ロバートソンがどこにも見当たらない。デイビッドもいない。彼らは出迎えに来ると約束していたはずだ。それともキミが勘違いしたのだろうか。キミはバッグをまさぐってファックスを掘り当てる。ファックスの中には冷たい文字と記号が並べられている。駅の名前。電車の時刻表。住所。ルージリー。この町はロンドンではない。もっと遠くの町だ。パニックが襲う。しかし、キミは自分を落ち着かせようとする。たとえこれが運転の100倍難しいとしても、どうにかして切り抜けなければならない。車の中には平和がある。車の外にはカオスがある。

キミは自分がロンドンのピカデリーサーカスの駅周辺にいることに気がついた。そして駅で迷子のように茫然と立ち尽くしている。突然スティーブ・ロバートソンがそこへ現れた。彼はキミにノキア社製の大きな携帯電話と指示が書かれた紙を手渡した。そして、その場から立ち去って行った。キミはてっきりスティーブがヘイウッド・レーシングチームの人たちのところへ連れていってくれると思っていた。あるいは、少なくとも電車まで。見送ってなんてくれない。キミの額には見えない文字が浮かび上がる。なんてことだ！　スティーブがくれた指示書からおおよそのイメージをつかんだ。目的地に行くためには電車、タクシー、バス、もう一度タクシーを使わなければならない。あるいは電車だけ。結局よくわからない。

同じ頃フィンランドで母パウラは、エスポー市内の社会保険庁の事務所のデスクで気を揉みながら働いていた。パウラはキミが手にしている情報を頼りに目的地までたどり着けるか心配で仕方がない。

電車の中でキミはチケットとスティーブから手渡された紙を他の乗客に見せてみるが、コミュニケーションがうまくいかない。キミは自分が間違った電車に乗っていると思った。雲行きが怪しくなり始める。彼はノキア社製の携帯電話をバッグから取り出し、どうやったら動くのかを確認する。まったくわからない。

キミは再び別の乗客に切符を見せる。どもりながら何かを言おうとしたが英語が口をついて出てこなかった。搭乗者の表情から察するにキミは正しい電車に乗っている。彼は携帯電話の使い方を再度調べ始めた。キミは番号を押し携帯を耳にあてながら国識別番号が合っていることを祈った。

母パウラが電話に出て安堵のため息をついた。大きな世界から届いた息子の声。キミは母に、おそらく自分は正しい電車に乗っていると伝えた。たぶん。そう、確実ではない。正しければよいのだが。目的地に着いたらすぐに電話するよう、パウラは息子に念を押した。

ルージリーの駅でキミは電車を降りた。ここでも誰も迎えに来ていない。もう、遅い時間だ。時刻はすでに23時。キミは赤いスーツケースの上に座っている。誰も来ない。どこからも何も来ない。どうやっても目的地にはつかない。レーシングカーに乗ることもできない。

ついにそこへ見知らぬ男性が現れキミに挨拶する。彼の名はジム・ワーレン、ヘイウッド・レーシングチームの代表だ。キミは乏しいボキャブラリーを使って、キーキー音をたてた。

大事なことは彼がロンドンから約200㎞離れたルージリーに辿り着けたということだ。キミはレーシングカーを運転する。メカニックたちに紅茶を沸かす。そして語学を身につける。次第にすべてがスムーズに進み始めた。

子どもというものはこの世で最高の存在だ。幼児なら、なおさら。チーム代表のジム・ワーレン一家には二人の息子がいる。そのどちらともまだ母語を話すことができない。キミは英語をその息子たちと一緒に学ぶ。三人とも同じスタートラインに立っている。キミはクルマを運転し、帰宅すると子どもと英語を話す。子どもと話していると間違いを恐れる必要はない。

ワーレンの家からひとつの宝物が見つかる。フォーミュラ・フォードやフォーミュラ・ルノーのレースの様子がぎっしり詰まったビデオカセットだ。キミは2、3回繰り返しそれらを見た。ビデオを見ていると何かしら学ぶことがあった。戦略について、コーナーについて、オーバーテイクについて。そして解説者が話す言語について。

しばらくしてスティーブ・ロバートソンが彼らのもとを訪れた。イギリス東部エセックスのチグウェルという町へ引っ越すようにキミに言った。そういうことでキミは、ロバートソン親子が暮らす大きなアパートのような住居の2階へ引っ越すことになった。余談だが同じ建物で後にテレビドラマ『Footballers' Wives（フットボール選手の妻たち）』が撮影された。この住居の上の階は異様な世界が広がっている。キミの前にそこに住んでいたのは年配のポルノ帝王だ。彼のインテリアのセンスはスカンジナビアのような落ち着いたものではない。ヒョウ皮で表面を覆われたソファセットがいくつかある。壁には裸体の女性の写真が数枚貼ってあり、天井は鏡張りだ。とりわけ控えめな環境で育ったキミにはこの場所がなんとなく病的にさえ思えた。

スティーブには二人の兄弟がいる。兄弟のひとりであるスコットはスポーツに真面目に取り組むマッチョだ。キミとともにトレーニングをしている。汗は言葉の壁を感じない。キミはスティーブと大会を巡る。勝負事は浮き沈みが激しい。キミが速く走っても、クルマがひどい走りをする。ヘイウッド・レーシングは競争力のあるマシンを提供することができない。キミは全力を振り絞る。しかし、勝つことができない。最初のレーシングカーはフランス製のミゲール。遅くて見た目もよくない。最悪の組み合わせだ。キミは3位と2位に食い込むが第3レースでクラッシュした。その後デイビッド・ロバートソンは、今季はもうレースには出場しないとキミに通告する。

ちくしょう。

期待外れだ。

何のためにここまで来たんだ。

キミは、頭の中でモータースポーツ雑誌『Vauhdin Maailma（スピードの世界）』で自身が野次られる見出しを思い浮かべている。例えば、またひとりフィンランド人モータースポーツ選手の国際的なキャリアが幕を閉じた。あるいは、襟を正して帰国の途へ、帰国後はカートに復帰か、はたまた、そろそろガソリンスタンドで自動車整備士としてトヨタやオペルの一年点検をかじかんだ手でする時か。

キミは、マネージャーのデイビッド・ロバートソンの思惑や計画を理解することもなく帰国した。メカニックのカッレ・ヨキネンがそうであったようにこの業界の不確実性がキミの頭の中を駆け巡る。デイビッドは、この決断は車の不調によるもので来季はちゃんとしたチームを編成すると確約してくれていた。

言い訳なんて聞きたくない。それに本当なのかもわからない。

キミは自分の将来について不確実なままフィンランドへ帰国する。マネージャーからはしばらく音沙汰がない。キミはフィンランドとヨーロッパでペーテル・デ・ブラーンの装備でカートを運転する。お金も底をつきそうだ。

ある週末キミは友達とフィンランドのトゥルク市で行われていたフェスティバルに遊びに来てい

た。ポケットは空で、頭が痛い。自身がもたらした二日酔いの痛みだ。キミは残高がゼロだとわかっていながらも銀行のATMへ足を進めた。

うそだろ。

口座には2万マルク以上の残高がある。キミはそれが信じられなかった。その時に彼は契約書に何が書かれていたか思い出せなかったが、キミが運転するか否かにかかわらず月に千ポンド支払うという文言があったのだ。

当然トゥルク市のフェスティバルはキミに何があろうと続いている。手のひらを返したかのように信頼できるマネージャーとの良い思い出ばかりがキミの頭の中を駆ける。ほどなくしてイギリスのデイビッドから電話がかかってきた。彼は、キミが秋からはじまるウインターシリーズをマノー・レーシングの装備の整ったレーシングカーで走ることができるようになったと伝えてくれた。

秋にキミの人生は二分する。大きい世界、つまりイギリス。そして小さい世界、つまり徴兵だ。解放と閉鎖。可能性と義務。レースでエンジニアたちはアドバイスをくれる、軍隊で将校は命令をくれる。

キミは二つの国をまたぐ国民となる。これからの数年どのような年になるのか、味わう時を迎えた。キミの旅人としての生活がはじまる。狭いレーシングカーから飛行機の中へ、そこから軍隊の臭いがする兵舎へ移動する。そしてすぐに再び飛行機に飛び乗ってレース会場へと旅を繰り返す。

9月4日にキミ＝マティアス・ライコネンは、徴兵のためにラハティ市にある軍のスポーツ学校

SOTILASPASSI
MILITÄRPASS

Kutsuntanumero Uppbådsnummer
909 97 11049

Sopivuus Lämplighet
Aselaji ja koulutushaara Vapenslag och utbildningsgren
JV/TIED
Erikoiskoulutus Specialutbildning

Arvostelu Bedömning
Kenttäkelpoisuus Fältduglighet: TYYDYTTÄVÄ
Yleisarvostelu Allmänbedömning: TYYDYTTÄVÄ
Palveluskelpoisuus Tjänsteduglighetsklass
Luokka Klass | LTO:n kohdat Punkt i LBR

Allekirjoitus Underskrift
Pvm Datum: 29.09.2000 Virka-asema Tjänsteställning: 2.TiedK:n päällikkö
Arvo ja nimi Grad och namn: Kapt
Nimen selvennys Namnet förtydligat: J Parkko
Palvelusluokan muutokset Klassändringar
Luokka Klass | LTO:n kohdat Punkt i LBR

KONTROLLANVISNINGAR FINNS I SKILD BILAGA

Henkilötiedot Personuppgifter
Sukunimi Släktnamn: RÄIKKÖNEN
Etunimet Förnamn: Kimi-Matias
Henkilötunnus Personbeteckning: [redacted]
Sotilasarvo Militärgrad: ALIK
Syntymäpaikka Födelseort: ESPOO
Palvelusaika Tjänstgöringstid: 362 Vrk Dygn
Alkamispäivä Börjat: 04.10.1999
J-os Trp förb: HämR
Päättymispäivä Slutat: 15.10.2000
J-os Trp förb: HämR
Allekirjoitus Underskrift

VALVONTAMÄÄRÄYKSET ERILLISENÄ LIITTEENÄ

7550-428-0330
Printel Oy 1.94

へ入隊する。誰の命令も聞かない人間にとっては試練の場所でもある。その影にいくばくかの明かりを灯してくれたのは、同じ時に親友でレース仲間のトニ・バイランダーも入隊したことだ。

母パウラは、キミが軍隊でうまくやっていけないのではないかと心配したと本心を語ってくれた。心配は的中する。キミと訓練は、相反する悪い組み合わせだからだ。それに加えて、これまでのように海外のレースを転戦する。若者の頭の中ですべてをやめてしまおうという考えがくすぶり始める。しかし母の幸せを思い、踏みとどまった。

軍隊の肉体的な鍛錬は、万全の健康状態にある若者には何の苦もない。しかし、スケジュールが問題だ。睡眠をたっぷりとるキミにとって朝6時の起床は毒に等しい。特に目覚めてすぐに命令に従わなければならない時は最悪だ。できるだけキミは理性的に考えるように心がけた。キミの繊細な鼻が自由の風を嗅ぎつける。休暇を1日でも延ばすことができる可能性が少しでもあればキミはそれを有効に使う。軍隊のスタッフは、彼のレースのスケジュールを把握していない。それにつけ込んで、キミは勝手に内容を変更したスケジュールを参謀に提出する。つまりこうだ。レースが日曜日に終わっても、月曜日までレースが行われると報告する。キミは飛行場から軍の施設には戻らず、余った1日を休暇にあてる。その休暇を実家で過ごしたり、ヴァークシュに暮らす従兄弟の家で過ごしたりした。

マノー・レーシングのレーシングカー、イタリア製のスタトゥス（Status）は、ヘイウッド・レーシングのそれよりも格段に速い。キミはウインターシリーズの4戦すべてで優勝する。デイビッドとスティーブは、飛び抜けた才能の持ち主と契約を交わしたことを自覚した。

もちろん勝利を祝わなければならない。中程度の飲酒、つまりお酒を適度にたしなむという考え方は当時まだフィンランドには上陸していなかった。どちらかというとバケツのようだが取手のないグラスで酒を浴びるように飲んでいた。歓喜の渦の中で、誰も時計など気にしないし、普通は時計なんて見ない。ある夜、軍隊の時計とキミたちの時計との間に決定的な時差が生じていた。時差を埋め合わせることは不可能だ。どうにかして誰も気づかないように兵舎へ忍び足で戻らなければならない。

いま大人の男が自らの言葉で長い夜のエピソードを語る。この日の出来事が原因で彼は、軍のスポーツ学校から外出禁止を食らう。非公式ながらキミは兵役について外出禁止令を最短で受けた人物となった。つまり、それは当時の新記録であった。

「従兄弟のラパラ一家のところで酒を飲んでいた。正確に覚えているならば、トニ・バイランダーが私とオスク・ヘイッキネンを迎えに来るはずだった。こんな泥酔状態では軍の施設へ正門から入ることができない。近隣の道端にでも放り投げてくれれば、そこから塀を超えて誰も気づかれないように侵入するとトニに伝えた。

運の悪いことに、溝の脇に潜んでいた僕たちの近くに軍警察が停車した。こんなところで軍服を着てお前らは何をしているんだと軍警察が訝しげな表情をしている。僕は溝に飛び込み、オスク・ヘイッキネンは固まって動けなかった。お前の友達はどこにいるんだとオスクが尋問されている声が耳に届く。お前たちが二人組なのはわかっているんだぞと彼らが言うと、オスクは何も知らないと答えた。彼らはオスクの分厚い尻を叩いた。周辺へ警察犬を放したようだが、すでに僕は上着を塀の向こう側へ放り投げていた。塀の向こうには恐ろしく大きい芝地がある。大急ぎで芝地を越えて宿舎へ潜り込んだ。そして、僕が来たことを誰にも言わないでくれと門番に伝えた。上階へ駆け上がり毛布をかぶった。

10分ぐらいが過ぎた。酔っていると時間の感覚が鈍る。参謀が部屋に現れた。電気をつけ、名前で呼ぶ。みんなが就寝しようとしているのに、なんの騒ぎだと僕は叫んだ。それから2分ぐらい過ぎると参謀は戻って来てこう言った。愚か者のライコネン君こちらに来たまえ。僕はベッドに横たわっていた。体の至るところに草がついている。溝を這って進んだからだ。オスク・ヘイッキネンは、すでにすべてを白状していた。彼は圧力に屈してしまった。自白しなかったら、彼は拘置されていただろう。オスクが白状しなくても、彼らは当然二人いたことを把握している。僕はベッドから起き上がり、壁づたいにフラフラとジグザグに歩いた。アルコール検知器で検査された。1・5パーミルぐらい数値が出た。それから寝るように命じられた。

朝になって2週間後の週末にイギリスで行われるレースのことを思い出した。そのレースに出場できなかったら最悪だ。朝のうちに逃げ出してしまうのが最善だと思った。どのみち兵舎からの外出禁止を受けるのだから。外出禁止を食らったらレースどころではない。僕は昨夜と同じ芝地を抜けていこうと考えた。大尉が階段を降りてくる。僕は挨拶をした。大尉は前日の出来事をまだ知らない。僕は芝地を抜けて歩いた。近くのガソリンスタンドでラパラ一家のもとへ行くためにタクシーを呼び、電話を切った。

それから電話がルンバを踊るように軽快に鳴り響く。軍関係者が怒り心頭で訪れた。飲酒と門限違反、さらに僕が逃亡したからだ。フィンランド・モータースポーツ協会（ＡＫＫ）から従兄弟に電話が入っていた。しかし、僕たちは岸辺で横たわり、ビールを飲んでいた。僕は大尉に電話をかけ、どうせレースに行かせてくれないだろうから、兵舎へ戻る意思がないと告げた。さらにレースへ参加させてくれるなら、戻ってもいいと博打を打ってみた。従兄弟は僕をガソリンスタンドで降ろす。そこまで大尉が迎えに来てくれた。

僕はその段階に至っても酔っぱらっていた。そのために本件の協議は翌日に延期された。下士官が顔を真っ赤にして叫んだ。なぜ警察犬から逃げようなんて馬鹿な真似をしたんだと叱責された。どうしてって言われても、ここであなた方が僕たちに教えたことを実践したまでだと答えた。だって僕たちは偵察隊なんだから。覚えている限り20日間の外出禁止が僕に言い渡された。

次の週末も動けなかった。そして例のレースは翌週の週末に迫っている。外出禁止の身であったが、定期的に報告さえしていれば、そこで何も課せられることはなかった。森でスキート射撃をするときに、大尉は私を同行させた。円盤を射撃し、ソーセージを焼いた。それは緊張感のないものだった。

次の週になって様子が一変する。僕がレースに参加できないと伝えてきた。そういうことなら、ここで除隊すると僕は言い放った。ＡＫＫから電話が入る。マネージャーであるスティーブとデイビッドとも連絡を取り合っていた。しかし、状況は行き詰まった。この裏切り者め、俺を騙したなと僕は大尉に悪態をついた。

彼らはトラックの後部から道の分岐点で何かのスープを配るように僕に指示を出した。そこでは自転車の行軍が行われている。突然そのトラックの脇へ軍警察の車が停車した。軍警察は僕を探していた。そして僕はレースで走れる運びとなった。軍警察はいつレースが終わるのかと尋ねた。月曜日に終わることを知っていたが、たぶん火曜日だったと僕は答えた。そういうわけで余った１日を実家で過ごした。

僕は、そのレースで優勝した」

IHMISEN VALMISTAJA

［ 生みの親 ］

裕福でもない21歳のフィンランド人がF1ドライバーになるためには、何が必要なのだろう。ひとりのF1ドライバーの誕生にはどれだけ多くの介護助産師が必要だろうか。F1ドライバーが生まれる病院は、なぜそんなにも閑散としているのだろう。はたしてモータースポーツの最高峰は団体競技なのだろうか。少なくともキミ・ライコネンのキャリアは多くの人々の協力なくしては語れない。その人たちは、同年齢の誰よりもサーキットで速く走るドライバーはキミだと信じて疑わなかった。

これらのことを私は深く考えていた。2018年2月にヘルシンキ社会奉仕慈善財団（HDL）を訪ねた。D棟のドアを開けると、長い髪を束ね、髭を蓄えた60歳ぐらいの男性が私を出迎えてくれた。彼は個性的な出で立ちをしている。頭にカラフルなバンダナを巻き、下は履き古したスウェットパンツ、上はスポーツシャツの上にポケットがついたベスト。見る限り確かに人間のようだ。この人には外見よりも中身が大切なのだ。彼は約20年前、新たなF1ドライバーの誕生の瞬間に立ち会った介護助産師の一人だ。

男性の名は、ユッカ・ヴィータサーリ。職業は看護師兼理学療法士だが、存在感ではシャーマンのようだ。ヴィータの愛称で親しまれている。彼は私をある地下部屋へと案内する。部屋をあけると、肘かけ椅子、揺り椅子、書籍、印刷物、写真、スポーツウェア、マウンテンバイクが視界に入ってくる。

私たちは握手を交わした。ヴィータは長い間トップアスリートと仕事をしてきたが、ここ最近は高齢者の治療に専念している。レーシングドライバーは、振動、ぐらつき、振動音、そして超高速で変化する視界に耐えるようにトレーニングを行う。彼は、キミのトレーナーのひとりだ。

彼は私を揺り椅子に座らせ、魔法瓶から紅茶を注ぎ、振る舞ってくれた。時間が止まる。話が蛇行する。彼の患者のリストにはずらずらと名前が並んでいる。とても印象的だ。ハードル走者のアルト・ブリュガレ、競歩選手のヴァレンティン・コノネンやサリ・エッサヤフ、エンドューロライダーのユハ・サルミネン、モトクロスライダーのペッカ・ヴェフコネン、モーグル選手のヤンネ・ラハテラ。そしてキミ・ライコネン。

ヴィータは、キミのレースに同行したことを思い浮かべている。AKK、つまりフィンランド・モータースポーツ協会が、ヴィエルマキという町で行われているゴーカートのレースを見に行くように彼に依頼した。AKK内では、ヴィータがF1ドライバーのミカ・サロと仕事をしていたことが知られていた。ヴィエルマキのレース会場で彼を待っていたのは、例えばヘイキ・コバライネン、マルクス・パルッタラ、トニ・バイランダーとライコネンといった飛び抜けた才能を持った黄金世代のドライバーたちだった。

「キミは猫みたいに活発で、ばねのようだ。猫は好きなことだけをする。犬は命令されたことをするが、キミに命令することはできない」

キミは自己を高めたい様子だったとヴィータは語る。これから先の階級ではあらゆることが要求されるからだ。キミがヴィータサーリのもとへ最初に訪れたのは１９９６年のことだった。それから最初のF1レースまで、つまり2001年の春まで一緒にトレーニングをした。

「キミには激しいほどの競争意欲があった。彼がヘイキ・コバライネンとクロスカントリースキーで競争をしていた時、まったく彼に引けを取らなかった。自転車や水泳もトレーニングに加えた。首筋を鍛え、バランスをとる練習も行った。おもちゃも手に入れた。つまりマウンテンバイクだ。ボールの上に板をのせてバランス感覚を養うこともした。みるみるキミが上達していくのを私は目の当たりにした。彼には本当の意味での向上心がある。そうこうしているうちに、ある日ザウバーチームから良い知らせが舞い込んだ。キミはクーパーテスト、いわゆる体力テストを受ける。フィンランドのアイスホッケーのレジェンドとなったヤリ・クッリをスカウトしたマッティ・ヴァイサネンが立会人だ。キミは3300の数値を出した」

突然ヴィータサーリは年代物の肘かけ椅子から立ち上がり、壁に飾られた額縁の写真を見るよう私に言った。写真の中では坊主頭の男性二人が微笑んでいる。キミの父マッティとヴィータサーリだ。この写真はキミのF1デビュー戦の日にメルボルンの美しい日差しの中で撮影された。

「キミがポイントを獲得したら、頭を丸刈りにすることを約束していた。キミが素晴らしい走りを披露したばかりに、私たちの髪の毛は消えてしまった。髪の毛をトイレに流したら詰まってしまったんだよ」

ヴィータは紅茶をすするように飲み、深く考え込んでいる。若いドライバーがザウバーの最初のF1テストで合格するためには、何が求められるのかを私が彼に問いかけたからだ。猫の人生がいろいろあるように、答えはいくらでもある。

「本当に信じられない動体視力を持っている。目から情報が入り、動きと形を瞬時に把握できるのは才能だ。頭と手を使って逆立ちする練習もした。そうすることで逆さまからも空間を認識する能力が身につく。この練習では、モトクロスライダーのユハ・サルミネンに匹敵するぐらいの目を見張る結果がでた。それから欠かすことができない、あの低負荷トレーニング。キミはそのことを理解していた。心拍計を使わなかった。泳ぎの技術も学んだ。水の浮力を感じ取り、それに合わせて動くことをすぐに習得してしまった。学んだあとはそれを繰り返したくなる。反復することがとても重要だ。私は画家オスモ・ラウハに絵を学びたいと言ったことがある。オスモは、不可能ではない、1万時間もあれば十分だと答えた」

ヴィータは、「キミは反復を積極的に行った。嫌がって取り組むことはなかった」と薄笑いを浮かべた。そして魔法瓶から紅茶を追加し、アスリートたちと過ごした彼の長年のキャリアについて語ってくれた。4年後に定年になるまで彼は高齢者と仕事をする。高齢者の動きに興味を持ったのだそうだ。ゆりかごから墓場まで。「人がベッドから自らの足で立ち上がる。それは奇跡的なことで、大きな喜びを与えてくれる。人の若さはその人の背骨の若さに比例するものだ。私は現場第一主義だ。だから私は人と向き合う仕事を最後までまっとうするつもりだ」

さて、ティーカップも空のようだとヴィータが言って、私たちはトレーニングジムとプールを見に行くことにした。私たちは迷路のような建物の内部を歩く。ここは元アウロラホテルの敷地に建てられている。長い廊下の先から地味なトレーニングジムが現れる。その中には、例えば、ウェイトトレーニング用品、ジム用のボール、棚とベンチなど必要最小限の器具だけがある。

ヴィータは板を取り出し、その下にパイプまたはボールをセットした。それをローラーボーラーと呼んでいる。

「これは平衡感覚を鍛えるには最高の道具だ。キミは、ボーリングのボールを使っていた。その上でバランスを保てる人は少ない」

今度は二つの分厚い凹凸のあるクッションを床の上へ放り投げた。そして、それらの上で立つようにと私は言われた。ヴィータはそれらを「猫の手」と読んでいる。バランスを保つのは難しい。胴体が震える。ヴィータは杖を渡す。それで体を支える。重心を前へ、視線を壁へ。私は耐えきれずに崩れてしまう。次にスクワット。ゆっくり。ヴィータは微笑む。「足首がきつくなる。そこを活性化させる。このような単純な練習で足首に筋力を得るんだ」。私は「猫の手」から床へ移動する。足首が悲鳴をあげる。

ヴィータは私をプールへ連れて行く。私たちはプールサイドで一呼吸入れた。彼はかつて米国オクラホマ州にあるタルサ大学で勉強した。そこで彼の視線はあることに釘付けとなった。難度の高い膝の手術のあと、抜糸が終わってすぐに患者をプールに連れて行く。患者は水を軽く足で踏みつける。優しい痛みのない動きだ。アクア・ジョギングをフィンランドに持ち込んだのは他ならぬヴィータだ。

私たちは人生について話す。ヴィータは天国の色を認識していると語り、視線を地下室の天井に向ける。「定年までの残りの期間を高齢者と向き合うように神が導いてくれた。治療に加えて夕方になると自分の時間を削って高齢の男性のための運動クラブを開いている。汝が不摂生な生活を懺悔したいなら、器具に贅肉を磔にされて落としなさいと牧師のように言うフィジカルトレーナーでいようと努めている」

私たちはキミについて話した。

「キミは大きなハートを持っている。彼は、見聞きはするが、すぐには話さない。話しかけても、話しかけている気がしない。その時、年寄りの修道士の声が聞こえた気がした。何かに気づけ。キミは赤の他人には自分から話そうとしない。無駄な会話はバッテリーを消耗する。バッテリーは満タンであらねばならない。彼から話をするときは、それは十分に考えを巡らせてからなのだ」

私たちは高齢者について話した。そして老人を抱えて持ち上げる方法を話した。突然ヴィータが私に近づいてきて実演してくれた。「レスリングジムに行きレスラーの動きと仕草を観察した。レスリングでは接近して脇の下へ手を入れる」。ヴィータは手を私の脇の下から背中へ押し込み、私を起き上がらせてくれた。力強く、安全に。私は自分が初老であるように感じた。私はキミがこの男性について何を言ったか覚えている。「ヴィータは何か少し別次元の人間だ」

AJAJAN SYNTYMÄ

［ ドライバーの誕生 ］

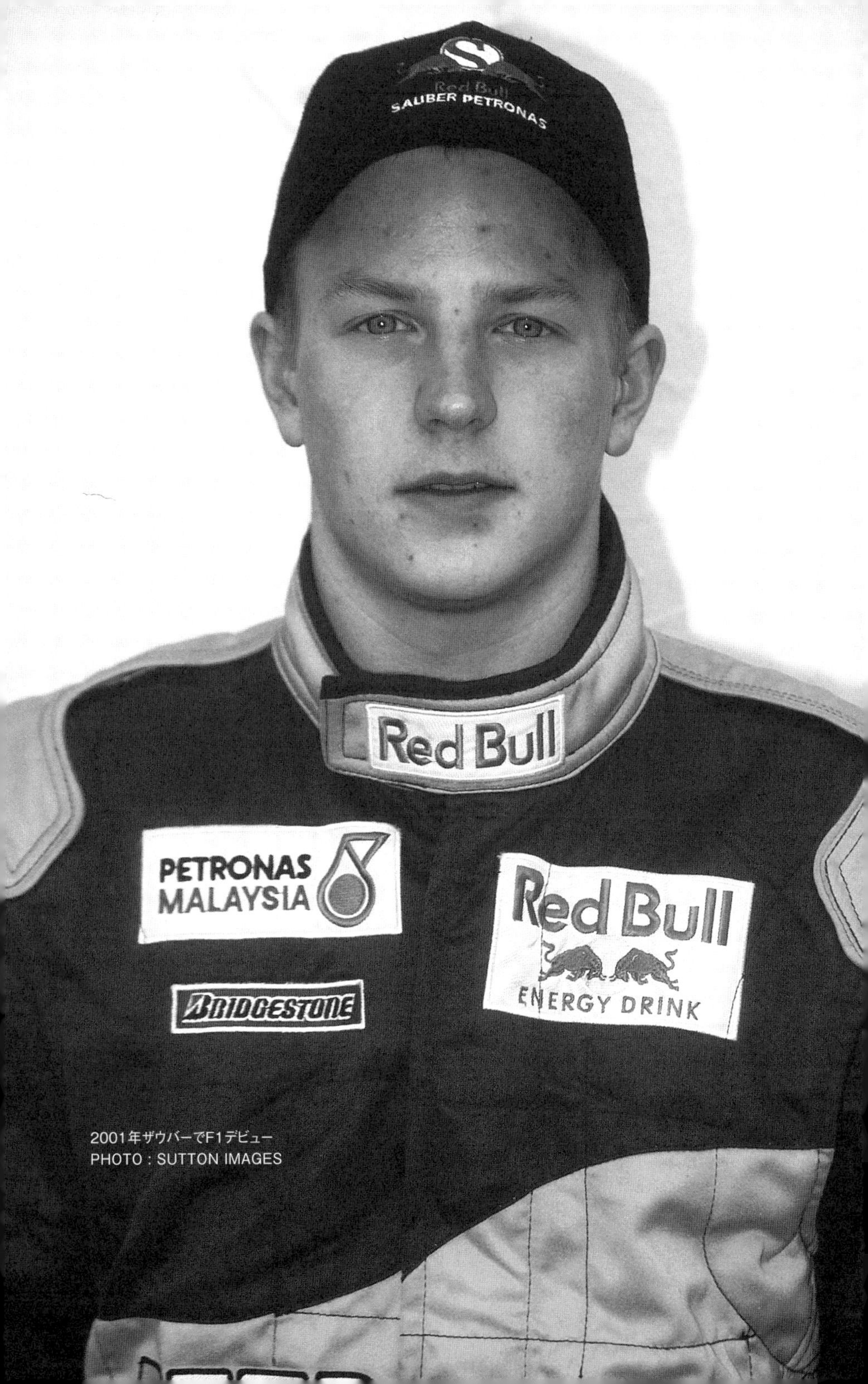

2001年ザウバーでF1デビュー
PHOTO：SUTTON IMAGES

エスポー市カルフスオ、2000年夏。キミは従兄弟のヨウニ・フォシュストロームと家から少し離れた庭でビールを飲んでいる。電話が鳴る。画面に表示された長い電話番号から察するに海外からだ。それがマネージャーのデイビッド・ロバートソンからだとわかると、キミは缶ビールを地面に置き、耳を大きくして話を聞いた。デイビッドによると、9月にザウバーのF1マシンにキミが乗ってテストを受けることになった。

まさかそんなことが。

本当だ。

詳細は追って知らせると言ってデイビッドは電話を切った。キミはヨウニに電話でのやり取りを話した。これは祝わなければともう一杯缶ビールを開けようと話し合った。しかし、その前に電話しなければならない人がいる。

中部フィンランド、森、同じ日。電話が鳴った時にマッティとパウラは上の子であるラミのラリーレースを観戦していた。電話の向こうにいるのはキミだ。キミは手短に話したが、心臓を貫くほど鋭い内容だった。マッティは腰を抜かして少し脇へ座った。パウラは、家族の古びたワゴン車の後ろでマッティが座り込むのに気づいた。それだけなら特に違和感はなかった。マッティはよくキャップを後ろにかぶって、いつも何か新しいことを計画している。パウラは夫のことを年の割に老けた、考え事ばかりしている人だと前から思っていた。しかし、今回は様子が違って平常心を失っている。パウラは、どうかしたのとマッティに言った。マッティは、我が子が9月にザウバーのF

1テストを受けに行くことになったとパウラに伝えた。目が回りそうになったパウラをマッティは抱きかかえた。

しばらくして、キミのアシスタントのキッカ・クオスマネンから電話がかかってきた。どうやらマネージャーのデイビッド・ロバートソンが、パウラとマッティにテストを見に来てはどうかと誘っているようだ。パウラとマッティは躊躇う。彼らには、旅費を捻出できるような余裕はない。1万2千マルク、現在の通貨では約2000ユーロ必要だ。

人生で一度。

チャンスは二度と巡ってこない。

借金をしよう。

9月12日イタリアのムジェロ・サーキット。すべてが現実とは思えない。トヨタチームへ移籍するミカ・サロの代わりにペーター・ザウバーが新しいドライバーを探している。

華奢な若者がザウバーC19へ乗り込む。これから本物のF1マシンで最初の走行が行われる。若者は運転ではなく、失敗することを恐れている。いまは速く走りコースに踏みとどまるのみ。見上げきれないほど高く積まれた期待に答えなければならない。エンジンをかける。恐ろしく、そして鋭い音が響く。最初のストレート。そこでは何も勝負は決しない。誰でもアクセル全開で走ることができる。カーブですべてが決まる。そこで100分の1秒が競われる。若者はステアリングを切る。首筋に痛みが走る。手が震える。ブレーキを踏むたびに、そしてカーブを曲がるたびに体が傷めつけられる。

「最初は一度に2周走らせることができた。ムジェロは、きついコースのひとつだ。その当時ザウバーはパワーステアリングすらなくて、頭をまっすぐ保てなかった」

キミは初日に29周走行した。2日目に40周。タイムは改善している。感覚をつかんだ。キミはザウバーのエンジニアとテレメトリーデータを確認し、ブレーキングポイントとコーナーへ入る正しいラインを見つけた。現場へ1日だけ視察に訪れたペーター・ザウバーが若いドライバーの走りに太鼓判を押したほど、その後の走行は印象的であった。

母もその日の様子を忘れずに覚えている。「キミはコースを漂っているようだ。両足は、おそらく地面から1メートル浮いている。ミハエル・シューマッハーが、この若くて速いドライバーは誰なのか確認していた」と。

ペーター・ザウバーは自身のチームへキミを雇いたい。しかし、彼はまだドライバーにそれを告げていない。9月28日に2回目のテストが行われた。このテスト後、すべてがはっきりした。ついにF1ドライバー、キミ・ライコネンが誕生した。ただし、まだ早い。F1ドライバーにはスーパーライセンスが必要だ。2001年シーズンの前にF1への参加を正当化するライセンス、つまり国際自動車連盟が承認するスーパーライセンスがキミに発給されるかどうかは不透明だった。ライセンスの取得条件は直下のフォーミュラでのレース経験があるかどうか。キミが走っていたフォーミュラ・ルノーでは格下過ぎる。そこで得た経験だけでは、十分とは見なされない。

ドライバーは有力者たちへ嘆願書を書いた。公の文面を作成したのはマネージャーのデイビッドとスティーブであったが、キミは直筆でその文面を紙に書いた。キミが、どうしてF1で運転すべきなのかが説得力を持って論じられていた。FIAの当時の会長マックス・モズレーは、唯一反対票を投じた。実際その道の権威たちの多くが最高峰クラスでキミの能力が通じるのか、そして彼の経験不足が安全性にリスクをもたらすのではないかと疑っていた。

最終的にライセンスは認められ、道は開けた。

「マッティは落ち着いているように見えて、内心は喜びを抑えるのに必死なの。もちろんそれは誇りからくる喜びよ。彼は親友のアンネに、もし自慢し過ぎるようになったら、袖を引っ張って教えてくれと伝えたの。実際調子に乗ってしまったけど、それは自然なことだわ。そんなことで彼をいさめる気になんてならない。彼はそんなにも息子が誇らしいのよ。私たちはキミがF1の舞台に立てるなんて一切思いもしなかったわ。素晴らしいチームのメカニックとして国際的に名が知られることぐらいはあるかなと私は思ったけれど。その程度に考えていたわ。趣味が仕事になったのよ」

とパウラは思い返す。

キミは才能があり速いレーシングドライバーと証明された。しかし彼の肉体的なコンディションはまだ60周に及ぶF1レースに耐えられない。キミはレースに出るために、かつてアイルトン・セナのフィジカルトレーナーを務めたヨーゼフ・レベラーの指導でトレーニングを開始した。

2001年3月4日オーストラリアGPでキミ・ライコネンはF1デビューを飾る。そして6位入賞を果たし、すぐに結果を残した。デイビッドとスティーブ・ロバートソンは、リスクを負って正解だったと確信した。予算に恵まれず何でも自分でしなければならなかったことが、非常に芯の強いキミの個性を作り上げたと彼らは考えている。キミはこのシーズン2回4位に入った。キミの最初の年の年棒は50万ドル(約6千万円)。それとポイントを獲得するたびに5万ドルが加算された。その当時フィンランド人の平均年収は約14万マルク（約260万円）であった。ようやくお金の話ができる。これまではお金が足りないことばかり話していたから。

TYYLIKOULU

［ 堅苦しい学校 ］

マクラーレン在籍　2002 - 2006
PHOTO : SUTTON IMAGES

ルーキーイヤーから速さを見せつけたキミに、さらなる速さを追い求めるチャンスが訪れる。マクラーレンが、ザウバーと契約中のキミを引き抜こうと動き出したのだ。チーム代表のペーター・ザウバーは、キミとの契約を破棄する気は毛頭ない。いくら反対しても、この手の話は書面に並んだ数字がものを言うのが常だが、この時ばかりはそうではなかった。マクラーレンは、キミを獲得するためにザウバーに対して数台のトラックを買い与え、さらに風洞と呼ばれる空力性能を追求するための高コストの装置まで対価として与える本腰の入れようだった。この風洞はキミが手に入れてくれたものとして、ザウバーのクルーたちの間では冗談交じりの語り草となっている。

マクラーレンへの移籍は、キミの人生に鮮明な烙印が押されたことを意味する。名門チームに加わったキミを大手企業のスポンサーが取り囲み、しかも厳格なチーム監督の指揮下に置かれる。そして、メディアも彼を放っておかない。昨日まで将来を嘱望されていたキミは、この契約を機に、常に結果を求められる存在とみなされるようになった。

二十歳そこそこの青年は欲しいものを手に入れた——スピードだ。しかし、これには「注目されすぎる」という予期せぬおまけがついてきてしまった。もう、落ち着いていられる場所はどこにもない。彼の私生活はゴシップの種がまかれた畑と化し、ゴシップの花々が咲き乱れることになる。

マクラーレンとの契約を結ぶ1年前、キミは当時19歳だったモデルのイェンニ・ダールマンと出会う。ほどなく婚約し、二人の関係が公になると、小国フィンランドでは大物有名人カップルとして、もてはやされた。

マクラーレンでの初戦となったオーストラリアでキミは見事3位入賞し、表彰台に上がった。ファステストラップもマークした。上々の出だし、前途洋々に思えた。しかし、次戦のマレーシアでマクラーレン時代を通じてキミが悩まされ続けることになるエンジントラブルが発生する。

Ｆ１以上に道具そのものの善し悪しが結果に反映されてしまうスポーツなどないだろう。２００２年から２００６年のマクラーレン時代、キミのエンジンはレース中に12基も壊れている。それは確実視されたポイントが、ぼろぼろとアスファルトのコースに散ってしまったことに等しい。この技術的な問題さえなければ、彼はこの間に二度のチャンピオンタイトルを手にしていただろう。道具の故障自体は他のスポーツでも見られる。しかし、ここまで直接的に結果に反映されてしまうスポーツなどＦ１以外にあるだろうか。クロスカントリーではワックスの調子が悪いことがあるかもしれない。だからと言ってスキー板の整備不良だけが原因で勝てないクロスカントリー選手がいるわけがない。有名なテニス選手ロジャー・フェデラーがラケットの不備や、まっすぐに飛ばないボールを試合の敗因にするなどとは考えられない。

Ｆ１は「もしもの世界」で成り立っているといっても過言ではない。「もしエンジンが故障していなければ」「もしあのカーブで車体をぶつけていなかったら」「セーフティカーさえ、あそこにいなければ」「もし太陽が月だったなら、もし牛が空を飛べたなら……」。ピットガレージで真っ先にクルーの口をついて出てくるのは「たられば」で、ゴシップや噂話など二の次だ。

キミが仮定の話をする必要がなくなったことが、ひとつある。それは、２００２年に彼が費用の一部を負担して実家をリフォームした際に、トイレを新設したことだ。生まれてこのかた温かい便座で用を足している他のトップドライバーたちは、そもそも「もしもトイレが実家にあったなら」と考えるはずもないが、キミには「もしもの話」だったのだ。

マクラーレンは、厳格な学校そのものであった。チーム代表のロン・デニスが、あれこれ指示する校長のように規律と秩序を保つ。それもそうだろう。教室となったピットガレージには、自由気ままで泥臭い生徒がごった返している。例えば、レースエンジニアのマーク・スレード、メカニックのマーク・「エルビス」・プレスリー、「ギアボックス・フィリー」、マーカス・プロッサー、そして他にもアスファルトに寝転んで世界を眺めるような多くの面子が席を並べている。キミが今日まで長年信頼を寄せるフィジカルトレーナーのマーク・アーナルもそのひとりだ。彼は、ロン・デニス校長の「電話番」でもあった。キミが校則を破るたびに、校長はアーナルに電話をかけ、彼に事情を求めるのだった。

キミはマクラーレンとともに、いかにＦ１が予測不能な世界であるかを学んでいった。その世界では、最も速いものが、ほんの一瞬のうちに、最も遅いものへと変わりうる。心の強さが常に試され、鍛えられた。レースを離れても士気を高める意識が育まれた。もちろん時として、その士気とやらが、きな臭く感じられることもあったが。

キミはグレーのソファに腰かけ、当時は穏やかに話すことができなかったマクラーレン時代とロン・デニスのことを冷静に話してくれた。時が彼の心のわだかまりをほぐしてくれたようだ。

「ロン・デニスは何にでも口を挟む、支配者みたいな人だ。悪気があるわけじゃない、そういう性格なんだ。紙でもモノでも、すべてきちんと揃ってないと気が済まない。最近は、自分自身もそうなってしまった。家の中のモノが規則どおりに整頓されていないと落ち着かない。ロンに似てしまったのだろう。別にロンが特別ストレスだと感じたことはない。むしろ僕のやることなすことが、ロンにとってのストレスになっていただろう。週刊誌にパーティをして騒いでいる姿がリークされても、自分は気にも留めなかったけど、ロンは面白くなかっただろう」

水と油。正反対の性質を持ち合わせた二人が、目指すものは同じだった。ただ、勝ちたい。しかしプライベートでの振る舞い方をめぐっては、両者が理解を示すことはなかった。ひとりは23歳のやんちゃな下っ端労働者、もうひとりは55歳の管理職だ。デニスは社会の模範となるような堅物、キミは直観で生きる自然児だ。

マクラーレンのスポンサーには特に目立つ高級ブランドが2社あった。ひとつはスイスの老舗時計メーカーのタグ・ホイヤー、もうひとつがドイツのファッションブランドのヒューゴ・ボスである。後者は当然ドライバーに自社ブランドの洋服の着用を期待した。

「マクラーレン時代は特に服装に気を遣った。ヒューゴ・ボスの服は黒くてキラキラと光沢があって、好きになれなかった。でもロンの指示に従った」

アイスマン。ロン・デニスがつけた、キミの愛称だ。このニックネームからはキミの本質の半分もわからない。しかし彼の性格を端的に表現している。寒い地域の出身で、走らせれば速い。多くを語らず、言い訳をしない。集中してベストを尽くし、終わると次のレースに備える。のちにシャワー以外の時は、いつも黒いサングラスをしていることもアイスマンとしてのトレードマークとなった。

ボクサーやレスリング選手には必ずと言っていいほどリングネームがある。リングネームがあることで実名を汚すことなく、気兼ねなく相手を殴ったり、流血させたりすることができる。フィンランド人ボクサーで「カピュラの死刑執行人」の異名を持つユッカ・ヤルヴィネンもそうだ。ウガンダの独裁者の名をまねた「イディ」というあまり上手でない異名のついたアミン・アシカイネンもまたしかりで、それらのリングネームはあくまでもマットやリング上でのみ通用する。家のリビングにいても、スーパーのレジで並んでいても、なんら意味を成さない。それと同じでアイスマンは、キミの日常では一切使い道がないのだ。確かにレースやそれに関わる世界でアイスマンは的を射たニックネームだが、このネーミングは、幼子のいる家族と過ごす日常においては使い道なく溶けてしまう、ただの氷に過ぎない。

マクラーレンで5年間の教育を受けたキミは、すべてを、いやそれ以上のことを学んだ。ザウバーにいた頃には、まだサバイバル言語、つまり片言の英語を話していたが、当時よりもっと滑らかに英語を操れるようになった。とはいえ、お世辞にも上手とは言えない。チームとコミュニケーションをとる最低限のレベルで、メディアに何かを語れるほどではなかった。マクラーレン時代にキミは、レースをする上での家族とも言える良き仲間を得た。その家族の大黒柱は、フィジカルトレーナーのマーク・アーナルとレースエンジニアのマーク・スレードだ。スレードは、ミカ・ハッキネンが在籍していた頃からいるチームの古株だ。

「スレードとは本当にいい関係を築けた。フェラーリに移籍する時も一緒に来てほしいと頼んだ。でも彼にも家族がいるし、もし一緒に来るとなればイタリアに引っ越さないとならなかったから難しいと言われてしまった。ラリーからF1に復帰するためのロータスとの交渉では、エンジニアを自分で選ばせてほしいと頼んだ。本当にいいエンジニアでないと、結果は出せない。その時スレードはメルセデス・ベンツで働いていたけれど、F1に関わっていたわけではないから、呼べると思った。それにスレードもロータスのチームメンバーを知っていたし、ベストな人選だと思った。いまの自分のエンジニアであるデイブ・グリーンウッド（この本がフィンランドで出版される頃にはグリーンウッドはマノー・レーシングに移籍、キミのエンジニアはカルロ・サンティが務める）とマーク・スレードは、よく似た性格をしている。まるで兄弟みたいだ」

マークは、とても神経質な男だ。余計なことは言わないほうがいい。彼の逆鱗に触れると決まって豪速球でペンが飛んでくる。

「一度スレードのペンの先に紐をつけておいたことがある。さすがに、その時ペンは遠くまでは飛んでこなかったよ」

チームは、よく集まってテストに没頭した。この時代は、まだ制限なくテストをすることができた。時には6日間連続でテストすることもあった。レース期間中でも関係なくテストをしていた。スポンサーもキミを忙しく追いかけた。メルセデス・ベンツ、ウエスト、タグ・ホイヤー、ヒューゴ・ボスは、こぞってキミを欲しがった。

四季がそれぞれ違う表情を見せるように、マクラーレンで過ごした期間のどれひとつとっても同じではなかった。平坦であったはずのアスファルトは、あたかもジェットコースターのようにうねとした道へと変化した。最初のシーズン開始直後からエンジントラブルに見舞われるなど、悪運は尽きない。マニクールで行われたフランスGP、キミは残り2周の時点でトップを走っていた。優勝は目前だった。しかしトヨタのアラン・マクニッシュのマシンから漏れたオイルが最後から3つ目のコーナーの路面を汚し、これがすべてを台無しにした。

「ブレーキをかけるしかなくなって、思った以上に失速してしまった。そうこうしているうちにミハエル・シューマッハーに、ただで首位を明け渡してしまった。初優勝がかかっていただけに、しばらく怒りが収まらなかった」

翌年、キミはマレーシアで人生初となるF1グランプリでの優勝を勝ち取った。しかし、この喜びは束の間のものとなった。シューマッハーが、たった2ポイント差でキミを抑え、その年の世界チャンピオンとなったのだ。いつものことだが、もしも、あの、そうあのレースでマシントラブルさえなければと悔やむばかりだ。

2005年、またもキミは取れたはずのチャンピオンを逃す。エンジンが故障し、アクセルは吹かない、ドイツGPではアームのどこかが壊れた。エンジン交換で10グリッド降格というペナルティが課された。それでもキミは、ほぼ最後尾から表彰台まで上りつめた。

同じ年、日本GPで諦めないとはどういうことなのかを体現してくれた。17番グリッドからのスタートだった。一台、また一台と前を行くマシンを捉えて追い抜いていく。ラスト1周を残して、キミの前にはジャンカルロ・フィジケラがいるのみとなった。

「フィジケラまでも捉えたときは本当に興奮した。実にフェアなレース運びだった。忘れられないよ。あとマレーシアでの初勝利も忘れられない経験となった」

マクラーレンで過ごした5年間でキミは他に何を手にしたのだろうか。その期間に彼は何を学んだのだろうか。挫折と悪運に耐えること、片言の英語でエンジニアと意思の疎通をはかり、二つの単語でチーム代表の意図を理解すること。5年間で何が変わったのだろうか。スイスからイギリスの「学校」に転校して、どんな人間にキミは成長したのだろうか。彼のヘルメットのひとつにジェームス・ハントの名が刻まれているのは、果たして偶然だったのだろうか。

あるゴシップ紙にキミのプライベートに関してあることないことが大きなフォントの黒い文字で羅列されていたことがある。行き過ぎたパーティの報道は、まだ理解できる。しかし当事者がキミというだけで、二十歳を迎えたばかりの青年がカラオケをしたなどという記事が、わざわざ一面に差し替えられることまであった。彼はレーサーとして間違った時代に生まれてきてしまったのだろうか。それともレーサーとして普通の人生を過ごせていたのだろうか。そもそも普通の人生とは何だろうか。

いま生きている時代で、過去や未来の鮮明な風景を見るのは容易ではない。だがキミの部屋では、たやすく過去へとタイムスリップできる。過去の時代へと導いていく歴代のヘルメットたちとは、ほんの50センチほどしか離れていない。これら歴代のヘルメットが置かれている棚にはジェームス・ハントの名が入ったものもある。これはキミが実際に2012年のモナコで使ったものだ。彼はハントの名を使って、とあるスノーモービルの大会にも出場している。

なぜ、ジェームス・ハントなのだろう？　さらにはマクラーレンの何が、そんなにも特別なのだろうか。答えは両者ともイギリスに由来すると言えるだろう。イギリスのサーキットの歴史は古い。古くて陰湿な、時には血の争いまで引き起こした歴史がある。ジェームス・ハントはイギリスの有名なレーサーで、「ハント・ザ・シャント」というニックネームで親しまれた。日本語では壊し屋ハントと呼ばれる。とにかくクラッシュの多い選手だった。ハントは1976年にF1チャンピオンの座を獲得し、その名を一躍世間に知らしめた。それ以上に彼の生き様が人々の注目を集めた。現代では考えられないような生き方だった。

キミは、そんなハントの何に惹かれたのだろうか。

「あの頃は、もっとレーサー同士がお互いを尊重しあっていたと思う。まだマシンの両側に燃料タンクがついていて、ちょっとした接触が死に至る事故に繋がりかねない。いまは安全水準が上がって、極端な話、どんなことでもしでかせる。でも当時は、そうはいかなかった。ドライバーたちは常に死と隣合わせだったから、お互いを称えあった。いまのF1で誰かが他のドライバーに勝負を挑むのは大したことではないけど、あの頃は違う。当時はドライバー同士がプライベートを一緒に過ごすことも多くあった。死への恐怖がドライバーたちを、より密接にしたと思う」とキミは教えてくれた。同じことにジェームス・ハントも言及している。

「明日が来るとも限らないんだ、やれるうちに馬鹿をやっておいたほうがいいさ」と、ハントも生前ジェラルド・ドナルドソン執筆の伝記の中で明かしていた。

一見、死とバカ騒ぎは両極端に位置するもののように見えるが、当時は隣合って存在していた。1970年から1982年の間、F1のレース中に命を落としたドライバーの数は11名にのぼる。あとひとり生死をさまよった人物がいた。重度の火傷を負った彼は現在もレースに足を運び、この競技についてのコメントや解説をマイクで発信している。火傷を負った肌に刻まれたニキ・ラウダの経験は、この競技がいかに危険であるかを常に記者たちの肝に銘じてくれている。

1976年、ラウダはニュルブルクリンクで開催されたドイツGPで全身に大火傷を負う大事故を起こした。誰もが彼の死を覚悟するほどの大惨事だった。神父も駆けつけ、亡くなる前に行われる病者の塗油も施された。しかし、それから二ヶ月もしないうちにラウダは奇跡的に回復し、事故前から所属するフェラーリでF1復帰を果たしたのである。1980年代以降、F1の車体にはカーボンファイバーが採用されているが、この事故の起きた1976年は、まだ燃えやすいアルミニウム製シャシーが主流だった。

1970年代、1980年代のF1の世界は現代とはまったく異なっていた。かつてはドライバーが喫煙するのは当たり前で、時には自身までが火の煙となることもあった。死と隣合わせの毎日で、常に最期の日を思いながら過ごしていた。ビール1杯はグラスではなくバケツを意味し、たばこの単位は1本でも1箱でもなく、1カートンだった。

キミは過去のような危険なマシンも、桁外れな量のビールもF1に求めていない。彼に必要なのは気楽で、安心して、なおかつ堅苦しくなくレースに臨める雰囲気だ。たぶん、このような雰囲気がマクラーレンのピットには、ほんのひとつまみほどしかなかった。

「ジャケットを羽織ることなんて一度もないね。若者みんながジャッキー・スチュワートみたいになりたいと思ったら大間違いだ！　着たくもない服を身に着けるほど、人生は長くないよ。好きな格好して生きたいね」。ハントの残した言葉だが、ライコネンもこう言うだろう。

ハントはヘビースモーカーだった。多いときは1日に40本吸うこともあった。対照的にキミは常習的な喫煙者ではない。

「若いころは2年くらい吸っていた。でも、レーサーになってからは時々吸う程度だ。ただ酔っぱらうと吸ってしまう。それに、よく酔っぱらっていた。ロータス時代は時々ピット内で吸ったり。あとは監督と飲みに行くときぐらいだと思う。その後は、ほとんど吸ってないよ。喘息持ちだから、継続的な喫煙はやめたんだ。ノースステートというフィルターのない煙草を吸ったこともあった。翌朝は咳がひどかったね。スヌースという嗅ぎたばこは、いまでも時々やる。みんな知ってるよ。それに関しては誰も何も言わないさ」

イギリスのレーシングチームと酒には長い伝統があり、マクラーレンのクルーにも不可欠なものとして受け継がれている。キミもこの伝統を頭に入れ、身近な仲間とこの伝統を分かち合った。と言うのも、ドライバーに酒に誘われることは、メカニックやホイールマンたちにとっては冗談でも嬉しいことなのだ。

「もちろん自分がレーサーの立場だってことを意識して酒を呷《あお》ったことはあるよ。みんなが喜ぶと思って何度も飲み明かしたことがあった。シーズンが終わるのを待って飲むようなこともなくなった。引退した後にようやく酒にありつけるなんてことも期待していない。だって、もう十分すぎるほど飲んだからね」

ハントにとっての楽しい夜とは、こうだ。気の置けない友人たちとテレビを囲んでくだらない話で笑いあう。テイクアウトしたファストフードと数本のビール、それからマリファナがあればなおいい。現代を生きるキミにとってのいい夜の過ごし方は、ハントとは違う。しかし両者ともミシュランの星付き高級レストランで夜を過ごすことはないという点では似通っているだろう。

ハントは1978年に起きたロニー・ピーターソンの死亡事故を最も近くで目撃したひとりだ。誰よりも早く現場に駆け寄り、燃えさかるマシンからピーターソンを助け出そうとした。この事故をはじめ、多くの惨劇を目にしてきたハントは死への恐怖心をますます募らせた。

「死について考えるのが、たまらなく怖い。時々、死ぬってどういうことなんだろうとか、死後の世界のこととかを考えることがある。時が来たら、F1の世界からは遠のきたいね。誰かに言われてではなく自分の意志で。だから、それまでは生きてなくちゃいけない。モータースポーツをやるものにとって、それは最大限リスクを回避するということになる。レースをすることで生き延びてきた。でも同時にレースをするということは死への恐怖も募らせる」

一方のキミは死を特別には恐れていない。マシンはハントが現役だったころと比べて安全面で飛躍的に進化したからだ。しかしレースに付随する、優勝を祝う盛大なパーティといった副産物はハントの時代と変わらず、ハント同様にキミもこの手のことを嫌った。スポットライトを浴びるように見知らぬ人の前で注目されるのが好きではなかった。両者は負けず嫌いな点でも似ている。「F1の世界でトップを極められないのなら、他に転職するさ」。若い頃、ハントはこう話した。

キミは速く走ることこそ、最も安全に走ることへ繋がるという。ハントも同じことを述べている。「速く走れば走るほど集中力が増して、ミスは減る」

ハントはレース本番前になると神経を尖らせた。いつもそうだった。ピット内を行ったり来たりし、続けざまに煙草をふかした。一度はヘルメットを被るも、取り外して嘔吐する。とにかく落ち着かない。キミのレース前の験担ぎはひとつしかない。「いつもレーシングカーには右側から乗る、それだけだ」

ジェームス・ハントの伝記で、次のことが明らかになった。それはハントが鳥と動物をこよなく愛していたことだ。彼が飼っていたオスカーという犬は、ハントにとって何ものにも代えがたい大切な存在だった。このことは、それまで一度も公になっていなかった。キミにとって、それは子供たちだ。これは公然の事実として世に知られている。

１９７９年7月8日、ハントは引退を表明する。彼のレーサーとしての人生を築きあげた12年。キミは今年レーサー人生18年を迎える。引退までは、まだ遠そうだ。

引退後のハントは、ひどく塞ぎこんだ。ようやく居場所を手にした彼は煙草をやめ、酒もほとんど飲まなくなった。ヘレン・ディクソンと知り合い、彼女に電話でプロポーズをした。イエスをもらっていたプロポーズの2日後、心臓発作に見舞われ、帰らぬ人となった。１９９３年、まだ42歳だった。ライコネンは２０１３年に現在の配偶者であるミントゥ・ビルタネンと恋に落ち、長年の飲酒生活にピリオドを打った。38歳になり、彼は二人の子どもの父となった。引退後は犬を飼う予定だ。

PISTE

[1ポイント]

2007年F1ワールドチャンピオン
PHOTO : SUTTON IMAGES

勝者の陰には、必ず敗者がいる。敗者は、アボカドの中で育つ固い種のように扱われる。ルイス・ハミルトンの2戦連続の失態がなければ、ライコネンもチャンピオンの座に輝くことはなかっただろう。だからと言って、チャンピオンとしての面子を失うわけではない。ライコネンがチャンピオンを勝ち取ったことに変わりはない。キミは総合優勝に必要なポイントをハミルトンより1ポイント上回ったのだから。フェラーリに移籍した最初の年にチャンピオンに輝いたことは、勝利に華を添えることとなった。２００２年から２００６年まで在籍したマクラーレンでは、総合優勝を目前にして2度もタイトルを逃している。

本来なら、この年の世界チャンピオンは不可能に近かった。シーズンの17レースのうち、ライコネンが優勝したのは6回で、トップを走るハミルトンとの差は一時期、26ポイントまで開いていた。最終戦でタイトル獲得の可能性があるドライバーは3名に絞られた。首位を行くルイス・ハミルトン、１０７ポイント。2位のフェルナンド・アロンソ、１０３ポイント。そして3位につけていたキミ・ライコネン、１００ポイント。

２００７年10月21日、フィンランド時間21時、インテルラゴス・サーキット。上位3名には、まだ優勝の門戸が開いている。

一方、キルッコヌンミ市、ポルッカランニエミにあるコテージの門戸は完全に閉ざされていた。その場に居合わせていたのはパウラ、マサ——マッティ、そして彼らの親友のアニとカリ。パウラはメディアを締め出していた。報道陣はキミの両親と運命の一戦を一緒に観戦したがったが、パウラは頑なに拒否した。マサは喜んでメディアに出ただろう。パウラは息子が本当に優勝したらメディアへの対応をしようと心に決めていた。

キミがレースに出るとき、パウラは例外なく落ち着きを失った。カリとマサは2階へと移り、そこでレースの中継を見始めた。アニとパウラは1階に残り、電気を消した。

キミの赤いマシンが3番グリッドを飛び出す。キミなら大丈夫、上手くやれる。ハミルトンは、きっと失速する。ハミルトンが7位に留まり、キミが優勝する以外にキミのタイトルはない。誰かの幸せは誰かの不幸や犠牲の上に成り立っているものだ。

パウラ・ライコネンは息子のレースを見るとき、いつもコニャックを飲んで気持ちを落ち着けていた。しかし、そのとき精神安定剤を買い忘れていた。アニとパウラの前には何本か炭酸水とシャンパングラスが並んでいるだけだ。二人は日頃から飲んでいるウオッカを炭酸水に混ぜて上品そうに飲んだ。2階にいるマサとカリは何やら精神を落ち着けてくれそうな飲み物も持っていそうだ。2階へ行く気になれない。その場を離れられないのだ。キミがレースのトップに躍り出ている。

パウラはラスト5周に差しかかると部屋の隅に移動し、いつ吐いてしまってもいいように洗面器を抱えながら立ちすくんでいる。キミは最終ラップを危なげなく、優雅に走り、勝者としてゴールラインを切った。しかし、まだ総合優勝が確定したわけではない。キミは、無線でハミルトンの最終順位を聞き出さなければならなかった。ゴールラインから半周ほど走ったところで、ようやくハミルトンの情報を耳にする。最終周でハミルトンは順位を落としていた。キミは1ポイント差でハミルトンに勝利し、見事に世界チャンピオンに輝いた。

マサは、おもむろにはさみを手にして自らの髪を切っていく。チャンピオンとなった息子を、きちんとした身なりで迎えてやりたい。パウラは目を拭いながら、コテージ用のルームウェアから着替えるため、少しフォーマルな服を探しに部屋を出た。アニはコーヒーを沸かしはじめた。ちょうどそのときパウラの姉妹の夫であるユッシ・ラパラがコテージの門の前に到着したと告げたところだった。ユッシが記者たちと一緒に庭に入ってくる。門を開けたら記者たちが勝手に入ってきてしまったのだと彼が事情を説明すると、なんてタイミングで来るのよと舌打ちされてしまった。

キミはシャンパンのシャワーを浴び、チャンピオンを家族とフェラーリに捧げた。マクラーレン時代、エンジントラブルで二度も逃してしまったF1の王座へついに上り詰めた。これで「もしも話」ともおさらばだ。すぐにでもチームと心置きなく祝杯を上げなくては。小さな家族から生まれたドライバーは、いま真っ赤に統一された大家族の懐へと優勝を分かち合うため、すぐに飛び込んで行きたかった。

パウラとマサは何度も息子に電話をかける。ようやく繋がった電話なのに、泣き叫んでばかりで言葉にならない。気の利いた言葉も見つからないほど、興奮しきっていた。というのも、彼らの勝利は不幸や犠牲などではなく、数え切れないほどの思い出で成り立っていた。ともに泣き、ともに笑い、あらゆる苦難をともにしてきた。何度も壊れたドライブシャフト、潤滑油の匂い、バンでの数千キロにも及ぶ旅路、野次馬の心無い言葉、支えてくれた恩人たちとの固い握手、恐怖、緊張、倹約の日々。言葉で言い尽くせないほど、たくさんの思い出があった。

キミはチームメイトたちとホテル付近で待機していた。チャンピオンを祝うパーティは遅れていた。祝賀ムードに水を差すように、ニコ・ロズベルグ、ニック・ハイドフェルド、ロバート・クビカの3名が乗るマシンに燃料違反の疑いが持たれ、審議のほどを待つ羽目になってしまった。彼らの容疑は晴れ、ようやくパーティを始められる。もちろん朝まで飲み、いくらでも飲める。

パウラとマサが目覚めると、小国フィンランドが大いなる朝を迎えていた。どのメディアも、キミの両親から何から何まで聞き出そうとしている。パウラとマサは、これまでの思いをかき集め、適切な言葉を拾い集めながらメディアのインタビューに答えた。

キミには、まだやるべきことが残っていた。イタリアのムジェロへ飛び、フィンランドをはじめとする世界各国のメディアにチャンピオンとなった喜びを語るのだ。２０００年9月12日、ザウバーのテスト走行が行われたこのムジェロ・サーキットで、すべてが始まった。そしてようやく、ひとつの輪が完成した。

ヘルシンキにあるナイトクラブ、ブラックではキミの家族と友人たちが、彼の到着を待ちかまえている。ようやくキミが現れた。夜はどこまでも続くのだ。

エスポー市の市長らは頭を抱えていた。エスポー市出身の偉大な若者の功績をどうやって称えるべきなのか思案に暮れていたのだ。これまでもクロスカントリーの選手や槍投げの選手に対してビーチ付きの土地を譲ったり、家を贈呈したりしている。しかし今度ばかりは、とんでもないお金持ちのF1ドライバーだ。どうやって敬意を表すべきなのだろうか。

　エスポー市は当時新しいモトクロスの練習場の建設を計画していた。この練習場はアンマススオのごみ集積所周辺に作られる予定だった。ごみ集積所の裏手に道が一本通っている。この道に市長たちは目をつけ、アイディアをひねり出した。この道を「キミ・ライコネン通り」と名づけて、新チャンピオンの功績を称えるのが相応しいのではなかろうか。さっそくキミに、この旨を伝える。キミは、この提案には乗らなかった。どこに通ずるでもない、ごみ集積場の裏の道に自分の名を冠してもらって喜ぶ者などいるだろうか。この話はモトクロス練習場の建設そのものと同時に白紙に戻された。その後、この道には「Kulmakorventie（クルマコルヴェンティエ）」という正式名称がつけられた。

RALLI-UKKO

［ ラリー野郎 ］

PHOTO : ILARI SUHONEN

２００９年の晩秋、フェラーリはライコネンとの契約を一年前倒しにして打ち切ることを明らかにした。しかし、誰も彼の去就について明言できる者はいなかった。競技人生に終止符を打つのか、それとも他のレーシングチームへ移籍するのか。いったい彼は、どんな決断を下すのだろう。ただキミに関してひとつ言えることは、まるでサーカスの余興のように、自慢話や政治談義に花を咲かせるようなＦ１界の雑用に追われるのは、もう懲り懲りだったということだ。

キミがラリーに転向するというニュースは、キミをよく知っている人たちなら驚かなかっただろう。彼はＦ１のきらびやかな世界とはかけ離れたラリーの世界に、ずっと前から魅了されていた。木々に囲まれた小道を猛スピードで狂ったように駆け抜ける男たちに憧れを抱いていた。

「彼ほどラリー野郎が似合う男なんていないさ」とキミのマネージャー、サミ・ヴィサは語る。ヴィサは幼い頃からラリーに精通し、著名なフィンランド人ラリードライバーの知人も多い。

「ラリー野郎」という単語は実にフィンランド人らしい発想で、こんな意味が込められている。フィンランドを代表するラリードライバーは、ほぼ例外なく雑草魂を持った庶民の代表者だ。つまり、スターなどではなく、誰でも気軽に近づける近所のお兄さんのような存在ということだ。この意味に当てはまる人物に覚えはないだろうか。洒落た服装が苦手で、意思の疎通も苦手な庶民派のキミには、籠の中の鳥より自由気ままに森を駆け抜ける野鳥の方が性に合っている。

シモ・ランピネン、ティモ・マキネン、ハンヌ・ミッコラ、ティモ・サロネン、ヘンリ・トイボネン、マルク・アレン、ユハ・カンクネン、トミ・マキネン、マーカス・グロンホルム……フィンランド人ラリードライバーは挙げだすときりがない。砂利道ばかり続く、広い庭のある田舎町から世界へ飛び出していった、スピードに魅せられた若者たちばかりだ。

惜しくもコルシカラリーで命を落としたヘンリ・トイボネン（1956‐1986）は、ヴィサの友人のひとりだった。ヴィサはトミ・マキネンとも親交が深い。ヴィサによれば、ここに挙げた男たちとキミの共通点は、とにかく負けず嫌いなところだという。「それからラリー中は、とんでもなく嫌味なやつになり得るっていう点でも似てるね。ラリーの間は自分の世界にこもってしまうから、一緒にいても楽しくはないんだ」

キミにとってラリーへの転向は単なる思いつきではなく、当然の成り行きであった。以前から彼はラリーに注目してきたし、長年この競技に関心を寄せている。かつてキミはフィアットのラリーカーを購入したこともあった。そのグランデ・プント・アバルトS2000という車は、トミ・マキネン・レーシングで整備され、ラリーの大会に出場できる状態に仕上げられていた。実際このクルマでキミはラリーのデビュー戦となるトゥントゥリ・ラリーを2009年に走っている。

「確か2005年ごろユヴァスキュラにラリー・フィンランドを見に行った。トミ・マキネンとカイ・リンドストロームと一緒にサウナに入ったとき彼に、もし自分がラリーで走ることになったらコ・ドライバーをやってほしいと頼んだ。彼らの手助けなしにはラリー転向もスムーズにいかなかったと思う」

トミ・マキネンはラリードライバーとして豊富な経験を持つ、第一人者だ。現在、彼はトヨタの

WRCチーム、TOYOTA GAZOO Racing World Rally Team の総監督として指揮を執っている。彼は優秀なラリードライバーを見出すセンスを持っている。

「キミは長年レーサーとして車を乗りこなしてきたから、すぐにラリーカーを乗りこなすコツをつかむと確信したよ。ただし、F1からラリーへの転向は容易なことじゃない。自分もF1に乗ってみたことがあるけど、あれはまったく別物だ」とマキネンは語ってくれた。

長年ラリーをやってきたキミの兄ラミは、弟の決意に、特に驚くこともなかったと話す。ラミいわく、ラリーではコースを読む目が必要なのだそうだ。そして、トップドライバーたちと張り合えると高をくくる前に、すべてのコースを本番と同じ速度で2回ぐらいは走るべきなのだという。

「キミなら視界が開けたスペシャルステージ（SS）を猛スピードで走れるってことぐらい僕にはわかっていた。だって、暗闇に突っ込むわけじゃないし、目視で車を操れるわけだから」と、自身もフィンランド国内選手権2位にまで上り詰めたラミは語る。

キミはシトロエンのジュニアチームからWRCへ参戦することになった。ラリーカーはシトロエンC4 WRC。カイ・リンドストロームがコ・ドライバーを務めた。ぎこちない結果に終始してしまったが、それでもキミはラリーを満喫することができた。相も変わらずハンドルを握る、落ち着き払ったひとりのドライバー。一方、ピットは森の縁へと様変わりし、チームメイトは雪を被りながら汗だくで油にまみれていた。華やかさなど、そこにはない。しかし、士気の高さを感じとった。メデイアの人数も大幅に減り、数名の記者を目にする程度。対峙するのは森と時計となり、横を流れる風景は原野と木々となった。時計というものは、ここでも薄情なものだ。なんら意見など持たず、事実だけを告げてくる。厳しくもあり、荒々しくもある、ある意味で洗練されていない現場の雰囲気がキミの心に残った。そして、寒風吹きすさぶ陰鬱な当時の状況を、キミは熱意露わにこう思い返す。

「マネージャーのスティーブとデイビッドがラリーの現場に駆けつけてくれたとき、彼らは、これはやばいなって表情だった。マイナス20度の地なのに、ラリー会場には暖まれるような設備がないんだ。それにラリーの行動パターンは彼らが慣れ親しんだ、どのフォーミュラとも違っていた。ラリーでは、そろそろラリーカーが通るから、あそこの土手に行って立っていてくれと言えば済むから」

キミが持つ天性のスピードについて語るならば、フィンランド北部で行われたアークティック・ラップランド・ラリーでの走りが最適だ。キミはスペシャルステージ２（ＳＳ２）でコースアウトしてしまった。しかし、ゴールを切ったキミのタイムを計算すると、この大会で優勝したダニ・ソルドから走行距離ごとの平均値で約１秒の遅れであった。つまり、わずか１秒／kmしか劣っていなかった。初めてのラリーでの結果が、これだ。

キミは同シーズン中のラリー・ヨルダンで8位、ラリー・トルコでは5位と健闘した。彼はトータル25ポイントを稼ぎ、新人賞を獲得した。彼にとってはポイントを稼ぐことよりも、憧れていたラリー野郎と肩を並べて走ることの方が重要だった。スターではない、普通の男として。

「メカニックも見知らぬ民族と出会ったような感じがした。寒かろうと車体の下に潜り込んで、なんでもやってしまう。クラッシュして足を引きずりながらサービスパークに戻ると、メカニックたちが、すごい勢いで作業に取りかかる。1時間しかないからね。その間、グラインダーでボディを直したり、ハンマーであちこち叩いたりと手際よくクルマを立て直す。そして、またレースへ向かう。低木の茂みに酷い勢いで突っ込んだとしても、ぺちゃんこの物体をメカニックたちが車体だと思える状態に直してくれる。これは完全にお釈迦になったなと思ったクルマも、ハンマーか何かを振り回して、彼らは1時間後に、それじゃレースを続けることにしようって言ってくる。そんな場面を何度も目にしたよ」

これまでキミは閉塞的なコースを、ひとり狭苦しいF1マシンに乗って走ってきた。いま彼はコ・ドライバーを隣に乗せ、彼の読むペースノートを頼りに先の見えない開けた道を走る。コ・ドライバーの指示が飛ぶ。自分の目から入ってくる情報だけでは十分ではないのだ。途切れることのない連携プレーなくして、コースアウトせずに走れやしない。ましてやスピードも出し続けられない。

「いままで他人の指示に従ってこなかったから、すぐには慣れなかった。でも、コ・ドライバーの指示に信頼を置いて走ることが、ラリーとF1の決定的な違いじゃないかな。2年目はラリーのコースもすべてわかって、いくらか楽になった」

2年目のラリーシーズンを迎えたキミは、自己資金を投じて参戦する。アイス・ワン・レーシングという自身のチームを設立し、シトロエンのラリーカーを一台借り受けた。ひび割れた状態の脆いチームではシーズンをまともに過ごすことはできず、キミはフル参戦の機会を逃してしまう。最終的に彼のチームはマニュファクチャラー部門から締め出しを食らってしまった。

　それでもラリーに参加したことは良い思い出となった。同時に、ラリーについて理解すべきことがまだまだあることを知った。メカニックもそうだが、とりわけコ・ドライバーのカイ・リンドストロームの仕事ぶりがキミの心に強く残った。

「ラリーでコ・ドライバーの仕事が、いかに尊敬に値するものか学んだ。とにかくその仕事は半端なくやることが多いんだ。ペースノートを作り、ロードセクションとスケジュールをすべて把握する。それからさらに、すべての最終情報を踏まえて、きれいに書き直す」

　キミは同時期にアメリカで行われているNASCARへの参戦も試みた。NASCARもまたF1ともラリーとも、まったく異なるモータースポーツだ。NASCARでは楕円形のオーバルコースをドライバーたちが一斉に猛スピードで走る。観客たちの目の前を、めまぐるしくレーシングカーが行き交う。タイヤ交換にはジャッキを使い、給油はタンクを人力で担いで一瞬で行われる。多いときには16万人もの観客が会場に押し寄せる。テレビ観戦者数は1000万人にも及ぶという。アメリカではアメリカンフットボールに次いで人気のあるスポーツだ。

　落ち着けて堅苦しくなく、開放的な雰囲気。NASCARには、ラリーで感じた空気と共通するものがあった。そうは言ってもNASCARにはアメリカンスタイルで風味づけされた独特の味わいがある。

「それは、心地のよい慌ただしさだ。それにクルマも、いい感じに仕上げられている。F1だって走り始めた頃はもっと気楽に走れたのに、いまはどの競技でも厳粛なムードが蔓延している。洒落っ気は、どこかに消えてしまった。お金の話がどんどん増える一方で、遊び心がだんだん減っていく。スノーボードだって最初は気楽で楽しかったのに、いまはガラッと変わってしまった」

キミは、カイル・ブッシュ・モータースポーツからNASCARシリーズに参戦し、トラック・シリーズとネイションワイド・シリーズと2つの異なるシリーズを走っている。トラック・シリーズで15位、ネイションワイド・シリーズで27位という成績を残した。

ラリーでの成績もNASCARでの成績もキミにとって、さして重要ではなかった。大事だったのは、いかにF1から、その追われるような日々から遠ざかるかということだった。印象的だったのは、当時キミはF1関連のニュースを見ようともしなかったことだ。むしろかつての自分の職場を避け、好きなことに熱中した。さらには家にも帰らなくなっていた。もう、その頃の家は自分の家と呼ぶには相応しくないものになっていた。

2011年7月、ヘルシンキ
レッドブル・デモ走行

ユハ・ハンスキ、キミ、テーム・「フォレ」・ネヴァライネン、イッル・スホネン。
2011年5月、ノースカロライナ州シャーロット NASCAR Hall of Fame にて

PHOTO : ILARI SUHONEN

MASA

［ 父、マサ ］

2010年12月21日。ポルッカランニエミにあるコテージ。マサとパウラ。夜。

マサは酒を呷《あお》っている。虫の居所が悪い。パウラは息子夫婦が遊びに来るよう声をかけてきたことを伝える。マサは気乗りしない。パウラは、ひとりで出かけることにした。キミと妻イェンニのコテージはパウラたちのコテージから200メートルほど先にある。せっかく息子がフィンランドに帰省しているのだから、マサにも一緒に来てほしかった。キミのコテージに着いたあともマサに電話をかけるが、どうにも腹の虫がおさまらない。彼は行かないの一点張りだった。

むっとするマサ。いまとなってはマサ本人に事の真相を聞き出すことはできない。あくまで推測にすぎないが、キミとの大喧嘩をまだ引きずっていたのだろう。キミは、マサが飲みすぎでないかと気にかけていた。この前飲酒した時も、マサは友人と泥酔状態でクレー射撃に興じるようなありさまだった。業を煮やしたキミは、声を荒らげ、銃をすべてマサから取り上げた。恥じらいと怒りの感情がマサの頭の中で交差する。これが事の顛末なのだろう。それに、マサは思考能力の低下により心痛を患っていた。憎しみと悲しみの感情が彼の頭を支配する。2年ほど前にバギーの運転中に転倒して頭を強打した。それにより神経疾患の後遺症に悩まされることになってしまった。かつて明るい性格だった男の頭は暗闇に包まれる。それに加えて、いままで難なくこなしていたこともできなくなっている。コーヒーメーカーですら彼の手に従わなくなった。マサは酒をコップに満たし、睨みつけるように外を眺めている。

マサのことを考えながらも、パウラは一時の息子夫婦との時間を楽しんだ。最愛の人は変わってしまった。パウラがコテージに戻ったのは夜中前だった。マサは木製のソファで眠り込んでいた。寝室に上がって寝るよう声をかけるが、起きそうにない。ソファでも寒くはないだろう、そう思ったパウラは夫を置いてひとりで寝室へ上がり、少しの間テレビを見てから眠りについた。

翌朝パウラが下りてくると、マサは後頭部を打ちつけるように床に倒れていた。起こそうと試みるが、反応はない。急いで息子夫婦のコテージへ走り、応援を頼んだ。大急ぎで戻ってマサに駆け寄るが、依然として状況は変わっていない。かなりひどく頭を打ったのだろう。ドクターヘリを呼んだが、マサの容態が悪く、ヘリでの搬送ができない。キミはマサを抱きかかえる。マサが嘔吐する。ようやく救急車が到着し、マサを病院へと搬送する。救急車のテールランプが、まるでクリスマスのオーナメントのように辺りを照らした。

マサはヘルシンキ市内トーロの病院に搬送された。しかし、そこで聞かされたのは手の施しようがないという事実であった。それほどひどい脳内出血を起こしていたのだ。明くる日、病院からマサの延命装置を外すとの連絡が入った。回復の見込みがないのだ。パウラとキミが病院へ急いだ。彼らの後を追って、ラミも病院へ駆けつけた。マサの最期の瞬間を、家族で看取った。

マサ、マッティ＝パーヴォ・イルマリ・ライコネンは２０１０年12月22日にこの世を去った。

スイス、バール。２０１７年11月、キミの部屋。静寂に包まれたこの空間で、私は慎重にこの話題に触れる。キミはまだ人生の半分も生きていないが、早くて濃厚な人生であることは確かだ。家にいることの方が少ない人生だ。車や飛行機で移動、ホテル、レース場。前後左右、クルマに囲まれて過ごしてきた。動き回っていると考える余裕はない。ようやく立ち止まると、動いていると錯覚してしまう。

両親の死は、子にとって壁が目の前に現れたのと同じだ。たとえ、それがコンクリート塀だとしても、その先を見通し、子は自らの死期を意識しはじめるものだ。キミが父マサを亡くしたとき、彼は31歳だった。マサは働きざかりの56歳で、この世を去った。死ぬには早すぎる。先を急ぐ必要のない年齢だ。

キミは水を飲み干し、こちらを見る。そしてテーブルに置かれたインタビュー用のレコーダーに目を落とす。こんな小さな機械に、父の話が入り切るだろうか、そう言っているかのような表情だった。

「父が亡くなってすぐは、ただ愕然として、寝て、起きて、泣いてを繰り返すだけだった。新年のイベントの時にタフコに出かけることにした。最初は気乗りしなかったけれど。でも家に引きこもっているよりは良かったと思う。フェラーリの契約解除が決まってから、そのあとにラリーをするのか、何をするのか決めていなかった。そんな時期に父が死んだ。ラリーに行くっていう決断は、これまでの人生でしてきた決断の中でも特にいい決断だったと、我ながら思う。もしこの決断を下せていなかったら、父の死を引きずって何もできずにいたと思う。逆に何かをしていれば、父の死を乗り越えられると思った」

沈黙。キミはあの日あったことに思いをめぐらせる。私の経験上この手の話は、どうやってもまとまることはない。木の葉やゴミくずのように舞い散ってしまう。あの日どう感じ、いまどう感じるのか。正しく覚えているだろうか。それとも誤って、正確には都合のいいように覚えてはいないだろうか。自分を偽って、誰のためになるというのか。誰のためにもならないなら偽るのをやめよう。囲い網から冷たくなった魚を引き上げるように、キミは思いを包み隠さず語りだした。

「仲たがいしたまま死を迎えるなんて、絶対にあってはいけない。それなのに、こうなってしまった。まるで映画みたいに。あの喧嘩のせいで散々な思いをした。飲みすぎることが多くて、頭に来ていたんだ。一向にやめようとしないし。挙句の果てには酔っぱらっているのに友だちとクレー射撃なんか始めだした。さすがに堪忍袋の緒が切れてしまって、それで使っていた銃を取り上げに行った。そうしたら、それに腹を立ててね。そのあと電話で話したときは『この、銃の不法保持者め！』なんて冗談を言うぐらい機嫌が良くなっていた。それに愛してるとも言ってくれた」

沈黙。給水。そして話を続けはじめる。もう落ち着きを取り戻している。バギーの事故が運命の別れ道だった。この事故を境に以前のマサではなくなってしまう。キミがテスト走行中に、母パウラから一報が入る。マサが昏睡状態にあることを伝える電話だった。キミはすぐにスイスの現場からフィンランドへ直行する。キミはトニ・バイランダーに電話をし、彼にも一緒に病院に来るように頼んだ。トニは、キミが彼を兄弟だと嘘の申告をするまで病室へ通してもらえなかった。

「その事故のあとは、マサは１００％で何かをすることができなかった。何かが欠けていた。最初は煙草も酒もやめた。1年か、そこら。でも、それからまた煙草を吸うようになるとビールも時々飲むようになった」

キミはため息をつき、姿勢を正す。どの体勢も、いまは座りが悪い。

「時間が経って、いくぶん楽にはなったよ。ただ、完全に気持ちが安らぐことはない。おそらくこのせいで、しばらく怒る気も萎えてしまったし、遊ぶときだって十分に楽しめなかった。それで、ラリーを走りに行こうと決めた。ラリーをしていなければ、酒に溺れていたかもしれない。でも、そうやって自分の感情を噛み砕くことができたんだ」

沈黙。大量の給水。

「本当に変な気分だ、マサがもういないなんて。もう少し心の整理がついていればと思うけど、気づいた時には、もう遅い。それとあの喧嘩。あの喧嘩が記憶を掘り起こす。きっと今後もずっと」

キミは目頭を熱くし、視線を棚のヘルメットの方へ向ける。記憶のいたずらから守ってくれるヘルメットなど、存在しない。

エスポー市、カルフスオ。ガレージ。2018年2月。キミが建てた、このガレージの2階部分にはサウナと応接間、ミニバーが併設されていた。パウラ・ライコネンは肘かけ椅子に腰かけ、私はソファに腰を下ろした。

マサの死について家族以外の人に話をしたことはない、とパウラは言う。今回も話す気はないということだろうか。もちろん、話したくなければ話さなくていい。ただ、話せるのであれば、それに越したことはない。キミの物語は、家族の物語。マサの話が抜ければ、キミの人生は不完全なものとなる。パウラは黙り込む。やがて首をかしげながら、２０１０年の12月へ時計の針を戻した。思い出すには遠い過去の話だが、感情はあっという間に呼び戻された。

「私自身は亡くなる2年くらい前から覚悟ができていたつもりだったけど……キミもラミも、自分たちの父親の病状が、そんなにも前から悪かったなんて思いもよらなかったんでしょう。ポルッカランニエミには6年ほど住んでいたかしら。キミが２００４年に、あのコテージを買ってくれたから。マサと結婚したのは１９７６年。34年間、一緒にいられたわ」

私たちはタバコを吸いに庭へ出た。パウラは降り積もったばかりの雪を足でよけ、緑色の小さな家を見つめる。マサの父が建てた隣の家屋に越すまで暮らした、あの33平米の小さい家。そこでの生活が子どもたちは好きだったと話してくれた。

「お金はなかったけれど、豊かな人生だった。いつだって私は幸せだった。マサは何でもしてくれて、一緒にいて楽だったし、楽しかった。ただ亡くなる前の数年間は、本当にひどかったわ」

再びガレージの2階のスペースへと上がる。ガレージには、かつてライコネンが乗ったマクラーレン時代のF１マシンが天井から吊るされている。2階の応接間の装飾が、これまでキミの歩んできた道を教えてくれる。ヘルメット、写真、レーシングスーツに受賞したトロフィーといった数々の功績が並べられている。私たちは、これまで叶った数々の夢の真ん中で腰を下ろす。しかし、それらの夢の実現に携わった人のうち、この場にいない人物がひとりいる。息子たちがレースを続けられるように3つの仕事を掛け持ちしてまでお金を工面したマサがいない。キミが期待を越えた成功を手にすると、マサは誰よりも喜び、それを隠さなかった。パウラは率直にこう語ってくれた。彼には一緒に喜ぶ権利があるし、愛する息子のことを自慢する権利があるのだと。

「マサは、もし調子に乗りすぎたら言ってくれ、と何度も口にしていたわ。実際、度が過ぎてしまうこともあった。とにかく何でも手に入れないと気が済まなくなって、あれやこれや次々と、いろんなことに手を出すようになった。それに休みの日もいろいろとすることがあったわ。それから膵炎と糖尿病を起こして。そのせいで、しばらく断酒していたわ。2007年には体調もすごく良くなって、糖尿病とも仲良く付き合えるようになった。私は時々、週末になると好んで白ワインを飲んでいた時期があって、その頃マサがこそこそ隠れて飲んでいることに気づいたの。それから、2008年にバギーの事故が起きた。事故から半年間はオルトンという神経心理学科のリハビリ施設に連れて行ったんだけど、マサは先生たちに適当な話ばかりして、はっきり言わなかったの。もうちょっと前向きになってくれればよかったんだけど。そのあとで彼の精神状態が変わってしまった。感情をコントロールできなくなってしまったんだと思う。私に暴言を吐くようになり、すごく怒りっぽくなった。気持ちを落ち着けるためにウォッカを飲むようになった。家の資産のことはマサが全部みてくれていた。長い病気休暇のあとは職に就くこともなかったからね。マサが亡くなってラミが資産を管理してくれるようになって教えてくれたわ。なんでマサが、いつも忙しくしていたのか、何を節約して、どこを修繕していたのか、ようやくわかるようになったって」

長い沈黙が訪れる。パウラは外に視線をずらした。部屋を飾るトロフィーが、パウラの涙の溜まった目と競い合うように光っていた。病める時も、健やかなる時も、死がふたりを分かつまで。宣誓書には、こう書かれている。パウラは、この誓いどおりマサに添い遂げた。


スイス、バール。2017年11月、キミの部屋。悲しみというものは、気まぐれだ。何も告げずに、好きなときにやってくる。悲しみがキミのもとへ舞い降りることは、ここしばらくなかった。それはチューリッヒ上空で、あてもなく漂っている。しかし、ほどなくして、悲しみが迫り、頭めがけて緊急着陸する。いかなる時も、いかなる場所にも。いまこの場にも。

「こうだったら、いや、ああだったら、マサなら何て言うかなって考えることが多くなった。どうやっても、その死というものに向き合う気になれない」

私はレコーダーの電源をオフにする。

RAHA JA LUOTTAMUS

［ 金と信頼 ］

キミは貧しかったころ、よく金にまつわる話をしたが、大金を手にしてからは一言も話さなくなった。十分に蓄えがあるとき、詳細な金額には興味がなくなるのだ。キミのようなレーサーたちの給与は公にされていない。だからこそ世間が勘ぐりを入れるのも無理はない。トップドライバーたちには目が飛び出るほどの金額が支払われているという事実だけでよいではないか。

貧困を経験している者は、生まれながらの金持ちよりも金の価値をよくわかっている。その意味でキミは金がもたらし得る可能性について、感謝の気持ちで語るのにふさわしい人物だろう。彼は家屋のほかに金で時間を買った。彼の職業では、嗜好品だ。

「プライベートジェットを借りるために、惜しげもなく稼いだ給料をつぎ込んだ。家で過ごす時間を、もっと確保したかったんだ。それに朝イタリアに飛んで、同じ日の夜には帰ってくることができる。そんなこと民間機に乗っていたらありえない話だ。2日はかかってしまう。自分の時間を優先した。それにレースのあともプライベートジェットなら早く帰宅できる」

給与のほとんどは家の建設費用に使われた。小さな家の出身のキミが、スイスとフィンランドの両方の自宅を大切に思うのは当然なことだ。

「金のために始めたわけではない。でも金に困らなくて、よかったと思ってる。何より父と母に恩返しできてよかった。実家にトイレも建てることができた。カートを優先してくれて、トイレを作る余裕がなかったんだ。家には惜しみなく金をかけた。ずっと、いい家に住まなきゃと思っていたんだ。これなら引退しても家に困らなくて済む。いま自分の子どもにあげられるようなものは、自分が子どもの頃には何ひとつ持っていなかった」

沈黙。

裕福なものは資産の話をあまりしたがらない。大金持ち、低姿勢。大風呂敷、低収入。お金について黙っているのは、過去数年のキミの苦い経験があってのことだ。それは信頼という、ひとつの単語に集約する。

キミの部屋の窓の向こうに美しい草原が広がっている。どこからかトラクターの音が聞こえる。左の方からトラクターが近づいて来るのを目にする。家から100メートルほど先で停車した。トラクターから農夫が降り、後ろに積んでいた太いホースを確認しに行く。しばらくして運転席のキャビンに登り、堆厩肥の散布が始まる。ホースから家畜の糞尿が滝のように勢いよく流れ出すと、開けっ放しのキッチンの通用口から家中へ悪臭が駆け抜け、頭がくらっとした。唯一の慰めは、糞尿が飛び散ることには肥沃な土壌にするという大義名分があることだ。一方、信頼が裏切られると、糞食らえと罵声が飛び交う。悪臭も、意識が遠のくこともないのに、肥沃な心が萎えてしまう。

金がひとり歩きすることなどない。常に何かがつきまとっている。自分の金でもないのに、匂いを嗅ぎつけて何処からともなく人が群がるものだ。額の大小はどうあれ、金が絡むと、すぐに喧嘩が起こる。少額の金銭トラブルは騒々しい。多額となると寡黙になり、信頼が損なわれると穏便に事を済ませる。

キミ・ライコネンは、自分の言葉を守る男だ。そして、義理堅い。それだけにキミが人に裏切られるのを見るのは胸が痛む。マネージャーのサミ・ヴィサはキミが裏切られるのを近くで目にしてきた。心優しく思いやりのある男は、深く傷ついた様子だったという。

人差し指でネットバンキングの認証番号を操作するように、心優しい人は簡単に操られてしまう。いい人は、知らない人を疑うことはあっても、信頼を置く友人を疑うことはない。あまり口に出すことはないが、キミはカルマの法則を信じていた。神智学によると、カルマとは過去の世での行為は、いずれ必ず自分に返ってくるという因果応報の法則だ。

「いつかカルマの法則によって、悪事を働いた人間は同じ罰を受けると思っていた。自分がされたことも、いつか明らかになって報いが来ると思った」

しかし裁判所はカルマの法則を採用していない。私がキミから、もっと詳しく聞き出そうと試みると、キミの声がうわずり始めた。オーストリア人で哲学者のルートヴィヒ・ウィトゲンシュタインは「語りえぬものについては、沈黙しなければならい」と主張していた。ウィトゲンシュタインは、明らかにネットもSNSもない時代の哲学者だが、それでもこれ以上語る気にならないキミの胸中を私は推し量った。

では、メルヘンのような空想の物語に頼って話を続けよう。寓話は、豚や猫、犬や羊、そして狐について話していても、つまるところ我々人間の話をしている。ある寓話を話す前に狐をキャスティングしなかったことを、あらかじめお詫びする。

むかしむかしあるところに、1匹の犬がいました。この犬は、評判どおりの速さで、駆けくらべで優秀な成績を納めました。あまりにも速いので、世界大会に出て走るように頼まれました。犬の家は貧乏でしたが、ありったけのお金を籠へかき集め、さらに親戚の猫たちからもお金を借りて、ようやく旅費が貯まりました。そうして犬は四足歩行大会へ出場することができました。世界中のスピード自慢の犬たちが、この大会に集結しました。犬はほとんどすべてのレースで優勝し、たくさん賞金をもらいました。この犬はただの雑種です。ですが、この犬は、正直者で優しい心の持ち主でした。犬の二つの性格は、良い面と悪い面の両方を持ち合わせていました。良い面は、すべての親友たちが犬の優しさを頼りにしてくれたこと。そして悪い面は、悪巧みを企てた動物が友達だと嘘をついて犬の近くに群がってきたことでした。犬は、新しい動物の友達たち全員に好かれているると、すっかり思っていました。お金を狙っている友達がいることに気がつかなかったのです。犬は、連帯保証人になったり、借金を肩代わりしたり、ドッグフードを好きなだけ買うことができる皮製のカードまであげたりしました。犬はあちこちの大会を走り、いつも手足を新しいアスファルトで汚しながら国から国へ移動を続けました。ある日、貯めたお金と書類を調べていると不思議なことに気がつきました。そして、犬はぞっとするのです。自分が騙されていたことに気づくと、犬はひどくショックを受けました。まるで心に穴が開いたようでした。犬は仲良くしていた年上の野うさぎにすべてを打ち明け、助けを求めました。野うさぎは快諾し、見事に不正と真犯人を見つけることができました。それからというもの犬は野うさぎを雇ってお金などの管理をしてもらうようになり、もう犬が騙されることはなくなりました。

めでたし、めでたしと、ここで締めくくるのはまだ早い。この話がどこまで続くのかを私たちはまだ知らない。空想の物語は、時として現実になり得るからだ。

この話の登場人物である犬は、言わずもがなキミ・ライコネンだ。そして野うさぎはサミ・ヴィサ、現在のキミのマネージャーだ。

この本の執筆のために、キミを知る複数の人物にインタビューをしたが、ほとんどの人が彼の誠実さについて触れた。こんなにも実直な彼が、かつてF1でひどく裏切られたことがあるなんて惨すぎる。

2010年。ロータスF1チームからキミに連絡が入る。ロータスでF1をやらないか、という誘いだった。キミはマネージャーのスティーブ・ロバートソンを通して、いまは時期尚早だと話し、このことを口外しないようにとロータス側に伝えた。しかしロータスは、この話をすぐにメディアへ漏らしてしまう。信頼はすぐに壊された。キミはジャーナリストのヘイキ・クルタによるインタビューでロータスへの怒りを露わにした。

翌年、キミはアメリカでNASCARに2回参戦し、再度ドライバー同士が競い合うレースの世界にのめり込んだ。ラリーでは時計との勝負だが、レースでは人間たちと速さを競う。キミはマネージャーのスティーブに連絡を取り、そのときのF1の状況を水面下で調べさせた。初めはウイリアムズとの契約を模索したが、2011年に発表されたのはロータスとの契約だった。よりによってキミは自ら罵倒した相手と手を組むことを決めた。

「ロータスのチーム代表のジェラール・ロペスは、あの話を覚えていた。おい、お前、俺たちをコケにしやがってとロペスに怒鳴られた。いきなりその話かよ、って言い返した。ある意味、楽しい出会い方だった」

ロータスで、すべてが上向き始めた。キミは変わらず速かったし、チームの雰囲気も抜群だった。歯車が噛み合ってきた。とりわけレースエンジニアとしてマクラーレン時代に頼りにしたマーク・スレードを迎えると、いっそう走ることが楽しくなった。

ロータス時代のキミの給与は歩合制だった。ポイントを稼げば稼ぐほど、表彰台に上がれば上がるほど、キミが手にする額は大きくなる。キミは、ボーナスが基本給を大幅に上回るぐらいの好成績を連発した。しかし突然、約束された給与が振り込まれていないことが判明した。キミは辛抱強く待った。チーム代表は、報酬の話は手配しているからとキミを安心させた。しかし、そうではなかった。キミの見立てでは、ロペスは資金があるように見せかけているだけで、本当は切羽詰まっていて、金の目処が立っていなかった。

この年、キミは素晴らしい成績を収め、ランキングを総合3位まで押し上げた。しかし、このことでロータスとキミが抱える金銭トラブルが公のものとなってしまった。

キミにはチームを倒産に追い込むという選択肢もあった。だが彼はそうはしなかった。エンジニア、メカニック、ホイールマンたちを困難に巻き込みたくはなかったのだ。この給与問題さえなければ、ロータスはライコネンにとって最高のチームだった。

「最終的には、もうチームと争う気になれなかった。チーム名を変えるとか、どこか他の国へ組織全体を移すとか、それにもう何も得るものがないっていう、そんな兆候が見えはじめてきたから。彼らに600万ユーロの貸しができたよ」

キミは息を吐き、ボトルに半分残っていた水を一気に飲み干した。

かれこれ2時間ほど金と信頼の話をした。この手の話は1時間で十分だった。部屋をあとにして家族のもとへ向かう。ロビンが、かくれんぼしよう、と駆け寄る。犬は喜んでワンと返事をした。

YOU NEVER WALK ALONE

［ ひとりじゃない ］

2017年10月、マレーシア。サマ・サマホテルのロビー。『ユー・ネバー・ウォーク・アローン』は、イングランドのサッカーチーム、リヴァプールのサポーターソングとして有名だ。キミの生涯には数多くの人が関わってきたが、マークほど長い付き合いのある人はいない。マーク・アーナルはイングランド出身、46歳。彼はフィジカルトレーナーとして2002年からキミに同行し、グランプリの週末にキミが何ひとつ困らないようにサポートを続けている。ホテルのロビーからサーキット、サーキットに着くとチームのガレージ、そこからピットに設けられたキミの小さな個室、そしてグリッドまでともにする。マークはキミのマシンの横に立って飲み物を渡す。ちょっとした仕草からでも、キミが何を欲し、何を必要としているのかがわかるのだ。

今朝もホテルのロビーでマークはキミにショウガとレモンの特製ドリンクを手渡す。本当のところ、特製ドリンクの中身はわからない。キミはいちいち中身を確認しない。マークがレース開催地の気候に合わせてベストな飲み物を用意しているのを知っているからだ。

フェラーリのピットエリア。マークが狭い通路を案内してくれる。メカニック、ホイールマン、エンジニア、チーム代表、広報スタッフ、そこらじゅう赤い服を着たスタッフであふれていた。そんな中、そこにいる誰もが私のことをじっと見ている。場違いな服装なのかもしれない。なるほどそういうことか。色だ。私以外はみんな赤いチームウェアに身を包んでいる。唯一、私を救ってくれるのは、首から下げたパスだけだ。私がキミの客人であると証明してくれる。それでも疑いの眼差しで私を見つめる連中もいた。さらにここでは、撮影禁止だと命じられていた。ある部屋を通り過ぎた時に、彼らが心配する理由が判明する。その部屋で4名の赤い男たちが鉄の塊の横で身をかがめている。それはSF70Hのエンジン、つまり一連の話の心臓だ。このエンジンの写真を撮って、自分用のエンジンを組み立てようなど思っていないと言って、私はエンジニアを安心させた。

「キミ・ライコネン」と記された白いドアの前にやってきた。マークは、ドアを開けて開口一番にこう言った。「あそこの小さくて白い容器の中身は企業秘密だが、それ以外のことなら、なんでも答える」。ドーピング、それだけはあり得なかった。マークほど禁止薬物を細かく排除する人など、いないからだ。マークが再確認をするまで、キミは風邪薬すらおちおち飲んでいられない。

「一言でいえば、自分の仕事はレースのために万全を期すことだ」

この短い表現には、目に見えない膨大な裏方作業が含まれている。

マークはキミの小さな部屋にある重要と思われるものすべてを細かく説明しはじめた。ここにあるものは、すぐに使えるようにしておかなければならない。外科医のように正確な説明が続く。「ヘルメットは、3つ用意する。天候に合わせて適したものをキミが選ぶ。仮にフォーメーションラップの間に、飛び石がヘルメットに当たるような何かが起こればヘルメットの予備を出しておく」

ヘッドセットは3台、グローブも3セット用意する。準備のための準備。とくにグローブは縫い目のところが裂けて穴が開いてしまってもいいように、マークは本番用にひとつ、予備用に2つ用意する。大雨でレースが一時中断されない限りは、通常グローブをレース中に交換することはない。ヘルメットの下に装着するバラクラバも同じだ。もしキミがレース中なんらかの理由でピットに戻る場合は、彼のために乾いたバラクラバが用意されている。ドライビングシューズには防水加工が施してある。だが、これらも濡れてしまった時を想定して予備がある。湿った靴底がペダルで滑ってしまうかもしれない。

グリッドまでは念のため、たとえばノーズスプレー、抗アレルギー剤、頭痛薬などを持っていく。飲み物も2本なければならない。もしかしたらキミがトイレに忘れたり、ファンにあげてしまったりするかもしれないからだ。

マーク・アーナルのＴｏＤｏリストは、驚くほど長い。この本の執筆中に彼の仕事を近くで観察してきたが、彼に関しては「フィジカルトレーナー」という役職だけでは足りないという結論に至った。彼はキミのトレーナーであると同時に管理栄養士であり、心理療法士であり、マッサージ師でもある。そして信頼を寄せる友人であった。

マークは、不測の事態が起きないよう、すべてを念入りにチェックする。疲れも一切見せずに、日々キミがいい結果を出せるように尽力する。マレーシアとシンガポールでの最大の問題は脱水症状だ。ドライバーを常にクールダウンさせる必要がある。マークが引き出しから薄い白シャツを取り出した。きっちりと袋にパッキングされている。まるで私はジェームズ・ボンドの映画に登場する研究所にいて、開発部の課長Ｑから最新ハイテク兵器でも受け取っているかのようだった。

「このアイテムは、液状の氷だ」

マークはシャツを１枚テーブルの上へ広げた。そして、いましがた見せてくれた青みがかった液体を一気に袋に流し入れた。液体を均等に伸ばし、そして袋に戻して密封した。液体は、一瞬でシャツをキンキンに冷やしてしまう。

「このようにして、脱水を遅らせる。シャツは実質、冷却装置として働き、つまり35分から40分キミの体温を低く保つことができる。いつもこのシャツを3枚用意している。グリッドに入ってもスタートまでしばらく待つ羽目になるから、待ってる間このシャツがキミの体温を低く保つ。それからクルマから降り、国歌を聞いてピットクルーと一通りやりとりをする。キミがトイレに行くと、シャツを新しいものに替える。そうすることでスタートしてから30分ぐらい体温を低くコントロールするんだ。他のチームのドライバーたちは、この間に体が乾き、体温が上昇してきてしまう。キミはスタート後も20周ぐらいまでは体温の上昇と体の乾燥を抑えることができる。体が乾いてくると疲れやすくなり、反射能力も鈍くなる。それに集中力が保てなくなる。それを防ぐために重要なんだ」

一連の話を聞いて訝しげな表情をする私に気がついても、マークは動じない様子で続ける。キミは、いつもマークお手製の、つまり彼があまり中身について語りたがらないドリンクを飲んでレースに臨む。

「キミの血液と尿を検査する。それらの結果でホルモンバランスを把握する。レースのために、とくにアドレナリンと男性ホルモン、そしてその他レースに必要な要素が効率的に働くようにする。アミノ酸の量も調整する。レース開始1時間半から各数値が効率良くなるように調整することが可能だ」

キミ自身も特製ドリンクの中身について詳しいことは知らない。マークに全幅の信頼を寄せているのだ。信頼。この単語は、キミと彼を取り巻く大切な人たちが話題に上がると、繰り返し使われるキーワードだ。キミとマネージャーとの間の契約がほとんど口約束であることも、彼がいかに信頼関係に重きを置いているかが窺える。マークとの関係も同じだ。

キミがマシンに乗り込むときには、栄養素と水分の摂取が完了している。これでマークの仕事もひと段落。フォーメーションラップが始まる。ここまで来て、ようやく彼もピットの内側へと移動する。

赤いシグナルが消えていく。マシンが一斉にグリッドを我先にと飛び出す。マークが緊張する瞬間だ。どんなに長いことレースをしてきても、この瞬間には慣れないという。レースを見守り、キミが最善を尽くせるように祈ることとしかできない。だが、レッドフラッグが振られレースが中断すれば、直ちにスタンバイをしなければならない。予備のヘルメットと他の必要なものを持って。レースの中断ほど望まぬものはない。メカニックは走り回り、マシンの修理をする。あたりは、いっそう騒然とする。ここでもマークの役割はキミのもとへ行き、その場に付き添うことで彼を落ち着かせることだ。マークは誰よりも平静を保つ。彼がストレスを感じると、それがキミに伝染してしまう。マークの代わりになるような「予備」はないのだ。

マークは深呼吸する。前のレースで起きたスタート事故の記憶がよぎる。

「すべてスタートにかかっている。前回のシンガポールGPを思い出す。100メートルほどのところで玉突き事故が起こると、これまでの苦労が水の泡になる。そんな時は、なんのためにこんな遠くまで来たのか、と思ってしまう。この点、キミは前向きでいい。済んだこと、と切り替えて、次のレースに集中する。チームメイトや他のドライバーを責めたりは絶対にしない」

キミの部屋から出ようとしたとき、プラスチック製の小さなバスタブを思わせる奇妙なものに目が留まった。

「レース後にキミが戻ってくると、まずこのバスタブに入り3〜7分ほど浸かる。到着の10分くらい前から氷を入れて準備しておくんだ。これが他のどの方法より早く体温を下げることができる」

これでマークの講義は終了だ。いま一度、彼は部屋を見渡して、すべてが揃っているか確認する。ドアを閉める前に再び部屋に入った彼は、キミのドライビングシューズを、きっちり元あったところに置きなおした。

これまでマークの仕事を見てきた。次はキミとの関係性を探る番だ。マーク自身が全面的にサポートしている人物のことを、どう見ているのだろうか。少し考え込んだあとで、マークはホテルのロビーで落ち着いて話がしたいと要望を伝えた。

2時間後、同じホテルのロビーに彼は現れた。しかし別人のような出で立ちだ。シャワーを浴び、赤いチームウェアから私服へと着替えていた。赤ワインをグラス一杯注文し、腰かける。この日の勤務時間は12時間。質問に対する答えを考えてきてくれていた。

「ミスター・ショートメッセージ。キミは、そんな男だ。会話は短く、要領を得た内容。無駄口を叩かない。機嫌が悪い時は、機嫌が悪い。その程度では私が動揺することはない。彼がどんな人物であれ、そういう風に考えるのが楽なんだ。でも、私に何か大ごとが起きると真っ先に電話してくれるのが、キミなんだ」

マークは一年前、母を亡くしたことを思い出す。

「キミが電話をくれて、その気になれないなら、次のレースに来なくてもいいんだから、と言ってくれた」

沈黙。

「初めて会った時はキミが家族を持つなんて思わなかった。でも、いま彼を見ていると、何も違和感を感じない。当たり前のように彼にはミントゥと子どもたちがいる。キミがマクラーレンから去るとき、私に一緒に来るよう声をかけてくれた。一切悩まなかったよ。私たちは家族のようなものさ。マネージャーのデイビッド、スティーブ、マーク、そしてキミ、4人のね」

信頼と家族。特定の単語が繰り返され、この本の繋ぎとなっている。文面では散らばっていることも、読者の頭の中ですべてが繋ぎ合わさっている。

ワイングラスは空になっていた。もう就寝時間だ。マークは立ち上がり、エレベーターへと向かう。私は彼に事前に質問していたことがあった。朝になると彼は栄養ドリンクを用意する。それを飲み干す男が、いったいどんな人物なのか回答を求めていたのだ。そのことを思い出したのか、彼は立ち止まりキミのことを一言で、こう言い表した。

「寛大な男さ」

マーク・アーナル
PHOTO : SAMI VISA

KAIKKEA SITÄ SATTUU

［ 何でもあり ］

PHOTO : TEEMU NEVALAINEN - UPPIE DIGITAL

キミ・ライコネンは、これまで普通の人であれば夢で終わらせてしまうことを、すべて叶えてきた。どんなにしたいと思っても、実際に実行に移すかどうかは賛否両論ある。実際、多くの人がそう感じている。その点キミには、ふとした思いつきを実現するだけの金銭的な余裕があった。自動車整備士なら近所の激安スーパーのビールを飲み、アイアン・メイデンのライブチケットが当たるのを夢見るところ、F1レーサーはプライベートジェットを手配し、アイスランドまで月面のような風景を見に行く。言っておくが、キミがスーパーのビールを飲まないわけではない。友人たちと自宅で缶ビールを飲むことも楽しむ。彼は職業柄、常に時間に追われ、不自由な日々を過ごすことが多い。当然、公私の境がぼやけてしまうか、時として区別がまったくつかなくなってしまう。結果、羽目を外すことにもつながりやすい。キミの場合は、もう少し状況が違う。羽目を外すどころか見境がなくなってしまうことが多い。

キミは常に死と隣合わせの人生を送ってきた。突き進んだのはゴールだけじゃない。壁や積み上げられたタイヤに突っ込むこともあった。1番にも2番にも、ビリから2番目にもなった。彼はその手の人生、つまり脚本どおりの人生を歩んでこなかった。人生では、すべて考慮に入れて計算する必要があるが、レースでは与えられたポイントを計算するだけだ。

この章では薄暗い地下室ではなく、思い出の世界を訪れることにしよう。思い出は金色に染まる反面、汚泥に染まることもある。塵や染み、そして灰が積もることもあれば、過去の出来事が美化され、脚色されて語られることもある。ここではそんなことはしない。ここで語られていることとすべてが、寸分の狂いもなく事実を語っているとは言えないが、曖昧な記憶には色鉛筆で脚色せずに、むしろ消しゴムで全体をぼかすように語ることにする。

思い出の語り手は必ずしも当事者とは限らない。当事者から聞いた話を、そのまま書き留めたメモもある。それゆえ、事実と異なる場合があるかもしれないことを、あらかじめ了承してほしい。

＝

2005年、バイクのレース。キミと友人たちは、ミッケリ市内にあるヴィッレという友人のコテージでミニバイクのレースをするのが習慣となっていた。もう6年続いている。レースは8月に行われ、この間にサウナを浴びる日もあった。その日は湖へと向けられたジャンプ台が設けられた。キミは、そのジャンプ台からミニバイクに乗ってのバック転を試みた。しかし失敗する。彼は空中でバイクから身を離し、勢いよく湖に叩きつけられた。「俺のバイクで同じことをするなよ」と、友人たちは口々に言う。その場には、あと10台はバイクがある。

ヴィッレの父、セッピは毎年このコテージでサウナと湖での泳ぎを楽しむ。この時も彼はそこに訪れていた。彼がサウナに入ると、ひとりの若い青年が先に入っていた。二人は世間話を始めた。セッピが泳ぎに行くと告げると、青年、つまりキミが慌てて叫ぶ。「湖に飛び込んじゃだめだ、バイクがあるから！」。翌朝、隣家の住人から錨を借り、湖に沈んだ数台ものバイクを引き上げる。「みんな聞いて、カワーが釣れたぞ」。バイクは、どれもカワサキ社製のものであった。
後日セッピは息子のヴィッレに、こう話した。「サウナに入ったら、いかれた奴がいた。そこでキツイ酒を飲みながら、F1レーサーだとぬかしてた」

2008年、シンガポール。レースを終えたキミはタイに向かう予定だった。タイに別荘を購入していたのだ。シンガポール空港のプライベート専用ターミナルに着いたところでキミはいいことを思いついた。搭乗前のセキュリティチェックでキミは手荷物をベルトコンベアに載せる。警備員は反対側でキミがセキュリティゲートをくぐるのを待つが、あろうことか彼は、いま自分が手荷物を置いたベルトコンベアに乗り、X線検査機の中に潜りこんだのである。警備員は怒り心頭だ。キミは自分の体の細部、とりわけ骨格がどうなっているのか見れるだろうと思って、と呆れた理由を説明しだした。挙げ句の果てに、自分の器官系が映った画像を記念にくれないかと頼み込む。当然キミの希望は受け入れられることはなく、代わりに身柄を拘束されて厳しい尋問を受けることになった。

キミは友人たちとアイスホッケーのチームを結成しており、毎年12月にキンック・トーナメントと名づけられた試合をしている。約15名からなるチームはヘルシンキ、エスポー、タンペレ、チューリッッヒのいずれかの地でトーナメントを行った。2017年、このトーナメントは11回目を迎えた。ラハティ・プリカンが一度勝利を収めたことがあったが、それ以外、キミが率いるチームが優勝カップを手にしていた。というのも、このトーナメントでは伝統的にワーストプレーヤーのみを称えることにしていたのだ。最も下手くそだったゴールキーパーにはゴールデン掃除機賞という称号が贈られ、最も滑るのが遅かったプレーヤーには、コンクリート詰めされたスケート靴が飾られたトラクターのブレーキドラムが贈られた。バール賞は最も激高していた人に、ワーストディフェンス賞には古い日産サニーの後部ドアが贈られた。テーム・ネヴァライネン、つまり「フォレ」はチームの創設メンバーだが、トゥルクへと引っ越し、「カーリナン・ルンッカリ（ミセス・カーリナの間抜けども）」というチームへ移り、ライコネン率いるチームからクビを言い渡された。

2013年、ヘルシンキの飛行場。キミがチャーターしたプライベートジェットが、自宅のあるチューリッヒに向けて飛び立ったところだった。キミのほかにイッル・スホネン、フォレ、セバ・

コロノフが同乗していた。飛行中、キミがいいことを思いついた。月を見に行こう。だがチャーター機では月まで飛ぶことはできない。キミは目的地を月のような風景のある場所へと変更した。近場で心当たりがあるのはアイスランド。キミは機長に、そこへ向かうように伝えた。機長は燃料が足りないとキミに答える。オスロで給油する羽目になった。そこまでは良かったが、男たちはそれだけでは満足しない。予定外の着陸、給油、そしてノルウェー特産のセーターの購入を経て、ようやくアイスランドへ向かった。飛行機がレイキャビィーク空港に着陸すると、キミは月面のようなアイスランドの風景を目にし、満足げな表情を浮かべている。男たちはレイク・ラグーンというスパホテルに2日ほど滞在したあと、ようやくスイスの自宅へと旅立った。

「キミと出かけると、何かしらが起こる。落ち着く瞬間なんてないんだ。それに、おしゃべりが止まらない。キミは気に入ったバーがあれば、通いつめて長居する。あとになって、あのバーに15時間もいたなって話し合って笑うんだ」（ユハ・ハンスキ）

2007年、キミにとってフェラーリとの初めてのPR活動の日。もうすぐ10時だというのにドライバーが姿を現さない。サミ・ヴィサはキミが宿泊している部屋のドアを叩いた。返事がない。トレーナーのマーク・アーナルに、あれだけ時間を厳守するよう伝えていたのに、この有様だ。ヴィサはフロントからスペアキーを借り、部屋に入るが、もぬけの殻だ。ホテルのサウナにキミの時計が残されていたが、そこにも彼はいなかった。ヴィサは前日の夜にキミが、あるフィンランド人俳優と飲んでいたことを思い出し、急いでその俳優の部屋のドアを叩く。フェラーリの広報担当者は時計を見ながらイライラし始めていた。メディア各社が、すでに席についている。ようやく俳優が部屋のドアを開け、キミの姿を確認した。彼は説明などいらぬ格好で、子どものように体を丸めて、上着を布団代わりに寝ていた。サミの呼びかけに反応はするものの、部屋から出られそうな気配はない。ヴィサはキミを諭し、目薬を差した。ほんの少し前まで飲み明かしていたのであろう。ワインの匂いがプンプンする。どうにかしてキミを会見場へ引っ張り出す。そして「ボンジョルノ　アラ　トゥッティ（みなさん、こんにちは！）」という彼の第一声で会見をスタートすることができた。なかなか上手くいっただろ、とキミは当時を振り返る。

「スイスに住んでいた当時、イタリアのマラネロからキミと僕の父と車で帰ったことがあった。あの日のことは、いまでも忘れられない。夜も遅く、連日の土砂降りだった。キミは車に乗るときは、いつも自分で運転したがる。本当は他人の運転する車に乗るのは好きではなかったが、キミに運転を譲った。正直に言うと、キミはあまり他人の運転を信用していないんだと思う。このとき僕らは4WDの車に乗っていた。道は雨水であふれていたが、道は空いている。ワイパーが勢いよく動く。それほどの豪雨だ。そんな中、キミは奇妙にも寝そべった体勢で運転している。まるでF1を運転しているようだ。後部座席に足がほとんど入らないくらい、シートを倒していたんだ。そんなにひどい雨の中、時速200km近く出していた。怖さのあまり疲れはそっちのけ、眠気も吹っ飛んだ。とにかくつかまれそうなところにしがみついていたよ。父も同じことをしていた。突然、車が急カーブしはじめたと思ったら、180度回転していたんだ。壁が目の前まで迫っていた。僕も父も固まって動けず、死をも覚悟した。その瞬間、キミは車をドリフト走行させて追突を免れたんだ。肝を冷やし、ぐったりしている私たちをよそに、当の本人は笑いながら、また同じスピードで運転しはじめやがった。やっと家に着き、この悪夢から生還したときは胸をなでおろしたね。怖い思いをしたけど、キミがいかにドライビングの才能にあふれ、死と隣合わせで生きている男かっていうのがわかったよ。神に愛された男さ」

（スティーブ・ロバートソン／キミのマネージャー）

フィンランド人アーティストで歌手のアーヴィン・グッドマンはヴィロラハティ市内の道路の待避所で帰らぬ人となった。１９９1年1月14日のことで、ヴィーップリでのライブからの帰宅途中であった。キミはグッドマンの大ファンだ。ティモ・コイヴサロ監督のグッドマンを題材にした映画『レントゥン・ルース（ろくでなしのバラ）』を何十回と繰り返し見ていた。キミは幼少の頃よりグッドマンの歌を聴いて育った。パウラとマサは、グッドマンの曲をよくかけ、映画の挿入歌が流れるとマサは、よくパウラをダンスに誘った。キミは映画と同じタイトルのこの歌がヒットしたとき9歳だった。時間に都合がつけば、キミと友人たちは哀悼の意を捧げるため、ヴィロラハティの亡くなった現場を訪れるのであった。しかし「黙祷」という言葉が彼らに当てはまるかどうか、はなはだ疑わしい。キミによると追悼のために大きめのロウソクを木製の記念碑の近くで灯した際に、あわや火事を起こしそうな大騒ぎを起こしてしまったという。追悼に訪れるときは決まって、近所に住む友人のコテージと地元のパブへ通うのがグループの習慣になっていた。パブでキミと友人が、地元の人を交えてビリヤードで対戦する。賭け金はトラクター1台分の薪だ。キミと友人たちが負ければ、薪を二倍の価格で購入しなければならない。彼らが勝てば、無料で薪を手に入れることができる。結局、彼らは高い代償を払って友人のコテージを暖めに向かうのだった。

キミは、よく自分がキミ・ライコネンであることを忘れるという。キミのヘルメットをペイントしているウッフェ・タグストロムがキミと同乗したときのことを話してくれた。車がチューリッヒ市内のある交差点で停車すると、キミが苛立ちながら、なんでみんなこっちをジロジロ見てくるんだ、と声を荒らげた。「この車がエンツォ・フェラーリで、君がキミ・ライコネンだからじゃないかな」とタグストロムは答えるほかなかった。

「いつだったか、なんであまりレースを見に来ないのか聞かれたことがあるわ。だから言ってやったの。どれだけ多くの母親が息子の職場に出向いて、子どもが仕事をしているのを見るかしらって」(パウラ・ライコネン)

キミ・ライコネンは、２００７年にモンツァ・サーキットで走行中に自身最悪のクラッシュを経験した。彼は猛スピードでタイヤが積み上げられたバリアへと突っ込んでしまう。事情通によるとキミはレースに出場するために痛みを隠していたという。彼は首に相当のダメージを抱えたまま走行する。ブレーキを踏むたびに首を支えることができなかったほどだ。首が完全にいかれてしまった。このレースでキミは3位に入賞し、あとになって振り返ってみれば本当に貴重なポイントを獲得した。というのも、彼はわずか1ポイント差で、この年F1チャンピオンに輝いたのである。

2006年2月。スイス、バール。フォレ・ネヴァライネン、トニ・バイランダー、サミ・ヴィサとキミ・ライコネンの4人は、フィンランドのアイスホッケーチームを応援するためにトリノ・オリンピックへ行くことにした。タルヤ・ハロネン大統領（当時）がキャンセルした部屋を、医師であるアキ・ヒンツァが彼らのために押さえてくれていた。ちょうどその頃、マクラーレンはメルセデス・ベンツからRシリーズの新しい4WDのミニバンを試走用に提供されていた。まだどこにもお披露目されていない車だ。この車をキミは試乗用として貸与されていた。さっそく、この車で行こう。4人はトリノへと向かった。途中、トニは車酔いに見舞われ、道路の待避所で新品の車のボンネットに嘔吐する羽目になる。

試合は盛り上がっていた。キミ一行はお揃いのユニフォームを身につけて、さらに気分を盛り上げていた。それともうひとつ、フィンランド色に彩られた仮装用のメガネ。このメガネ姿の人物がキミだとは会場にいる誰ひとり気がつかない。キミは興奮のあまり、誤って前列に座っている大柄のチェコ人にビールをかけてしまう。一行は退散し、フィンランド代表の控え室へと向かった。コーチのエルッカ・ウェスタールンドは、4人の訪問を快くは思わなかった。

スイスへの帰路。豪雪のため視界が悪くなっており、高速道路は封鎖されていた。キミは友人とともに高速道路を管理する機関に、車が4輪駆動であること、スタッドレスタイヤを履いていることを盾に掛け合った。通行許可が下りる。休憩所のあちらこちらでトラックの運転手が仮眠をとっていた。キミは雪玉をトラックの窓へと投げつけ、ドライバーを起こしては逃げ回った。キミは後部座席に座り、自分が何をしてきたのか、とめどなく仲間に話し続けた。途中、センターコンソールのパーツが目障りになったのか、キミはパーツをはぎ取り、外に投げ捨てた。

次の休憩所でリアバンパーのロゴが目につくと、抜き取って順序を入れ替えた。車にヘンテコな名前がつく。帰宅し、自宅で目覚めたキミはメルセデス・ベンツの従業員が、その日に車を回収しにくることを思い出す。キミは身を隠し、カーテンの隙間から回収する様子を窺う。トレードマークのエンブレムさえも以前の姿を残していない車を見て従業員は、どう対応するだろう。だが、お咎めなしで事なきを得た。

フィンランド代表が決勝に駒を進めていた。これは現地で応援しなくてはと、一行は再びトリノの地を訪れることになった。今回はキミがプライベートジェットをチャーターした。機内は良いムードだ。前の乗客のものだろうか、機内からベビーパウダーが見つかった。またしても、キミの悪戯心がくすぐられる。グループはスイスからイタリアへと飛んでいた。つまり、シェンゲン圏外からEU加盟国への飛行となる。したがって、トリノで税関を通ることになる。トリノの税関で職員が4人をゆっくりと確認する。不審な、白い粉を上からかぶっていた。職員は男たちがどこから来たのか尋ねた。「コロンビアからだ」とキミは答えた。

決勝戦でフィンランドは、スウェーデンに3対2で敗れた。キミと一行はフィンランド代表の控え室を訪れる。当然、敗北ムードに包まれていた。キミには「風水的に良くない」と感じられるほどだった。一行は、その足でスウェーデン代表の控え室を訪れる。キミはドアの前にいた男に、フォースバーグを呼ぶように声をかけた。男はフィンランド代表のユニフォームに身を包んだライコネンを怪訝そうに見る。おまけにインディアン風のヘッドドレスまでつけている。いぶかりながらもフォースバーグをドアまで呼んだ。ピーター・フォースバーグ——フォッパは、祝賀ムード一色のスウェーデン代表の部屋へキミと一行を招き入れ、バドワイザーを用意した。この場で撮影された写真がもとで、キミは批判にさらされてしまう。スウェーデンの勝利を祝うなど、何事だと。批判に対してキミは、このように答えた。「フィンランド代表が勝てなかったのは僕のせいじゃないだろ」

２００６年、モントリオール。カナダＧＰを終えたキミたちはマイアミへ飛ぼうとしていた。次戦はアメリカ、インディアナポリスで開催される。レースの合間には休息が必要だ。キミのほかにウッフェ・タグストロム、トニ・バイランダーとオスクが同行していた。ちょうどバミューダトライアングルに差しかかっていた時、またキミは閃いた。ここで自由落下を試みよう。キミは、このことを機長に提案し、機長は提案を受け入れた。タグストロムはノートパソコンを抱え、眠ってしまっていた。機体が垂直に下降すると、上へ、下へと無重力状態になる。その間、10秒ほどだった。タグストロムが目を覚ますと、天地が逆転していた。

マイアミでクルーザーを借り、海へ繰り出す。ペーテル・ニューゴードが居住する島を発見する。いつだったかキミは、この男とレースで出会っていた。さっそく船から島へ連絡を試みる。だが肝心の所有者の姿はない。彼の息子もニューヨークへと旅立ったあとだった。ニューゴードなら必ず手厚くもてなしてくれる。そう思って、ニューゴードへと電話をかけた。彼はキミたちをもてなすために息子を島へ呼び戻すと約束した。息子が到着し、驚き満載の一風変わった休暇を島で過ごすこととなった。サウナと隣接するプールの間にある壁はガラス製で、サウナからプールの水中を見晴らすことができた。一行はサウナで酒を楽しんでいた。突然、ガラス張りの壁を叩く音がし、そちらに目をむける。そこには、いつの間にかプールへ移動していたキミの姿があった。

「私が知る限り、うちの息子たちには隠れてこそこそ缶ビールを飲む時期っていうのはなかったわね。キミには思春期をだいぶ過ぎてから来たみたい。いつかは誰でも経験するのよ」
(パウラ・ライコネン)

2002年ベルギー、スパ・フランコルシャン。予選。BARホンダ(当時)のドライバー、オリビエ・パニスは急な上り坂で有名なオー・ルージュの上でマシントラブルに見舞われた。マシンからの黒煙が大量に立ち込め、コースを塞いでいた。後続のキミ・ライコネンは猛スピードで煙の中へ突っ込み、自身初のフロントロウを獲得した。のちにキミは無線でパニスのマシンがコースのどちら側に止まっているかを確認し、反対側を走行していたことがわかった。キミは、チームの報告どおりの位置にパニスのクルマがあると信じて全速力で煙へと進んだのである。

「これまで、ただのメカニックやホイールマンだったのに、いきなりプライベートジェットに乗る

ようになった。本当にいろんなことを体験した。何より、キミの人生の一部になり得たことは格別だ。キミのフィンランドの友人たちと知り合えたことも素敵だった。キミのおかげで、少しだけピットの緊迫した空気から解放された。それは特権のようなものさ。だってキミが心を許しているF1関係者は、そう多くないからね」
（マーク・「エルビス」・プレスリー／マクラーレン時代のメカニック）

「媚びを売るってことが一切できない男だ。一度もね」（ウッフェ・タグストロム）

「キミの運命を決定づけるテスト走行の前、ザウバーはステアリングの機能を完璧に覚えるように半日の猶予をくれた。もし完璧に操作できなければ、エンジンの故障にも繋がりかねないからね。でも、キミは30分で全部の操作をものにしていたよ」（スティーブ・ロバートソン）

「ピックアップトラックを見つけるのも、なかなかのものだったよ。たしかネットの中古車販売サイトにイカす車があるってキミに言ったのさ。そしたらキミも同じ車をチェックしていて。やばいな、これ買っちゃおうかって。1万ユーロぐらいだったかな。でも現金が一切なかったし、それに土曜日だ。それでスクラップ集めをしてる友達のラーマネンに電話したんだ。彼なら現金を持っていて、貸してくれる。すでにかなり値切ってもらってたんだけど、そのあとも、これ以上お金がないって車を売りに出していた人に何度も電話で泣きついたよ。実際に車を取りに行って、その人がキミを見たときの表情は見ものだった。金がないはずないだろって顔をしていたよ」

（ユハ・ハンスキ）

２００６年、ヘルシンキ市カスキサーリ。夜。キミの友人のサミ・ヴィサはキミが所有するマンションで寝ていた。このときヴィサは諸事情によりキミから一時的にマンションを借りていた。ヴィサは大きな物音で目を覚まし、様子を見に起き上がった。すると見知らぬ、小汚い長髪の男たちが、泥酔状態で部屋に押し入ってきた。男たちのうち、ひとりはキミのヘルメットを被っている。幸いにも、マンションの階下に家の主人、つまりキミの姿を確認することができた。そしてようや

ユハ・「ユスペック」・ヴィエリマとキミ
2007年7月、モトクロス

カイ・リンドストロームとキミ
2010年3月、ダラス。マイアミへの道中

PHOTO : TEEMU NEVALAINEN - UPPIE DIGITAL

イッル・スホネンとキミ
2010年モナコGP

ケバブを楽しむ
2012年1月

く、この男たちがアクセル・ローズを除くガンズ・アンド・ローゼズのメンバーであることが明らかとなった。彼らはヘルシンキ市内のホテル・カンプに滞在していた。キミがバンドメンバーを自宅へ招待したことを伝えると、サミは落ち着きを取り戻した。メンバーは明日のライブを控え、いまはリラックスムードだ。同バンドのボーカル、アクセル・ローズがシルバーストンのレースを訪れて以来、キミと親交があった。この日アクセルは、カスキサーリへ来なかった。その日どうやら彼は機嫌が悪かったようだ。他のバンドメンバーはキミのマンションを訪れ、そこで翌日の夕方まで、夜のライブの準備に出かけるまで宴を続けた。

2003年、レヴィ。フィンランド北極圏。キミの友人、ユッカ・ヤロネンのコテージ。キミはマクラーレンのイギリス人メカニック、ホイールマン、エンジニア、トレーナーらをフィンランドへ招待していた。彼らにフィンランドの冬を見せたかったのだ。来ていたのはマーク・「エルビス」・プレスリー、「ギアボックス・フィリー」、ロング・ジョン、マーカス・プロッサー、エンジニアのクリス・トンプソン、トレーナーのマーク・アーナル、トニ・バイランダー、そしてウッフェ・タグストロム。サウナをして、飲んで、橇《そり》をして。酒の飲み比べになると、自然とフィンランド対イギリスの構図ができた。どうやらイギリス人はサウナと氷点下の中では無謀になるらしい。ひとりは飲みすぎてふらつき、サウナのストーブに尻を当ててしまい、火傷を負ってしまった。マーク・アーナルが火傷に効く薬を持っていてよかった。しばらくしてクリス・トンプソンの姿がないことに気がつく。手分けして探すと、雪に埋もれて凍える彼を発見することができた。屋内へと彼を運び、暖める。ようやくまた酒を手にできるほどに回復した。いったいどこへ行こうとしたのだろうか。トイレか、それともオウナスヨキという川だろうか。

その晩、キミは壁にかけてあるガラスケースの中に、見覚えのあるジャンプスーツがあるのに気がついた。それは数々のオリンピックで金メダルを獲った、有名なフィンランド人スキージャンパー、マッティ・ニュカネンがカルガリー五輪で着用したスーツだった。キミはガラスケースからジャンプスーツを引っ張り出し、さっそくそれを試着してみる。サイズはぴったりで、気分も上々だ。ジャンプ台がない。どうしようか。キミはクッションをすべて掻き集め、丁寧に着地地点を作った。そしてロフトに上がり、精神を集中し、滑空。最初のジャンプは完璧とはいかなかったが、着地はそれなりのものとなる。もう一度だ。タグストロムはカメラを取り出し、キミのジャンプを記録に残した。観客はジャンプの出来栄えに感心していた。バランスを保ち、綺麗に着地する。キミはジャンプスーツを着たまま、夜を過ごすことにした。

翌朝一行が目を覚ますとキミの姿が見えなくなっていた。コテージの所有者であるヤロネンに電話をかけ、あちこち探すがキミは見当たらない。ようやく、誰かが外へ出ようとしたときに玄関脇にある乾燥室の扉が開いていることに気がつく。キミは乾燥室で立ったまま熟睡していた。目覚めた彼が言うには、夜のうちにジャンプスーツを濡らしてしまい、なんとか乾かさねばと思った。彼は乾燥室を45度に設定し、さらにタイマーで10時間、稼働させた。そして、そのうちに眠りについてしまったというのである。スーツもキミも、すっかり乾燥しきっていた。こうして無事にジャンプスーツをガラスケースに戻すことができた。

16

PÄIVÄÄ

［ 16日間 ］

このタイトルは、いまとなっては遥か昔のようで、実はここ数年間で過ぎ去ったある時期のことを物語っている。キミの人生は、もはやそうではない。かつてそんな人生をキミが過ごしたかもしれないが。

もしこれが映画なら、このようなエンドロールが流れるだろう。主演：キミ・ライコネン（F1ドライバー）、キンモ・ピッカライネン（アイスホッケープレイヤー、通称「ピキ」）。助演：バーレーンの皇太子、フィンランドの友人たち。あらすじ：めちゃくちゃ。ジャンル：前代未聞。撮影機器：手動。製作：バーレーン王室および株式会社ポケットマネー。舞台：イタリア、バーレーン、スイスおよびフィンランド。

すべてはミラノから始まる。ピキ・ピッカライネンがミラノ・ロッソブルの選手として最後の仕事をしている。しばらくして、スイスで暮らすキミの携帯にピキから一通のメールが入る。全試合が終了したから、遊びに行っていいか、と彼が提案してきたのだ。キミは都合をつけ、ピキはスイスへと旅立つ。当のキミは中国GPから帰る途中だったが、イェンニが自宅でピキを出迎えることにした。朝ピキが目覚めると、すでにキミが帰宅していた。そして挨拶がわりに、昨夜は嗅ぎタバコを失敬したよ、とキミはピキに伝えた。イェンニは乗馬をしに厩舎の方へ出て行く。夫婦関係はすでに破綻していたのだ。

バーレーンGPが迫っているが、その前に少しのんびりできる。週の頭からキミとピキはバドミントンをしたり、サウナを浴びたり、手作りピザを焼いたりする。この時点で、これから何かが起こる兆しはない。

ピキは、このあとフィンランドへ飛ぶ予定だ。シーズンも終わり、友達にでも会えたらと話してくれた。するとキミは、一緒にバーレーンへ行かないかとピキを誘った。ピキは戸惑うが、誘いに乗る。フィンランドへ行く予定を先送りしても問題はない。ロータス・チームのオーナーであるジェラール・ロペスが若者二人を車に乗せ、三人で一緒にバーレーンへ向かう。現地に着いて空港からホテルに向かう道中、彼らはタイヤがいくつも燃えているのを目撃する。聞くところによると、現在の不安定な社会情勢が、バーレーンGPに悪影響を及ぼす可能性があるのだそうだ。つまり、スンニ派の指導者の退陣を求めて抗議活動が行われているというのだ。しかし、このあとに問題らしい問題は何も起こらない。

もし今回うちのチームが念願の表彰台に上がれたら、その場ですぐにピキを「チームに幸運をもたらす社員」として雇う、とジェラール・ロペスが約束する。予選は散々な結果に終わる。キミは11位だ。20位までには入れたんだ、とピキにねぎらいの言葉をかける。タイヤも温存できた。キミにはレースに向けた何か秘策があるようだ。

レース当日、キミは素晴らしい走りをし、2位となる。チームメイトのロマン・グロージャンは3位。終盤キミは首位を走るセバスチャン・ベッテルを追い詰めたが、抜き去る前にレースは終わってしまう。いずれにしてもチームにとっては満足のいく結果だ。お祝いをしないわけにはいかない。気つけの一杯をホテルで流し込む。席に座り、乾杯して、そして酒を酌み交わす。そこにデイビッド・クルサードが通りかかり、キミとピキに、バーレーンの皇太子主催のパーティに行くつもりかと尋ねてきた。キミは、どうせ疲れるパーティだろうと思い渋っている。デイビッドが絶対に参加したほうがよいと言うので、彼らは出かけることにした。

バーレーンの皇太子主催のパーティ会場はもちろん、そのおもてなしも華やかだ。プール、ご馳走、飽きのこない酒の数々。ピキは、見知らぬ男性とその場で話し込んでいる。その男性の職業と出身をピキが尋ねると、男性は両腕を広げ、私はこの家の者で、これは私の宮殿なのだと言う。皇太子はすでに正装からジーンズとTシャツに着替えていた。ピキは自身の無知を恥じたが、それも一瞬だ。彼は、すっかりできあがっていたのだ。

キミとピキは、知り合いを何人か見かける。危険なぐらいの盛り上がりだ。フランス外人部隊に所属していた男たちが、祝宴の列席者たちの安全を確保してくれる。レースでの好成績と積み上げたコンストラクターズポイントが頭の中で音を立てて駆けめぐる。泡立つ祝杯を掲げて、さらに嗅ぎタバコを唇の裏に突っ込みたい気分だ。

キミとピキはホテルに戻る機会を伺っている。というのも、翌朝、チームのオーナーであるロペスとともにカタールの首都ドーハへ飛び、そこからスイスの自宅へ帰る手はずなのだ。キミは、トイレに行くと告げ、プール裏へ歩いて行く。ピキはグラスを掲げ、了解の合図をする。キミが一向に戻ってこない。この華やかなパーティで孤児にでもなったように、ピキがそわそわし始める。彼は友人を探しに行くことにした。キミはどこにも見当たらないが、突然どこか近くで水が跳ねる音がする。格式の高いこのパーティーでひと泳ぎしている奴なんているわけがない、とピキは首を傾げる。プールの近くまで来ると、そこには誰もいない。テーブルでキミが戻ってくるのを待つしかない。

やっとキミが戻ってくる。ずぶ濡れだ。腰を下ろし、水没した携帯電話をテーブルに叩きつける。何事かとピキが問いただすと、どこの馬の骨か知らない奴にプールに突き落とされたんだ、とキミは不満を漏らす。寸前に、ひと悶着あったようだ。

その場にバーレーンの皇太子が姿を見せる。彼はキミの筋金入りのファンで知られている。キミなりに事の事情を語り出す。すると、皇太子は指を鳴らし、彼のもとに仕えの者を呼び寄せた。皇太子が該当人物を探すように命じると、ほどなくして犯人と思しき人物が数名、皇太子のところへ連れてこられた。いずれの容疑者も、レーサーをプールに突き落としたのは自分ではないと否認する。数分が過ぎる。それからひとりの男がその場に来て、自分がやったと認める。皇太子はその男を祝宴からつまみ出した。皇太子の二十歳そこそこの息子が、僕の友達を追い出さないでくれと父に泣きついてくる。皇太子は、お前も出て行けと息子を突き放した。挙げ句の果てに、キミに敬意を表すために皇太子は服を着たまま近くのプールに飛び込み、水から上がると自分の水没した携帯電話をキミの携帯電話の隣に叩きつけた。これでチャラだ。

丸く収まったプール談義に花を咲かせる時だ。異国情緒あふれる数種類のドリンクに舌鼓を打つ。それから現実を突きつけられる。時刻は、すでに朝の5時。ドーハ行きの飛行機は朝8時に出発する。

皇太子は狼狽えた表情で事態を受け止めるが、盛り上がった宴を中断してまで急ぐほどのことでない、と考え直した。彼は自家用機を午後2時までに空港に手配すると言う。「その飛行機でスイスに飛べばいい。それなら宮殿に残って遊んでいられるだろ」。キミとピキは、一瞬だけ顔を見合わせ、それならうまく行くと胸をなでおろした。皇太子が指を鳴らし、彼の呼び出しに答えた者に、飛行機とクルーを空港に手配するよう指示する。

飛行機の乗り換えに成功したことを祝して乾杯する。キミとピキは9時にホテルに戻り、少し仮眠をとってから空港に向かう。皇太子が約束した12人乗りのプライベートジェットが、所定の場所で待機している。疲れ気味の男二人が機内へよじ登る。スイスの自宅へ向かう準備は整った。キミは、すぐに眠りに落ちてしまう。

飛行機は二人をチューリッヒ空港で降ろし、バーレーンへ回送する。キミとピキは、これが例の無駄遣いというものなのだろうか、と考えをめぐらせながら、空港でタクシーをひろって家路につく。タクシーの中は、酒をすすり、雑談を続けるにはもってこいの場所だ。ピキはどこにも急いでいないし、いつの間にか携帯電話が壊れてしまったいまなら、彼に折り返しの電話がかかってくることもない。

一日目、二日目、そして三日目。美しく晴れわたり、温暖で過ごしやすく、代わり映えのない、そしてお決まりのように夜を迎えるような日々。そんなある日、もっとも彼らは、いつのことやらはっきり覚えていないが、サッカー選手ディエゴ・マラドーナがウォーミングアップしている様子を収めた映像を見ている。目の保養になる。どうすれば、体の一部のようにボールを足に吸いつけることができるのだろうか。どうすれば、ボールと人間がこんなにも美しい絆で結ばれることが可能なのだろうか。実践あるのみ。

二人はボールを取りにいき、マラドーナの真似をすることにする。ほろ酔い気分なら、誰の真似だってできる。攻撃側のピキが、ゴールキーパーをしているキミの頭上を超えるようにループシュートを試みる。キミがボールをキャッチし、彼が憧れるタレント、ヴェサ＝マッティ・ロイリを真似て横向きにセービングする。その瞬間、痛みが走る。ピキはキミのうめき声など気に留めず、むしろ大げさに痛がるキミをなじった。しかし、キミは演技をしているのではない、足首をひねってしまったのだ。彼の足は腫れはじめ、数日後に予定されているロータスのテスト走行は絶望的に思えた。それにレーシングチームには、怪我の経緯を正直に話すこともできない。

キミはF1ドクターのアキ・ヒンツァに電話をする。ヒンツァは自身の診療所に来るようキミを促した。カーディーラーで友人でもあるジェリーが呼ばれ、ヒンツァに詳しく診てもらうためにキミを連れていく。しばらくしてキミが松葉杖を両脇に抱え、血栓予防薬と痛み止めを処方されて家に戻ってくる。彼は、ロータスに連絡して症状を説明してくれるようにヒンツァに頼んだ。嘘のような話を信じてもらうには、その方が手っ取り早い。

足首は内出血で黒ずんでいるが、気持ちは明るい。これでロータスのテスト走行に参加する必要はなくなった。それに足を引きずっても、酒を飲むのに支障はない。キミは、ホテルのポーターが宿泊客の荷物の運搬に使う荷台が屋内にあることを思い出す。こんな時には、それは人の運搬にも役に立つ。ピキが、キミを乗せた金色の荷台をあらゆる場所へ押して行く。

足首の腫れが治るが、酔いは治らない。酔った勢いで、フィンランドへ行くのはどうだろう、と思いつく。寒さ厳しい、北の果ての、愛すべき人々が暮らす国へ。春の大きな祭（バップ）も、もうすぐだ。よし、行くことにしよう。

キミとピキはヘルシンキへ降り立つと、その足でカラオケバー・レストルームという名のレストランへ向かう。そこで彼らは、友人と久々の再会を果たし、きつい抱擁を交わした。旧友との再会は格別だ。友人たちは、無理だとわかっていながらキミとピキへ連絡を取ろうとしていたのだと言う。キミとピキは、ずっと圏外になっていた理由を明らかにする。キミの携帯は水没し、ピキのは壊れていたのだと。

春の訪れと久しぶりの再会を祝して、カクテルを何杯か飲む。酒が進む。連日午前様で、気づいてみると長い週末が一気に過ぎ去っていた。バップ前日、つまり春の大きな祭が本番を迎える。当初キミとピキ二人だったが、仲間もだいぶ増えた。一行は、エスポー市クル通りにあるキミの実家のガレージへ場所を移す。その二階にはサウナとバーカウンターがある。都会の喧騒から逃れて、そこで自由にはしゃぐことができる。バップ当日にはポルッカランニエミにあるキミのコテージへ移動する。

昼ははしゃいで家を揺らし、夜は酔いつぶれて家を這う。

好きなことに花咲かせ、好きなことが枯渇する。

ここはもう飽きたから、景色を変えることにしよう。古式ゆかしいカンヌンクルマへ行くのはどうだい、エスポー市内にあるパブだよ。そこで歌手のユッカ・ポイカがステージに立っている。今日は5月3日、つまり12日目だ、と誰かが言う。キミとピキは、はっとする。二人は12日間連続で酒を飲み続けていることになる。過ぎたことは考えても仕方がない。これから先のことだけ考えことにしよう。ユッカ・ポイカの音楽はレゲエ風のフィンランド歌謡で、乗りが良く、覚えやすい。ただ、キミとピキの頭の中に似て、不規則なリズムを刻む、独特の世界観だ。

ある日、どの時点であったたか、みんなでガレージの上の階にいる。ピキが目を覚ますと、おかしな光景が広がっていた。キミが小さな小さなゴブレットで酒を飲んでいるのだ。いや、それはゴブレットではない。それは巨大なシャンデリアから取り外された燭台、つまり本来なら、そこにロウソクを立てて使う台の部分だった。キミは燭台を赤ワインで満たしている。まあいい、宴を続けることにしよう。今晩もポルッカランニエミまで行って、サウナに入ろう。そして月曜日を迎える。迎え酒でも飲もう。これが、その16日間のあらましだ。もう十分満喫した。遊び仲間は、たんぽぽの綿毛に息を吹きかけたように散っていく。

キミは、明後日はもう水曜日だと呟くように言った。木曜日にはスペインGPが始まる。ということは、水曜日にはバルセロナに向かわなければならない。それは二日後だ。二日間あれば、アルコールが体内から抜ける。そうでしょ。三週間ステアリングを握っていなくても、どうってことない。違うかな？

水曜日に友たちはキミを空港まで見送る。ボトルはステアリングに取って代わる。以前の記憶が戻り、ステアリングはしっくりと手になじむ。コースは馴染みで、スピードは第二の天性だ。スペインＧＰで、キミは３位となる。

記者会見でレースについて聞かれたキミは、一言だけ答えて質問をはぐらかした。

「すべてのお母さんに、すてきな母の日を」

SILMÄ TYKKÄÄ,
MIELI LEPÄÄ

［ 目につくもの、心が安らぐもの ］

PHOTO : RISTO MUSTA

２０１３年、夏至祭、ポルッカランニエミ。キミのコテージは、彼の友人やその知人など、夏至を祝う、うら若き男女であふれている。

キミとミントゥの目が合う。二人は互いの存在を認識しているが、まだ知り合いではない。初めて出会ったのは二年前に開かれた同様のパーティ。その当時ミントゥには交際相手がいて、キミは既婚者だった。現在キミは事実上の家庭内別居の状態にあり、ミントゥは誰とも交際していない。

本来なら、この先何が起こってもおかしくない。しかし、何も起きようがない。ミントゥは、この男性と恋に落ちるなんてこれっぽっちも思っていない。この男性には、無鉄砲な男というレッテルが貼られている。それに彼女はいま、ひとり暮らしを満喫している。しばらくは誰とも付き合う気などないのだ。そんなミントゥも、キミといるとこの上なく楽しく、こんな人と友達になれたらいいだろうな、と思うようになる。でも、絶対に恋人にはしたくない。こんな手に負えない男に惚れてしまったら、自分が傷つくことになるだけだ、とミントゥは信じて疑わなかった。

パーティは何事もなく続く。しかし、何か心に引きずるものがある。

夏至祭のあとは、シルバーストンでイギリスＧＰが控えている。和やかな飲み会は感情を高ぶらせ、心を脆くする。キミとサミ・ヴィサは飛行機でイギリスに向かう。ヴィサにはロータスとキャップ関連の商談がある。同時に、キミに未払いの報酬のこともチームに問い質すつもりだ。ただ、今後その不足分が支払われることはない。

プロモーション活動の一環として、工場に隣接する古びた滑走路でキミがロータスのスポーツカーを走らせることになっている。二日酔いのモータースポーツ選手にはもってこいのイベントだ。キミは運転しながら、体に残った酒を汗で流し出す。汗だくのドライバーが、すっきりした表情でクルマから降りる。感触はつかめたし、酒も完全に抜けている。サミにはそれが楽しくもあり、恐ろしくもあった。

キミは本番のレースで5位となる。次のグランプリはドイツのニュルブルクリンクで開催される。キミは、そこで2位となる。まずまずのレースで、これといって記憶に残らなかった。それもそのはず、彼の頭の中はミントゥのことでいっぱいなのだ。彼女はフライビー航空のキャビンアテンダントとして働き、ヘルシンキ市中心部を走るマンネルヘイム通り付近の自宅で暮らしている。

3週間の休みを挟んで、次のレースは7月28日にハンガリーで行われる。

キミは落ち着かない様子でフィンランドへ帰国する。ずいぶん長い間そんな状態が続いている。友人や知人たちはキミの人生の成り行きを不安そうに見ている。仕事、つまりクルマの中では順調でも、万事うまくいっているわけではなかった。

7月中旬、ミントゥの電話が鳴る。キミがミントゥをポルッカランニエミのコテージへ誘う。ミントゥは驚いて、他にも誰か来るの、と確認する。彼女は、いつものようにキミがまわりにたくさん人を集めて楽しんでいる、と思っている。今回は他の人は誰も来ないよ、とキミは答える。ミントゥは戸惑う。キミは押してくる。ミントゥは少し怖気づいたが、誘いに応じることにした。

7月18日、キミは友人のキンモ・ピッカライネンへ携帯でメールを送る。「覚悟を決めて、ミントゥをコテージへ誘ったよ」

そしてミントゥはコテージへ向かう。運命的で美しい出会いの場へ。

夏の宴は続くが、すでに終わっているものがある。さまよう心、求める心、葛藤する心。もう心の整理はついている。少なくとも大方は。

「コテージにいる。酒を食らってるよ」。7月23日にピッカライネンへ送信したこのメールは、不安定な精神と開放的になりやすい夏の気持ちの表れだ。メッセージは、ハンガリーGPの5日前に書かれている。キミは精神的に脆く、怖気づいている。彼はパニックに陥り、ミントゥに、ハンガリーに行って支えてくれないか、と頼むほどだ。友人数名も同行するということで、ミントゥは承諾する。酒が飲めるのは水曜日が最後だ。木曜日には、グランプリの記者会見がある。

キミは二日酔いの状態で2位になる。祝うのは当然だ。さらにこの頃フェラーリとの交渉も同時進行していた。それに何より隣にはミントゥがいる。二人はまだ交際していないが、ただならぬ仲だ。キミはミントゥに、まだどこにも行かないでくれと頼む。これがキミの人生で、ゆっくりお酒を楽しめる最後の時期となることを、この時点でまだ彼は知らない。

ハンガリーGPでの好成績にお祝いムードの一行は、途中で切り上げていたことを再開する。つまり、グラスを傾ける。それからキミとミントゥ、そして彼女の仲間たちは、ミニゴルフをしに出かけ、その様子がゴシップ誌にスクープされてしまう。写真は、よくありがちな、くだらないものだ。ミントゥが、ピキ・ピッカライネンの息子のパーカーを身につけている。急に体が冷えてしまったからだ。一方キミは缶ビールを手にしている。結婚間近のカップルを写真に閉じ込めようと茂みから望遠レンズが狙っている。

そんなことは気にせず、まるでこれが最後であるかのように、その後も夏を満喫する。本来ならキミは、フェラーリの契約書にサインをすべきだったのだが、まだ契約の詳細が合意に至っていなかった。と言うことでハンコという町で行われるポーカー・ランというイベントに行くことにした。にぎやかな男ばかりの旅になるけど、それでも君に一緒に来てほしいとキミがミントゥを誘うと、彼女は頷いた。フィンランドの有名なアイスホッケー選手であるテーム・セランネからボートを借りることができたが、まだ何か足りない。ボディガードだ。知り合い数人に電話をかけ、２０００ユーロで大柄の男が見つかる。さぁ、海に出るときだ。

群島に囲まれた海上で、キミの電話が鳴る。用件はフェラーリの契約についてだ。キミは少し話し込み、それから契約が合意したから、もうそのことで気を揉む必要もない、と仲間へ報告した。キミは電話機を海へ放り投げる。

２０１７年11月、スイス、バール。まだ3歳に満たないロビンが父親とリビングではしゃいでいる。生後半年のリアンナは眠っている。私はミントゥとリビングの横の静かな部屋に腰をかけている。ミントゥは、彼女のこれまでの人生の分岐点となった２０１３年の夏を振り返る。秋には平穏が訪れたが、いままでに経験したことがない、地に落ちたような夏だった。

「二十歳そこらじゃなくて、いまキミと一緒にいることに満足しているわ。それに、彼が無鉄砲だったのも昔の話。私だって散々無茶をしてきた。無駄にはしゃいでみたり、お酒を飲んでみたり。いまだって、みんなと飲み明かすことはできるけど、以前とは違う。いままで何もせず、何も経験してこなかったら、40歳か50歳になって狂ったように癇癪を起こしてしまっていたかも。足繁くバーに通ったから、その世界は見飽きてしまったの」

ミントゥは、キミに対して大雑把で、いい加減な人という印象を抱いていた。つまるところ、ほとんどの人に当てはまることだ。印象は間違ってはいないが、かなり割り切った考え方だ。

「もちろんよ、私がそう考えていたのは無理もないわ。だって、はじめはメディアを通じてしかキミを知らなかったんだし。それから次第に、わかりはじめてきたの、彼が親しい人たちにとって本当はどんな人なのかって。私が最初に関心を持ったのは、ユーモアのセンス。彼の話に何日も笑ったわ。それから、親しい人への接し方。彼が友達を助けていたことが、何度もあったの」

２０１７年11月、レストラン・クラピホヴィ、ヘルシンキ市北部トゥースラ。私の目の前に座っている人物は、会計事務所に勤め、定年退職したばかりのキンモ・ビルタネン、63歳。彼はミントゥの父で、キミの義理の父でもある。他の人にとってもそうだろうが、父親である彼にとって娘の選択は晴天の霹靂だった。なぜならミントゥは、肝心なことをひた隠しにして、キミはただの友人だと紹介していたのだ。父も詮索せずにしばらく過ごしていたが、娘が彼と交際していることを突然、認めたのだ。

「そりゃ、最初は心中穏やかではなかった。特にＦ１はよく見ているし、この競技のことは、それなりに知っているからね。もちろんキミのことも。でも、彼に会って、世間的なイメージが一瞬で吹っ飛んでいったよ」

キンモは、キミとの初対面を鮮明に覚えている。

「２０１３年の秋、二人はトゥースラにある私の家を訪ねてきた。ミントゥは、小型のフィアットに乗っている。そろそろスノータイヤに交換する時期だったから、タイヤを持ってくるように言っておいた。キミはあまり口数は多くないが、極端に礼儀正しい。それから、彼のおかげで本題に入ることができた。キミはコーヒーを飲み終えると、タイヤを換えに行きましょうと話を振ってくれた。いまは雨が降っているから、ガソリンスタンドで換えてもらうよ、と私が答えたら、キミは、いや、一緒にタイヤを交換しましょう、と言ってくれた」

２０１７年11月、バール、スイス。ミントゥは、昼寝から目覚めたリアンナのもとに行っている。キミはソファにもたれかかり、ある質問に答えている。それは配偶者なら誰しもが嫌になるほど聞かされる、あの質問だ。相手のどこに惹かれましたか。

キミは咳払いして、深く考え込む。そわそわして、体勢を変える。しっくりくる言葉を探しているのだ。

「どうして惹かれたのかって聞かれても、具体的にどこかなんて到底わかりっこないよ。互いにずっと好き同士で、仲良くやっている。あるとすれば、何か目につくものかな。ミントゥに初めて会った時、彼女はぴっちりしたデニムのショートパンツを履いていた。それを見て、『ヴォイ ペルセ

Santander

（なんてケツだ／俗語で、すげえ！）』と思わず言ったことがあった。いまでも時々この表現を使っている。間をあけずに続けて、ひとつの単語で『ヴォイペルセ』とね」

キミは笑うが、読者の皆さんの中には引いてしまう方々もおられるかもしれない。キミの表情から察するに、初めての出会いの時に、たぶんもっと違うことを言うことができたんじゃないか、と言いたかったようだ。

キミは真面目な顔つきになる。

「前の夫婦関係では、これでおしまいか、ここで嘘がばれてしまうのか、ゴシップ誌『7（セイスカ）』はいつ発売されるだろう、どんな記事が今度は掲載されるのだろうと四六時中恐れていた。嘘をつき、その一週間後に、この件はどんな言い訳をしたっけと思い返さなければならなかった。だからミントゥに言ったんだ。もしこれから二人で一緒にやっていくことにするのなら、もう嘘でごまかしたり裏切ったりはしないってね。前のような地獄や、ついた嘘からくる後ろめたさをずっと抱え続けているのは、もう二度とごめんだ」

次の日、同じ部屋。ミントゥは、思い出を辿り、２０１３年秋に起こった急展開について話す。

「その夏のあと、私たちの関係はさらに深いものになり、抗うこともできなかった。それからというもの、あらゆることがものすごいスピードで起こった。私は自分の空間なんてずっとなくても平気な人だし、キミもそう。私たちは本当に多くのことを一緒にするし、すべて一緒なの。ちょっとだけ席を外してくれない？　なんて気持ちになったことはない。キミは、ここに君がいてくれて最高だよと、いつも示してくれる。それにはドキッとする。以前の交際すべてと比較しても、私が付き合っていたどの男たちとも、そこが違う。どうやってキミが私を気遣ってくれるのかっていう、その方法がね。数ヶ月経ってから、そんなの当たり前だろって顔をされたら何もときめかない。キミはいつも、そして毎日、私たちが切っても切れない関係だって気づかせてくれる」

夏には先が何も見えなかったけど、秋にははくっきりと見えていた。ミントゥはケスキサーリに住まいを移し、普段どおり仕事に行った。キミが仕事で世界中を飛び回っているとき、彼女はケスキサーリで、ひとりで暮らしていた。キミは二人でもっと一緒にいることができるように、ミントゥに仕事をやめてもらいたかった。

「そうね、そのとき最初に、何があっても絶対に仕事はやめない、私はこれまでずっと働いて、自分を養ってきたんだからって言ったの。もしやめたあとに、これじゃダメだわってことになっても、前の職場へ電話して、やっぱり復帰しますなんて言えるわけないじゃない。やめても大丈夫だっていう確信が必要だった。だから簡単な決断ではなかったの。もちろん、私たちはずっと離れ離れで恋しかった。その気持ちが、最終的に決断の後押しをしてくれた。でも、それでも自立した人生を諦めるのは忍びなかった。2014年の5月、春の大きな祭の頃、最後のシフトを終えて、ここに引っ越したの。それから、わりとすぐにロビンを授かったわ」

そして、その後リアンナも授かった。中身の濃い4年間だった。それは楽しいことばかりではない。母と父だ。ミントゥの母は2006年に、キミの父は2010年に他界した。ミントゥとキミは死を見届け、新しい命を授かった。二人の間には、かなり多くの共通点がある。ミントゥの父キンモも、それに気づいている。「ミントゥは、意志が固く負けず嫌いだ。いつもスポーツでは、試合で勝てるような強いチームでプレーをしたがった。勝利への執着は、私譲りだ。ミントゥとキミの二人は、互いに同じようなことが好きなんだ」

キミはソファにもたれながら、ミントゥについてこう考える。

「まったく喧嘩しないなんていうことがあったら、どこかがおかしい。ミントゥは頑固なところもあるから、もし夫婦喧嘩が起こったら、二人とも引き下がらない。ミントゥの厳格なところは魅力的だ。命令口調ではなくて厳しい。意気地なしでは決してない。僕と一緒にいる人は少し厳格な人じゃないといけない。そうじゃないとやっていけない。怒りっぽい性格っていうのがたまらない。魅力的だろ。何も気にしないなら、人生なんてうまく行きっこないよ」

と、もの言う男もまた、何も気にしないような人生をこれまで歩んできた。

KIERROKSILLA

［ ラウンド ］

「心拍数は、僕個人のものだ。ＦＩＡのものなんかじゃない」

キミの左手のレーシンググローブの小指の部分には、国際自動車連盟——ＦＩＡのセンサーが取りつけられている。それで、酸素飽和度、心拍数その他の、ドライバーの体内の様子を知る上で大切なデータが表示される。ＦＩＡは、全ドライバーの走行中の心拍数をモニターで観客がいつでも確認できるようにしたがっているが、ドライバーたちの賛同を得られてはいない。心拍数はドライバー個人のもので、そもそも心臓は他人のものではない。

センサーは観客の娯楽目的で開発されたわけではない。あくまで非常事態への備えだ。万が一クラッシュやコースアウトで車体がつぶれてしまった場合、ドライバーのもとへ駆けつけたり、無線連絡を取ったりすることができない。その際、医師がセンサーを通してドライバーの容態を確認し、ただちにドライバーを車体から救出すべきかどうかを決断する。

キミは、レース中には心拍数を測ったことはないが、練習中に、その推移を確認してきたと言う。フィジカルトレーナーのマーク・アーナルとともに行った年初めの筋力トレーニングでは20分間の平均心拍数が１７３、ある時点の最高値が１９２だった。

キミは「歳をとると心拍数は、もう上がらない。上がっても２００ぐらいだった」と、にやりと笑う。「レース中にめちゃくちゃ高くなるとは思わないね」

キミの乾いたユーモアが劇的なこの競技そのものの腰を折ってしまうが、ドライバーの心拍数が走行中にかなり激しく変動するというのは事実だ。それでは、熱烈なファンの脈拍はレース中どうなるのだろうか。それに愛する人、はたまたドライバーの母親の脈は。

Ｆ１グランプリのある週末が始まると、世界中で周回が重ねられる。２０１７年には約3億5千万人の人々がテレビや他の媒体を通して、４００万人以上のファンが直接会場でグランプリを観戦した。フィンランドではレースが行われるたびに約30万人がテレビに釘付けとなる。ファンも様々で、ひたすらレース展開に没頭する者から、分析好きな者まで多岐にわたる。後者に至っては、練習走行、予選と本戦すべてに足を運び、各セクターでの走行や戦略についても熟知している。

トヨタ・カイヴォクセラでセールス担当部長を務めるペトリ・ヴァウラモ。48歳になる彼も、そんな分析好きなファンのひとりだ。彼の場合、分析に穏やかなイメージはない。むしろ逆である。勝とうが負けようがお構いなしに、彼はレースウイークをキミとともに生きるのである。ひたすらレースに没頭するファンとヴァウラモが違う点は、彼がエンジニアのような視点でこの競技を見守っていることだ。レースウイークになると、４人家族は決まりごとのように3人家族になる。つまり、クラウッカラの自宅でリビングに置かれた55インチのテレビの脇にヴァウラモが座っていても彼はいない者と扱われてしまうのだ。彼の肉体は、ここに存在する。しかし魂はどこか他のところに、たとえばセクター3のコーナー、またはメインストレート、もしくはキミのマシンの中にある。

「レースウイークが迫ってくると、週の頭からスイッチが入る。頭の中は、これから始まるレースでいっぱいだ。レースは兄弟揃って観戦することが多い。それからシーズン中に2回は、直接サーキットへ足を運ぶ。それ以上は無理さ。観戦旅行に出ると4、5日なんてあっという間に過ぎてしまうから」

レース中に不運なアクシデントが起こったバーレーンGPの後、ヴァウラモに会う。このレースは、フェラーリでホイールマンを務めるフランチェスコ・チガリーニが、不運にもピットストップの際にキミのマシンの左リアタイヤの下敷きになり、病院へ救急搬送されるという悲劇的な結末となった。チガリーニの手術は成功し、順調な回復をみせている。

ペトリ・ヴァウラモも気持ちを取り直している最中だ。というのも、中国GPが一週間後に迫っているのだ。彼は、すでに次のレースに照準を合わせている。レースが残念な結果なときは、いつも彼はこのようにしている。

「日曜日の夜は、ずっと気が重い。でも人生が終わったわけじゃない。物事の優先順位をわきまえなくちゃ。汚い言葉も少し出たから、妻にたしなめられたよ。自分は熱しやすく冷めやすい。その意味では、めりはりのあるタイプだ。それに、そのレースは夜9時から10時にフィンランドで中継された。もしレースが午後3時に終わっていたら、もう少し落ち込む時間は長かっただろうね」

物事の優先順位。それは綺麗事だ。本来なら、不運なレースのあとは理性がどこかへ吹っ飛んでしまい、頭の中で感情がめらめらと燃え盛る。しかし、経験が多少バランスをとってくれる。ヴァウラモのファン歴は長い。ケイヨ・ロズベルグ（通称「ケケ」）が１９８２年にワールドチャンピオンとなったときにはすでに、彼はこの競技にはまっていた。90年代には完全にのめり込み、ライコネンがＦ１にデビューしてからは意識が完全にぶっ飛んでしまった。すぐにキミが特別な存在に感じた。というのも、彼は先だけを見据えている。くよくよしたり、悔やんだり、それにライバルを罵ったり、さらに無駄口を叩いたりしない。キミの存在そのもの、その仕草、そしてレース運びにも魅力を感じている。しかし、彼はキミだけではなく、その他のことを含めて包括的にこの競技を見守っている。

「細部にわたるまで情報を追わなければならない。セクタータイム、タイヤの規則、ラップタイム、コンマ1秒単位、特定のコーナー、操縦ミスなど。それに、ドライバーが次の周回で同じ箇所を前より速く走ることができるのかも見ている。幸いにも技術が進歩して、いまは複数の情報が一目でわかるんだ」

ヴァウラモの職場には他にも何人かF1ファンがいる。「もちろん、優勝が舞い込んできたら、ここにいる仲間と浮かれ騒ぐよ。やる気が出る。冗談半分に言うなら、ディーラーには、十分に楽しめたレースウイーク明けの月曜日に行った方がいいね」

ヴァウラモと話し合い、中国GPの期間中、彼に心拍計をつけさせてもらうことになった。さあ、感情が機械でどのように測定されたのか、と興味が湧く。

2018年4月14日。上海インターナショナルサーキット。朝9時10分。2番グリッド、キミのカーナンバーは7。

シグナルが消える。私の推測では、キミの脈拍はおよそ130。最初のコーナー。心拍数はおよそ170から180。思考が本能に変わり、本能が動きとなる。クルマのタイヤが互いにぶつかる、すれすれで走っている。わずかでも間違った動きをすれば、その途端コースアウトしてしまう。ドライバーの体が頭を支配し、最初のコーナーに差しかかる頃には心拍計の数値は１８０まで急上昇する。キミが誰よりもいいスタートを切ると、セバスチャン・ベッテルはラインをブロックする。キミは避けざるを得なくなる。バルテリ・ボッタスとマックス・フェルスタッペンがオーバーテイクする。正確な心拍数はわからないが、イライラ度数は測定不能だ。

クラウッカラ、フィンランド。ヴァウラモの心臓。30分前は、まだ安静時の心拍数が70だったが、最初のコーナーで１００近くまで上昇。ペトリ・ヴァウラモの思考が定まらず、沈んだ気持ちが心を占拠する。４番手を走るキミ。予選は申し分ない。彼はシーズン前半、セバスチャン・ベッテルよりも速いタイムを叩き出している。それなのにキミは、現時点で４位。チームオーダーでゆっくり走るのだろうか、という疑問がわく。いや、まさかチームがセバスチャンを先に行かせるために、キミに汚い仕事を強いるなんてことはないだろう。レーシングカーは一列に並び行列を形成する。勝負は決してしまったのだろうか。

バール、スイス。ミントゥ・ライコネンの心拍数は、健康な人の最大心拍数まで上がり、脳が沸きたつ。彼女はソファから飛び降り、テレビを消す。夫のレースは台無しだ、もうこれまでだわ。ミントゥはフェラーリの上層部に携帯メールを送る。スタート直後ホームストレートの先でセバスチャン・ベッテルが何をしたのか、彼女自身の見解を語ろうと咄嗟に思い立ったのだ。ミントゥは気持ちを落ち着かせようとするが、競争心の強い彼女にそれは無理だ。彼女はキミ色に染まった眼鏡越しにレースを見守る。

　エスポー、フィンランド。母の心臓は、息子を想い、気が気でない。パウラ・ライコネンは心拍計をつけていないが、彼女がキミというドライバーを産んだのだ。パウラは手元にグラス一杯の水、コニャックとビールを置いている。スタートが一番大変で、彼女の心拍数を極限まで跳ね上げる。パウラはピットの観戦席からレースを何度か見たことがあるが、何だか気持ちが落ち着かなかった。自宅で、少人数の気のおけない仲間とレースを見る方が気楽だ。パウラが定期的に現地観戦に訪れるのは、ベルギーＧＰのみである。

　キミは6位で走行している。心拍数は低い。のんびり運転だ。しばらくすると突然、彼の目の前に新しい世界がひらける。クラッシュ。マックス・フェルスタッペンがお粗末にも、セバスチャンの脇へ衝突し、互いのクルマがスピンする。３秒間で状況が一変する。いまキミは3番手につけ、心拍数は測定不能だ。同じ瞬間、ペトリ・ヴァウラモの心拍数も１０５と１１５の間で揺れている。喜びが弾け飛び、ほんの30分前には、もう二度とレースなんか見るもんかと言っていた兄に電話せずにはいられない。激しい感情は、精神状態を極端から極端へ振り戻す。ファンであることは、重病に等しい。

　サミ・ヴィサは、現地の上海にいる。スイスのキミの自宅では、もうひとりの心臓がキミの代わりに激しい鼓動を打っていることを、彼は知っている。しかし、ミントゥが最初のコーナーのあとでテレビを消してしまっていることを彼は知らない。サミはミントゥに電話をかけ、興奮しながら、キミに思いがけず3位が転がり込んできたことを知らせる。展開を見届けていないミントゥは、最初のコーナー以降はレースを見ていられなかったの、と告げる。サミは深く息をつく。

つい先ほどまで、やるせない6位に甘んじるしかなかった。しかし、このレースでキミは3位を手にする。他のドライバーの不運とフェルスタッペンの無謀な走りが、キミを表彰台に押し上げた。バウラモの脈拍数は70ぐらいまで下がり、テレビから3メートル離れて見ている彼自身にも、安堵の瞬間が舞い降りる。ひとつのグランプリが幕を閉じる。残り18。シーズンの終わりまでの道のりは長い。アブダビで11月に開催される最終戦までは、心臓が何度も高鳴り続けることだろう。

トヨタ・カイヴォクセラ、バンター。レースウイーク明けの月曜日。セールス担当部長のヴァウラモが握手をし、顔には笑みがこぼれる。週末はずっとクラウッカラにいたものの、中国からもたらされた笑みだ。みんなで腰をかけ、レースを振り返り、レースウィーク中の心拍数の推移に関するデータを確認する。彼はあれこれ言い訳するかもしれないが、心拍計の値が事実を示している。

昨日のグランプリは、絶望から安堵へと進む展開だった。金曜日の練習走行の際には、心拍数は正常値の範囲内にとどまっていた。しかし、土曜日の予選がはじまると鼓動が速まった。勝敗を決する最終セクターでは、ヴァウラモの心拍数は一時90から１００あたりまで上昇した。わずか残り数秒で、セバスチャン・ベッテルがキミを上回るタイムを叩き出したのだ。レースの間、心拍数は85から95の間で変動していた。

ヴァウラモは、朝に取引先から頂いたお祝いの品と写真を見せる。写真は１９９２年に行われたモナコＧＰの様子を撮影したもので、アイルトン・セナがナイジェル・マンセルのラインをブロックしている。ヴァウラモにとって、この写真を贈られたことは、世にも不思議な偶然の一致だと感じられた。昨日、セバスチャンもキミにまったく同じことをしたのだ。

ヴァウラモは、キミがＦ１ではなくラリーを走っていた数年間は非常に辛い気持ちだったと語る。その数年間は、空虚に感じられた。他のドライバーたちの動向など見向きもしなかった。キミがＦ１から去る日がそう遠くないことぐらい、ヴァウラモは知っている。しかし、いま考えても無駄だ。シーズンは長いのだから、心拍数がこれからもまだ何度も上がる。

シーズンはミントゥ・ライコネンにとっても長い。彼女は、夫がもうレースに向かわないその日を心待ちにしている。バクー市街地サーキットで行われたグランプリを現地観戦したミントゥは、心拍計をつけて、コースの近くですべてを見守った。予選のセクター１、74。セクター２、１２８。そしてセクター３、１５６。レースのスタート時点で心拍数は１６９だった。

心拍計をつけていないパウラは、すでにこれまでだって十分に心が高鳴っていたと、気がついた。コース上でも、コース外でも。安静時の心拍数、心地よい心拍数。

TULTIINKO TÄNNE AJAMAAN VAI PUHUMAAN?

[走り、しゃべり、何しに来たの？]

PHOTO : @CALLOALBANESE

バール、スイス。2月の終わり、2018年F1シーズンのはじまり。私たちは、キミのマネージャーのサミ・ヴィサとミントゥの父キンモ・ビルタネンとチューリッヒ空港に降り立つ。その翌日の土曜日にはフィジカルトレーナーのマーク・アーナルも一行に加わり、みんなでバルセロナへ飛ぶ。そこでは新しいマシンを初めてテスト走行させることになっている。これがF1ドライバーたちの仕事はじめ、つまりバタバタした移動の日々が正式にスタートを切る。

同時にバタバタ書類を作成する日々の始まりでもある、とサミは言う。EU圏外の国々へ行く場合、ドライバーは就労許可が必要だ。源泉税も徴収される。国によっては就労ビザも必要だ。所得税は各々の居住国で納める。レーシングチームは、要するにロックバンドと同じように世界中を遠征するのだ。F1ドライバーの1回のギグ、つまりグランプリツアーの長さは5日間ほどで、チームスタッフに至っては、さらに長期間に及ぶ。

チューリッヒ空港では、キャップと黒いサングラスに身を隠したキミが私たちを出迎えてくれる。彼は体が引き締まり、動きも軽快そうだ。私が最後にキミに会ったのは年が変わる頃だった。二ヶ月弱の間に顔はほっそりとし、頬は少しこけた。シーズンが迫り、マーク・アーナルのもとで行われてきた筋力トレーニングの成果が目に見えて現れている。3・2kgがジムの床の上へ落とされたことになる。チームが考えるドライバーの適正体重は、レーシングスーツ、シューズ、そしてヘルメットを装着した状態で最大73kgが上限だ。現在のキミの体重は、それを遥かに下回っている。タイムアタックでは1kgの体重が、コンマ1秒に影響する。ごくわずかな差を稼ぎ出すために、激しいトレーニングと効果的な食事法を強いられるのだ。F1は、ほっそり引き締まった男たちのスポーツと言えよう。

キミは空港でコーヒーとクロワッサンをテイクアウトし、今シーズンの相棒となる移動車に向かって意気揚々と歩いていく。みんなで荷物を大型のフィアット・タレントに積み込む。これは実用的な大型のバンで、ゴーカートをしていた頃からキミには馴染みの車種だ。もっとも、その当時は万年オンボロのバンだったのだが。

我々は車に乗り込む。サミが、この車がMT車であると指摘しはじめるまで、キミは上機嫌だった。AT車を頼んでいたのに、なぜか庭にはMT車が届けられていたのだ。キミは、すぐに交換するんだとぼやく。もう、その話はやめよう。

テストは月曜日にならないと始まらないが、土曜日の夕方早くにはバルセロナへ向かう。キミの仕事はフィルミングデーという特別日程で始まり、その際にスポンサー企業やフェラーリが宣伝用に使うための素材を撮影する。

土曜日の朝、7時30分。冬季オリンピックのクロスカントリースキー男子50㎞を見るために、もう6時には起きていた。フィンランドのホープ、イーヴォ・ニスカネンが頬を赤く火照らせながら他のスキー選手を引き離して先頭を滑っている。

ドアベルが鳴る。こんな時間に誰だろう。現地の特設スタジオからライブ中継されているというのに。

ミントゥが上の階から降りてきてドアを開けに行く。スイスのアンチ・ドーピング機構から派遣されてきた検査員が入ってくる。いいタイミングだ。さあ、どうぞ奥へ。私たちは朝の挨拶を交わすと、サンプル提供者が上の階から下りてくるまでには、まだ時間がかかるかもしれませんよ、と前置きした。検査員は訪問時間を詫びたが、彼らにも朝早く来る権利がある。私たちは、彼らの話に頷きながらも、イーヴォ・ニスカネンの滑りを見ようとする。すると私たちの応援が功を奏した。彼は冬季オリンピック金メダルを獲得する。

検査員が気まずそうにリビングのソファに座る。足元には道具の入った鞄が置かれている。検査員は、ただ職務を遂行しているだけなんです、と表情で訴えている。私たちは、マーク・アーナルがキミのスケジュールを提出しなければならないのだと聞かされる。それを元に、キミが確実に家にいるタイミングを見計らって検査員が訪れる。もし検査員の訪問時にドアを開けなかったならば、サンプルが未採取であっても陽性と見なされてしまう。

どうにかミントゥに起こしてもらったキミは、不機嫌そうに下りてきた。同時にイーヴォ・ニスカネンが観衆の声援に応えてから、オリンピック関係者と一緒にその場を離れる。おそらくイーヴォもキミと同じ検査を受けに連れて行かれるのだろう。ソファに座っていた検査員が鞄を手に取り、不機嫌そうに不満を口にするキミの後ろを歩いていく。検査はすぐに終わる。検査員は、昨年の秋以降、スイスのクロスカントリースキー選手ダリオ・コロニャの検査を20回してきたと話す。いまキミには興味のない話のようだ。キッチンへ行ってオートミールを作り、ベリーを添えて食べ、また寝室へ戻る。

新シーズンに向けて集中する時期が、すでに始まっている。まだほんの少しだけ、体を休めた方がいい。そのひとときは長い。時刻は現在10時07分。ドライバーの声は、まだ聞こえてこない。13時07分になってようやく、彼が降りてくる。チューリッヒ空港へ向かう車は、15時30分に出発することになっている。前日の夜キミは20時半にロビンと一緒に寝室に入った。つまり、彼は14時間も眠っていたことになる。ドーピング検査とオートミールの軽食にかかった約1時間を除けば。キミは、よく眠れず、夜中に二度ほど目が覚めたのだそうだ。

チューリッヒ空港。みんながチャーター機へ乗り込む。とくに、この手の小型飛行機に乗るのが少し怖いんだ、と私は本音をみんなに漏らした。キミが、それは悪いことをした、この機種は片方の翼がいつも完璧に作動するとは限らないんだ、と前置きする。しかし彼は、私がこれまで後悔のない人生を送ってきたのだから、この歳でやり残したことはないだろ、と安心させてくれた。

バルセロナに到着してすぐ、キミはジャンプアウト・テストは無駄だと言い、それをキャンセルする。FIAのジャンプアウト・テストは実施が義務づけられており、明日になったら行うことになっている。テストでは、ドライバーがクルマから15秒以内に脱出できなければならない。そのテストに合格して初めて、ドライバーに自らのマシンを走らせるための許可が正式に与えられる。

世界最大級のモバイル・ワールド・コングレスという携帯通信関連の見本市のため、バルセロナのホテルはどこも参加者で満室となっている。部屋が予約できたのはキミとマークだけだ。私たちはサミと一緒に、キミのアイスマン号というクルーザーの中で寝泊まりする。この船はバルセロナのオリンピコ港に停泊されているが、本来の停泊地は40㎞先に位置するヴィラノヴァ港である。船長のマサ・カッリオと技術士ヤスカ・コノネンがボートの管理を任されている。

それまで私はサンシーカー社が造船したアイスマン号を、何枚かの写真と映像でしか見たことがなかった。キミが２００９年に船を購入し、それ以来マサ・カッリオが整備や雑務をしてきた。技術士であり技術面を担当するヤスカ・コノネンが雇われたのは２０１１年のことだ。ヤスカは雇い主と初めて会った時のことを、こう話す。

「ここで働き始めてから二ヶ月ほど経った頃、キミが友人たちと一緒にパーティーをするためにこの船へやってきた。朝の5時まで宴の様子を見守ってから床についた。その30分後のことだ。キミが私を起こしにきて、これから甲板でリモンチェッロを飲むから来いと言った。誘いを受け入れて、キミと後部デッキでレモンのリキュールを飲み明かした。あとになってから、キミにこんなことを言われたよ。その朝もし私が彼と一緒に酒につきあっていなかったら、クビにしていたかもしれないってね。キミは、酒を飲まない奴は信用しないんだって言ってたよ」

マサには、アイスマン号からのリストラ話を過去いくども持ちかけられた経緯がある。

「私は、これまで何度もクビを言い渡されている。とりわけ、酔っぱらい連中から水上オートバイを取り上げた時にね。なんでも、私が非情な奴なんだとか。あるときキミが水上オートバイに乗ると言ってきた。でも酒に酔っていた彼に自分で操縦するならダメだと答えた。すると彼は、レスリングで決めようと持ちかけてきた。もし私が勝ったらキミが操縦し、負けたら操縦しない。もちろん私はそんな要求はのまなかった。アルコール測定器に息を吹き込み、もし基準値を満たしていたら操縦してもいいと言った。測定器の値は、泥酔状態に当たる2・1を指していた」

このクルーザーの歴史において、マサとヤスカは目を覆いたくなるような場面を数々目撃してきた。それでも彼らはボスの個性的なユーモアのセンスを評価している。この船で派手に過ごすこともなくなり、いま冷蔵庫から真っ先になくなってしまうのは天然炭酸水だ。だがアイスマン号は、持ち主が望むように完璧な状態に整備されている。キミは、船の内装のデザインにも携わった。色、インテリアの装飾品や細部に至るまで、すべてキミが熟考を重ねた結果なのだ。

早朝。私たちはサミと一緒にクルーザーからホテルに向かう。ホテルでキミとマークも合流してサーキットへ揃って出かける運びとなっている。すでにマークは車をホテルの駐車場から道路に出している。あとはドライバーを待つのみだ。キミは遅刻している。いつものことだ。彼はコースでは世界でトップの速さを誇っているが、ホテルから出てくるのは、ずば抜けて遅い。

朝の渋滞の中、車の列の間をすり抜けながら進む。マークがドライバーのキミに1dℓほど入ったジンジャーレモン水を手渡す。彼は、それを一気に流し込む。ウィンカーを点灯させずにサイドミラーをちらっと見ては、あそこの隙間に割り込める、このようにして車線を縫うように進む。マークは、カーナビの電源を入れようかと聞く。いや、そんな必要はない。ルートはドライバーの頭の中に入っている。

サーキットへ到着し、フィルミングデーが始まる。フェラーリとスポンサー企業たちのために設けられたこのイベントでは、様々な目的に使用するための写真撮影会やインタビューが行われ、マーケティングに関わる多種多様のノベルティグッズがぎっしり並べられている。キミとセバスチャンはホームストレートで数々のカメラに向かって歩き、ニューマシンを50㎞ほど走らせ、撮影用の表情を作り、横に並んで立つ。赤に身を包んだ人々がそこらじゅうにいて、彼らの中心にカメラマンたちが長いレンズを向け、新しいアングルを探し、照明を調整する。部外者にとってはこれらの何もかもが目新しいが、ドライバーたちにとってはそうではない。両者に共通する驚きはと言えば、スペインの冬だ。霜で覆われ、みぞれが散らつくため、テスト走行には危険が伴う。こんな天候ではタイヤが温まらず、みぞれがコースを濡らし、ドライバーはマシンの中で凍えてしまう。マシンと同じくらいドライバーの耐久力が試される。

サミがキミの新しいヘルメットの写真を何枚か撮る。ヘルメットはシーズンあたり12個から16個、それに加えてスポンサー用にレプリカもいくつか必要になる。ヘルメットの後部にはリアンナとロビンの名前が記されている。キミの最も高価な部類に入るヘルメットは、いつもタンペレ市出身のヘルメットペインター、ウッフェ・タグストロムが塗装したものだ。ウッフェは、キミのすべてのヘルメットを塗装してきた。ヘルメット自体は約3000ユーロで、塗装料が別途必要だ。

日が暮れる。スペインの各局で寒波に見舞われた国の様子が、興奮気味の記者によって伝えられている。雪国出身のキミにとって、このニュースは滑稽に思えてしまう。イタリアでも大事のように扱われている。道沿いにあるカフェの前にみぞれが降ったのだ。人々が表情豊かにジェスチャーを使い、手を広げ上を見上げる。みぞれなのに、どこからこんな汚水が頭上に降ってきたんだろうと騒いでいる。キミに言わせると、無知蒙昧ってやつさ、イタリア人は冬のことなんてまったくと言っていいほど知らないんだ。それにあんな風に冬を不思議がっていても仕方がない。暖かいオーバーオールを着て、陽気に前に進んでいくだけさ。

みんなが、明日がもっとましになるよう願っている。そうでもないと、テスト走行がトルソの彫刻のように不完全で終わってしまうからね。

願い叶わず、朝から強風がアイスマン号を揺らし、後部デッキにつづくドアを開けた途端にみぞれが顔に叩きつける。今日は予定されているテストをこなすことはできないな、と確信しながら私たちはコースに向かう。

ピットの周辺では、ほとんどどこのグランプリでも目にする馴染みの人物たちが歩いている。トゥルク新聞のスポーツ担当記者であるヘイキ・クルタも、寒いフィンランドから暖かいスペインに来たものと思っていた。クルタは寒さに身を震わせながらも、新シーズンに胸踊らせていた。彼にとって今年のバーレーンは、３５０回目のＦ１となる。この数字には唖然とする。まさにクルタは歩く百科事典で、熱狂的なファンと分析好きの記者の要素を併せ持つ人物だ。私はクルタに、キミを語る上で欠かせないことを簡潔にまとめてもらった。

「立ち直りが早いこと。その点に関してはキミは群を抜いている」とクルタは言う。彼はキミのルーキーイヤーから取材を続けており、他の者が何と言おうとも、どんな時でも彼の能力を信じて疑わなかった。ちなみに、クルタは、キミがザウバーと契約をしたという情報を最初にキャッチした記者でもあった。

「2000年のマレーシアGPに居合わせて、キミの契約のことを風の噂で聞いたんだ。それですぐに、当時キミの世話をしていたキッカ・クオスマネンに電話をかけ、キミにインタビューをさせてもらえないかと聞いた。突然電話が鳴り、出たらキミだった。『もしもし、ライコネンです』。つまり、彼が私に電話をかけてきたことから始まったんだ。マレーシアのサーキットにはイギリス人記者のジョー・セイウォードがいた。そして、いま聞いたばかりの知らせを彼にも伝えた。ジョーは笑って、そんなはずはないと言った。彼は、もしキミがF1に参戦するようなことがあれば、僕はローマ教皇の格好をしてここに来るさと続けた。まだこれまで、ピットに聖職者の姿をした人は現れていない」

ヘイキ・クルタは、キミがキャリアをスタートした頃のことを正確に覚えている。シャイで寡黙な若者がモータースポーツの中で最も人気のある、この競技のど真ん中にいた。まるで魚が乾いた地面に引き上げられたかのようだ。

「10問中9問に、彼は英語でこう答えた。『I don't know.(わからない)』」

クルタは、キミ色の眼鏡を通してレースを見届け、勝利の瞬間も敗北の瞬間も人生を共有していると心情を吐露する。この誠実さのおかげで、彼はキミと良好な関係を築けているのかもしれない。

本来キミは、メディアに距離を置き、時に厳しい態度をとることもある。しかし、クルタは、形式的なことではなく、物事の本質的なことを記事にしてくれる。それゆえ、キミはクルタに信頼を寄せているのだ。

クルタにとってキミは、まったくもって唯一無二の存在で、まさに自然児だ。キミはよく考えてから発言する。しかも、端的に言葉を選ぶ。つまり、無駄に飾り立てることもなく、核心を突く言葉のみを口にする。

「たしかに他のドライバーたちは、別の製造ラインの商品のようだ」。クルタは、洗練されたユーモアのセンスがボーナス特典としてキミに備わっていると考えている。「彼はトゥルクの人の難解なユーモアですら理解する」。そう言い残し、ピットエリアを足早に戻っていく。そこでは数々のご意見番と出会うことがある。それらの専門家たちは、まだ1メートルすら走っていないのに、シーズンに関して形式的なつまらない意見をもっともらしく並べ立てるのだ。

キミのテスト走行初日。低温と冷えたタイヤは相性が悪い。最初の周回でフェルナンド・アロンソがクルマからタイヤが外れたまま出発してしまい、走行が一時中断する。この日キミは80周、合計372kmを走行する。本番では66周するので、テスト走行で感覚がつかめる。その翌日はセバスチャン・ベッテルの番で、水曜日は再びキミの番だ。キミは全体で3番目に速いラップタイムを叩き出すが、そのこと自体には意味がない。クルマの感触がどうかということに意味がある。このクルマは上々の仕上がりだ。

テスト走行のときには、常に同じ雰囲気がある。レーシングチーム同士が探り合い、こちらのスピードが速ければ、あちらに探られないように隠すこともある。そして、みんな同じことを考えている。あのクルマは実際のところどれだけ速いのだろう、あそこのクルマたちはわざとあんなにゆっくり走っているんだろうか。頭脳バトルが、すでに始まっている。

テスト走行2日目。今日はセバスチャンがテスト走行を行う番だ。キミは私たちのもと、つまり彼のクルーザーを訪れ、食事と楽しい時間をともにした。タイ料理を頼み、炭酸水の泡が音をたて、話が入り乱れる。言論は自由だ、それはまだ記事にはされていない。キミが話している。話を盛って、たとえ話を織り交ぜて、身振り手振りを加え、罵詈雑言も散りばめて、口に任せて、色を添えて、間を開けて、テンポよく。語り部とはこういうものだ。

ここにいるのは、記者に対して言葉少なに呟き、無愛想にその場を後にするキミではない。キミ・ライコネンに対して私たちが抱く世間的なイメージは、荒削りで正確さを欠く、かいつまんだ話に基づいている。しかし、それも真実だ。物事というのは、見た目が肝心だ。これまでキミは酒びたりの生活を送ってきた。散財もしてきた。しかし、世間のイメージは、常に移り気で、重箱の隅を突くような、矮小化されたものでもある。それは不思議でもなんでもない。確かにキミは話題になるようなことをしてきた。しかし、本人が話したわけではない。だからこそ彼の場合には世間に与える印象と実際の姿の間に大きな隔たりがある。もっと正確に言えば、隔たりではなく峡谷がある。

空気が和らぎ、いい機会だ。思いついたことを聞くことにする。キミが好んで口にする言葉、

「Kotelo（入れ物）」のことだ。

それは、キミにとって愚かな人、あるいは無知な人を表現するための単語だ。私が彼にこの単語を言われたら、どちらかというと後者の定義を選び、何の変哲も無い質問を彼にすることに決めている。私は、いまひとつよく理解できていないのだが、走ることにいったいどんな意味があるのかと。キミにもう少し詳しくこれについて説明してもらうように、けしかける。そもそも操縦席からは前すらまともに見えないのに走る意味は何なのかと。

キミは私にゆっくり視線を移し、説明しはじめる。

「確かに操縦席からはフロントウイングがどうなっているか見えない。でも、フロントタイヤの上縁は見える。一般の乗用車だってフロントグリルがどうなっているのかなんてわからないものだ。ほぼ仰向けの姿勢でいるし、灼熱だから、もちろん操縦が厄介なのは否定しないよ。実際レーシングカートで体が振られたり、動いたりすることに慣れていたから、当初は困惑した。でも、いまとなってはここが自分の指定席なんだ」

キミの話を聞いて、彼と同じように普通ではない別の職業のことが頭をよぎる。クレーンの運転手は高所にある小さなボックスの中に座り、下であくせくと仕事をしている施工業者と無線とモニターを通して連絡を取り合い、仕事をまっとうする。

次に私は、キミがレース中に誰とおしゃべりしているのか知りたくなった。

キミの表情がこう言っている。それは間違った動詞だ。時速３００㎞でおしゃべりなんかしない。

「エンジニア以外とは誰とも話さない。レース中は少しだけど、レースが終われば話は別だ。たくさん話す。だってドライバーたちの務めは、クルマの感触を伝えることだ。チームスタッフは、マシンの挙動を絶えず調べ上げる。テスト走行中やレースウイークのすべてのデータはオンラインルームで閲覧でき、それをマラネロの工場にも繋いで、多くの専門家がデータを監視している。現場にも奴らがいるし、マラネロにも奴らがいる。それを確認の再確認の再々確認と呼んでいるよ」

何が大事なのか、すべて教えてほしい。

「アクセルレスポンス、ブレーキ、サスペンション、ＶＳＡ（車両挙動安定化制御システム）など。タイヤの空気圧は毎回ミリ単位の作業だ。いつかあるエンジニアが、『Close enough（いい線いってる）』と言ってきた。アホな奴だ。この仕事は『Close enough』では済まないんだ」

Ｆ１に馴染みのない部外者にとっては、そのスポーツに関わるすべての事柄に興味が湧く。それは、まったく重要でないことであっても質問してしまうことに等しい。キミの職場であるマシンにはトイレがない、しかもそこで長時間辛い体勢でいることを余儀なくされる。もしなんらかの理由で、本戦や予選の前にトイレに行く暇がなかったとしたらどうするのか、教えてくれないか。

キミはため息をつき、質問に答えるか、それとも愚かな質問が撤回されることになるのか考える。キミは答えることにする。よかった。質問よりも答えの方が面白いものになることが、常にあり得るからだ。

「走行中にはオーバーオールに大きい方が漏れてしまったことはない。でも予選で一時間待機する羽目になった時に、何度かお漏らししたことがある。とは言っても、午前中ずっと水分補給をし続けたあとだから、それはもうほとんど真水みたいなものさ。それに着ているものはフェラーリレッドだから、誰もはっきりと気づきやしない。これまでレース中に下痢をしたことはないから、運がよかったよ」

真面目な話をするならば、ドライバーの栄養摂取と水分補給には、とくに細心の注意を払わなければならない。クルマに乗り込む時点で、すべてのバランスがとれている必要があるし、普通はそうなっている。マーク・アーナルは、ドライバーが何も困らないように、細部に至るまでサポートに徹する。

リラックスムードの休日から次のテスト走行の日へ話を移そう。ピットでは、メカニックたちがむき出しのマシンのまわりであくせくと働いている。カーボンファイバー製のカバーとタイヤなしではマシンは複雑でもつれた金属の塊に見える。その上に赤いカバーを被せて初めて、やっと車体はＳＦ71Ｈのシャシー名を持つレーシングカーらしくなる。

クルマ周辺では同時に８人の赤いスタッフが作業をしており、ひとりひとりにそれぞれの使命が与えられている。彼らには３５００から４０００ユーロの月給に加えてボーナスと日ごとの手当てが支払われる。この組織内には、これほどの給与をもらっていない者もたくさんいるが、誰もがフェラーリで仕事がしたいのだ。誰もが赤の前例を踏襲したいのだ。

私を除いて。

サミが、私たちはピットから出なければいけないと囁く。私は当惑してサミについていく。彼によると、私は他の人たちと統一した服装をしていない限りここにいてはいけない、とフェラーリの上層部から通達があったということだ。赤い上着が私に手渡される。それを羽織り、その後6時間私も前例を踏襲することになる。

冬季テストは、その名のとおりのものだ。横殴りにみぞれが降り、スペイン人らしく言えば寒く、フィンランド人らしく言えば涼しい天気だ。今日走行するかどうかは午後2時にならないとわからない、とチームから知らせが入る。暇つぶしが始まる。フェラーリのブースに人がごった返してくれた方が好都合だ。彼らがキミについて何か話してくれるかもしれない。エスプレッソマシンが音をたて、濃縮されたコーヒーが小さなカップに抽出される。

普通ではないのだろうと思えるぐらい普通の様子の男性が通りすぎる。一般的に組織のトップは人前には出ずに、背後で静かに歩いている人物だ。彼にはオーラがあり、いかにも周囲の者よりも地位が高いことがわかる。

男性はルイ・C・カミッレーリといい、世界最大のたばこメーカー、フィリップ・モリス・インターナショナルの会長であると知らされる。彼が代表する会社はフェラーリの最大のスポンサーだ。この男性に近づかせてもらうことは可能だろうか、とサミに聞きにいく。サミはカミッレーリと面識があり、フェラーリの広報部長アルベルト・アントニーニを通さないとだめだろうと推測する。サミはこの件に関してアントニーニに連絡を取り、あと2時間ほどしたらカミッレーリにインタビューさせてもらえるかもしれないとの知らせを受けた。同時に、前日に約束を取りつけていたチーム代表マウリツィオ・アリバベーネのインタビューをすぐにやらせてもらえるという。

アリバベーネは私の向かい側、広報部長は彼の隣に座る。私がレコーダーを回すと、アントニーニも同様にする。フェラーリはすべてを記録に残す。

チーム代表は、キミに初めて会ったのは、彼がチャンピオンになった2007年だと語る。彼が注目したのは、ここ数年でキミの仕事の礎として何が形作られたかということだった、と言う。「キミはまず話を吟味して、それからようやく話す。そこが他の者と違うところだ」。アリバベーネとキミは相性がいいことでよく知られている。不思議ではない。というのも、この男もじっくりと考えながら話し、できるだけ正確な表現を使おうとするからだ。彼の考えでは、キミはスターでいようとしない。だからこそ彼はスターなのだ。

マレーシアGPで私が気づいたパラドックスが頭をよぎる。キミは自身のファンに対して何もあげないが、それでもファンは多くを得たと感じるのだ。アリバベーネは、ある中国遠征のことを思い出して笑う。

「キミが空港のゲートから出てきた時、何百もの人々が彼を待ち受けていた。彼はサングラスをかけ、黒いリュックを背負っていた。みんな彼が何か言うだろうと待ちわびている。彼は『やあ』と挨拶した」

アリバベーネは、もうひとつのことに言及する。それはキミとチームとの関係においてはっきりと目に見えるようになってきた。つまり、キミには忠誠心があるということだ。こう言うとチーム代表は、あたかも言葉の余韻に浸りたいとでも言うように、しばし口をつぐむ。下り坂でも、上り坂でも、ホームストレートでも、各コーナーにおいても、キミはチーム全員に対して敬虔だった。

ルイ・C・カミッレーリが通りがかり、もうインタビューを始めてもいいぞと視線で促す。これで、もう2時間待つ必要はない。アリバベーネにインタビューの礼を言う。彼の握手は、意思の強さを感じさせる。

話し手が代わり、カミッレーリが話し始める。まず、キミには2006年にパリで、キミのマネージャー、デイビッドとスティーブ・ロバートソンが初めてフェラーリとの契約交渉をしたとき、当時チームの責任者であったジャン・トッドの自宅で初めて会ったと語る。

「キミは頭が切れそうな奴だと感じた。私は、ちゃんと話を聞いてくれる人を好む。私たちは二つの耳、二つの目と、ただひとつの口を授かって生まれてきた。彼はそれらを適切なタイミングで使う」

私は、言い方は違うが、前にもジャン・トッドが同じことを話してくれたのを思い出す。キミは寡黙でシャイだが、率直だ。カミッレーリは、年が経つごとにドライバーとの友情を深めてきたと語る。彼らはカミッレーリの出身地であるニューヨークでアイスホッケーの試合を観戦に行ったことがある。キミはカミッレーリの葡萄園を訪れたこともある。

「彼は人によって態度を変えたりしない。彼は目の前にいるのが社長であろうが清掃員であろうが、誰にでも同じように接する。彼は感情的に優等生だ。F1には横柄さが蔓延しているが、彼にはそれがまったくない」

最後にカミッレーリはキミの結婚式について興味深い詳細について語る。「急にキミが立ち上がりスピーチをした。彼は、その原稿をあらかじめ書いていなかった。本当に心に残るスピーチで、私は感動した。いままで聞いたことがないくらい最も美しいスピーチの中のひとつだ。彼は10分ほど話したと思う」

カミッレーリは次の面会へ向かう時間だ。私は、このひとときに感謝する。黒いサングラスに身を隠したキミが通りかかる。彼は昼寝をするため小部屋へ消えていく。今日は、おそらく1メートルも走行しない。我々は、ここにクルマを走らせに来たのだろうか、それともおしゃべりしに来たのだろうか。今回は後者だ。

LOPPU ON ALKU

［ 終わりは始まり ］

PHOTO : KARI HOTAKAINEN

バール、スイス、2018年4月の終わり。筋肉が骨の周囲に薄い層をなす。汗ばんだ肉体は輝きを放ち、その輝きは粒となって滴り落ちる。肉体は物を言うことはない。それに肉体に意見を求めることもない。

フィジカルトレーナーのマーク・アーナルが、自身の手にぶら下げた数本のゴムバンドの中から、伸ばして最大限効果が得られそうなものを見つくろっている。時刻は11時だ。トレーニングはあと一時間続く。現在キミの体重は最適で、筋肉がこれ以上ついてはいけない。筋肉は重いのだ。いまは上半身と腕を鍛えている。キミがゴムバンドを動かすのと同時にマークがキミの胸ぐらを押す。それを15セット繰り返し、それから別の動きを12セット繰り返す。次は両手に5kgの重りを持ち、両手を横に広げたまま前に持っていく。それを8セット。休憩。床に仰向けになり、ゴムベルトを伸ばすのと同時に骨盤を宙に持ち上げる。それを12セット繰り返す。

キミは肉体を休ませることなく一週間後にアゼルバイジャンへ向かう。バクー市街地サーキットで行われるレースを控えている。あとどれくらい肉体を酷使し続けるのだろうか。それを知る者はいないが、いまキミにとって肉体をいじめることとクルマの爆音を鳴らすのは、快感なのだ。

スポーツ選手が現役を引退するのは簡単ではない。引退するアスリートの大半は人生の真っ只中にいる。先は長い。少なくとも人生の半分が、これから先に待ち受けている。終わりは新しいことの始まり。第二の人生が始まるのだ。

自らの経験を言葉や文章にして人生設計セミナーで伝える者もいる。ただし、キミ・ライコネンが企業の社長が集うイベントで人的資源や身体言語について話すことはない。彼がF1レースを現地で解説するのを目にすることも絶対にない。彼はスケジュール通りの人生を送ってきた。すばやく移動に移動を重ねてきた。F1をやめてからしばらくの間は、彼は何も新しい活動を始めようとはしない。

彼はオイルに両手を浸して生まれてきた。また、彼にはメカニックの魂とオートバイ乗りとしての肉体も備わっている。だから、最も自然な選択肢はモータースポーツだ。しかし何も確実ではない。唯一確実なことは、彼が何も未練を残さないことだ。

「この仕事を引退するのは難しいことだとは個人的に思っていない。このスポーツにつきものの転戦の日々と無駄口に終止符を打てたら、どれだけ気が安らぐことか。クルマを走らせること自体は最高だけど、その他の雑用はもううんざりだ」

その声からは揺るぎない決意と対決的な姿勢が聞き取れるが、声に覇気がない。

いま彼の日常生活はF1のコース上よりも様々なことが起こっている。3歳のロビンと1歳のリアンナは、F1よりも急成長を見せている。ロビンが新しい言葉を覚えるたびに、その場に居合わせることができればいい。リアンナが歩き始める頃には、父は金曜日のフリー走行後のインタビューで首筋を揉みほぐしながら、苛立ちを隠しているかもしれない。

キミは引退後、何をするかを決めていない。ただ、これだけは絶対にしないというものは決まっている。

ヘルシンキ北方ヒュヴィンカー、２０１０年10月5日。午前3時、モトクロスのプロライダー、アンティ・ピュルホネンの電話が鳴った。受話器の向こうにいるのはキミ・ライコネンだ。ピュルホネンはライコネンの活躍を初期のころからずっと見続けてきた。そんな彼には、いつかライコネンに会う日がめぐってくるだろうという予感があった。そうは言うものの、電話に出てすぐは、自分の耳を信じることができなかった。電話をかけてきたのは、まぎれもなくライコネン本人だ。そして、お会いできたら嬉しいのですが、と面会を希望してきたのだ。ちょうどライコネンは、自分自身のモトクロスのレーシングチームを設立しようとしている。ピュルホネンは、ぜひお会いしましょう、日時はいつ頃がよろしいでしょう、と聞き返す。ライコネンは、いますぐ、と要望を伝える。ピュルホネンは、てっきりキミがエスポー市から電話をかけているものと思った。しかしキミは、いまスイスの自宅にいるのだそうだ。ピュルホネンが一ヶ月くらいあとであれば行けると思います、と言うと、すぐに来てもらいたいと望むキミは、いますぐ、つまり今日、または、明日中に、と急かす。いまは、いったい夜中の何時だ。時計を見ると、今日はもう明日になっている。そしてピュルホネンは、すぐに行きますとキミに伝えた。

「まるで何か夢を見ているようだったよ。その頃ひどい怪我をして、リハビリをしている最中だったんだ。自宅のあるヒュヴィンカーの中心部から出発し、１枚だけ手元にあったCDを持っていこうかどうか考えた。それはフィンランドの有名なタレント、ベサ＝マッティ・ロイリの『Hyvää puuta（良い木）』という、リハビリ中に本当にお世話になったCDだった。卓球をしながら、それを聴いていたんだ。出発しようとする時にはCDを手にしていたが、結局は家に置いてきた。キミのところへ向かうのは、どきどきした。スイスではキミが出迎えてくれ、気さくに挨拶してくれた。『やあ、アナ』。そして一緒に大きなソファに腰かけた。キミはYouTubeをスクロールして、ロイリの『Hyvää puuta』を再生したんだ。まさか、こんな偶然があるはずはないと思った。コーヒーを飲みながら話し合った。そしてキミは、下の階で卓球を一試合しようと誘ってくれた。その時、いよいよこれは本当に何か運命的なものがあるな、と感じざるをえなかった。彼とは以前から知り合いだったような、そんな気分になったんだ」

この出会いは、のちほどキミがピュルホネンに電話をかけ、ベルギーにあるアイス・ワン・レーシングチームの指揮をとってくれるように頼むことに繋がった。ピュルホネンは２０１２年の秋から、このチームの代表を務めている。さらに彼はキミの娘リアンナの名づけ親になった。

イタルジェット社製の子ども用オフロードバイクに初めて跨ったとき、キミは3歳だった。それから36年後のいま、彼はモトクロスチームを所有している。人生の歯車が一周回って、昔のような軽快なバイク音が響く。

アイス・ワン・レーシングのチームでは初めから、キミはピュルホネンと二人きりで何もかもすべてを計画させてもらえることになった。彼らが「ワークショップ」と呼ぶ本拠地は、ベルギーのロンメルに位置する同名の建物にある。それは最初から最後まで、練りに練られて作られた結晶だ。２５００平米の敷地は現代的で、臨床的な結晶でもある。と言うのは、保険の確認を担当した職員の報告書によると、そこはまるで病院のようで、床に落ちたものを食べても平気なくらい非常に綺麗で清潔なのだという。キミの完璧主義は、この建物に具現化されている。無頓着な道楽心の対極には、極度な正確さと調和への憧れがある。

アイス・ワン・レーシングは、モーターサイクルメーカーとして有名なハスクバーナのマニファクチャラーチームで、モトクロスの最高峰モトクロス世界選手権（ＭＸＧＰ）に参戦している。チームは、これまでマニファクチャラー世界選手権で銀メダルを一度、銅メダルを二度獲得している。このチームには、ライダーを含め15名のスタッフがいる。

ピュルホネンによるとキミはすべてにおいて正確で、決断が早く、この競技について非常に詳しい。二人は考える方向性が同じで、決定を下すのが楽だ。しかしピュルホネンは、キミがこの先チームの運営だけで満足するとは思っていない。

運営だけで満足しているか、と聞かれてもキミは答えにつまる。つまり、満足ではないということだ。Ｆ１を引退したら、何が起こるかわからない。

ただし、明らかなことがある。その何か新しく始めることが独自のもので、情熱を持って向き合うことのできるものでなければならないということだ。キミは、中途半端なことは何ひとつしたくないと思っている。すでに彼は、家族と過ごす時間の優先を理由に引退を表明した元Ｆ１ドライバー、ニコ・ロズベルグをこのように評している。

「あれは、かっこいいスピーチだった、と思うよ。でも彼はいま、ピット周辺に立ってレースに関わっている。この世界から抜け出したいと言っておいて、それはないよ。理解できない」

キミは少なくとも二つの分野に関心を寄せている。プランニングとマーケティングだ。後者の方は、自身の仕事を通して、ずっと間近で見続けてきたものだ。

「何か、全面的に関わり、自分が影響力を与えられるようなことに、確かに興味があるよ。ただ、店頭販売みたいにオイルの入ったボトルを片手に持って、このオイルは冬場は最高に使い勝手がいいんですよって商品を褒めちぎる、みたいなやつじゃなくてね。または、レーシングスーツを着てショッピングセンターの一画に立って、こちらはすごいシャンプーなんですよってマイクに向かって言ったりとか」

キミは中国GPでフィンランドの飲料メーカー、ハートウォールの代表者たち、そして中国や日本の提携先の企業の人々と面会した。話し合いのテーマは、アジアでキミを広告塔にして売り込むアルコール飲料についてだ。まだ未発売の国々で、その商品をどのようにマーケティングすべきかをキミが語る。その個性的な伝え方に、その場にいた人々は驚きの表情を見せた。このミーティングで彼はマーケティング用語を使わず、率直に意見を述べた。それは聞き手に好意的に受け入れられた。キミが実際にドリンクを売ろうと自ら先頭に立って動き、段ボールのパネルの前で缶を手にして突っ立っているだけではないのだ、というように、この場にいた関係者に理解されたのだ。

私は、キミとフェラーリの自動車工場を訪問した時のことを思い起こす。キミは製造ラインの作業工程と工員たちの手作業に興味を示していた。彼は、自身が購入した自動車を他のスタッフと一緒に組み立てる様子を撮影したビデオを編集しようかと計画していた。

「自家用車の改良。それだったら、表に出なくても裏方で一緒に関われると思う。車の点検をすることもできるだろう。それに関しては、ある程度の自分の経験を活かせるからね」

キミは自身のキャリアの終わりを心配していない。なぜそのことばかり気に留める人たちがいるのか、彼には理解できない。これまでに多くの者が彼に、レースをやめたら退屈な人生が待っているかもしれない。いまのうちに楽しんでおきなさい、と声をかけにくる。

「何を言ってるんだろう。いまだって、どこへも行かずに一週間家でじっとしていられる。それを楽しんでる。24時間ずっとF1のことを考えてばかりはいない。メキシコGPのとき、ばったりNASCARを4度制したジェフ・ゴードンに出くわした。ちょうど彼は引退したばかりで、完全に失望しているように見えた。明らかに未練が残り、引退したことを後悔してばかりいた」

バール、自宅の庭。プール。キミは助走をつけ、おもちゃの大きなボートを飛び越え、水しぶきを上げて水中へ飛び込む。ミントゥはジャンプをビデオで撮影する。30分後、その映像はキミのインスタグラムにアップされている。アカウントには現在、約70万人のフォロワーがついている。この触れ合いのために、キミは家から一歩も出る必要がなかった。一言も発する必要がなかった。今後キミの将来がどうなるかは定かではない。今後の彼もフォローしてもらいたい。

ISÄ, KUKA OLET?

［ ねえ、パパは何者なの？ ］

ニューマシンが1月30日にお披露目される。新しい家族を迎える日も、同じ頃になる予定だ。新車発表の立ち会いに向かう前に、父親がその瞬間に立ち会えるよう新しい命のエンジンを先に始動させる。急がなければ。

分娩誘発の処置がとられる。なかなか産まれてこない。吸引カップを取り出し、分娩を補助する。吸引カップが鈍い音を立てる。その音のあとに新しい命が顔を覗かせ、産声をあげる。喜び、安堵、幸せ。スイスに、そしてこの世界に、新しい家族がお披露目される。

しばらくして、産まれたばかりの家族の肌が黄みがかっていることに気づく。この見慣れない肌の色は、ビリルビンという名の物質が血液中に増加しておこる黄疸だ。心配はいらない。新生児は、青い光の灯ったボックス状の専用ベッドに寝かされる。黄みは、青あざが消えるころに現れる。この青あざは吸引カップを使用した際にできたものだ。父親は、ボックスに開けられた狭い穴から腕を差し入れ、我が子の手を握り、気を落ち着かせようとする。心配ごとの連続が、父親を父親たらしめるのだということを彼は想像だにしていなかった。

最終的に黄みが消え、赤ちゃんは本来の肌の色を取り戻す。ニューマシンと対面するために出発する。今度は赤色のクルマだ。

新米パパとママの二人にとっては、すべてが新しく、怖いことだらけだ。欲しいものを大人が与えてくれるまで、赤ちゃんは何か特別なことをする必要はない。食事、愛、温かさ。赤ちゃんは身動きがとれないけれど、赤ちゃんを中心に家が動いている。

しばらくして、父親が赤いマシンを試しに旅立つ時が来た。旅から戻れば、もうどこへも行く気分にはならないだろう。クルマはさほど代わり映えしないが、赤ちゃんは日々変わっていく。パパとママは赤ちゃんに四六時中試される。赤ちゃんの発する、どの声もパパとママの耳には十倍の大きさとなって響く。クルマも唸り声をあげて鳴り響くが、それは抑えが効く。食事と寝かしつけで赤ちゃんも泣きやますことはできるが、それでも泣きやまなかったら、あとはクルマと違って理由を推測するしかない。赤ちゃんは、まだパパが家を空ける理由を何も知らない。ただし、パパがいないことは薄々感じている。もう1年もしたら反応をみせるようになる。

赤ちゃんは男の子で、ロビン＝エース・マティアス・ライコネンと名づけられた。現在ロビンは3歳、いま彼は父親に対して、ご立腹のようだ。とくに父が長い遠征から家に帰って来たあと、ロビンは2、3日は虫の居所が悪い。この健やかな男の子にとって、いま何が一番大切なのかはっきりしている。パパがおうちにいなきゃダメなのだ。地球の裏側で、ぐにゃぐにゃのサーキットをクルマで走ってるなんて嫌だ。

この部屋に座っているのは、F1レーサーではない。キミの視線はコースではなく窓に向いている。しばし緑の生い茂った外の景色へ目を向け、これまでのロビンの人生の歩みを思い返す。

「何も問題はないか、何か自分にできることはないか、この赤ん坊に触れても平気なのか、そんなことが気になって仕方がない。服すらまともに着せてあげられないよ。だって体が壊れてしまうような気がしてね。壊れるわけないのに。最初は寝ていてくれたら楽だと思ったけど、その時はその時で、ちゃんと息をして寝ているか、気になって耳をすませて確認してしまう。それに、彼が寝返ってうつ伏せにでもなったら、今度は息ができないんじゃないかと気になってしまう。ロビンがちょっと大きくなってからは、こんなにびくびくすることも少しずつなくなった」

レース期間中は、家にいてくれるミントゥを頼って何も心配する必要はないが、家を空けてばかりいることに後ろめたさを感じてた。

「家族が暮らす家に一緒にいたいだけなんだ。それが一番大事なこと。子どもと何をするかじゃない。うちの家族は、みんながモータースポーツに明け暮れていたから、小さな頃からいつもみんな一緒だった。きっと、そこにも理由があるのだろう」

ロビンが生まれたとき、キミは36歳だった。それは彼にとっては、ちょうどいい年齢だった。キミと前妻イェンニ・ダールマンは正式には10年間結婚していたが、その間には子どもをつくろうなんて考えることとじたい無理があった。

「何かにつけて意見が対立することが多くて、子どもをつくるなんてことを考える余裕なんてなかった。それに、子どもがいることで夫婦関係が修復されることもない。そもそも子どもが生まれてこられるような環境が、まったく整っていなかった」

以前の結婚生活についても前妻のイェンニについても、キミはこれ以上は話したがらない。二人が出会ったとき、イェンニは19歳、キミは21歳だった。二人が結婚したのは２００４年、正式に離婚が成立したのは２０１４年だ。気持ちの上では、もうそのずいぶん前から婚姻関係が破綻していた。

キミは現在二人の子どもの父親であり、すでに、自分が親であることを十分自覚している。子どもを授かるのは、取り返しのつかない出来事だ。それは、自分で勝ち取ったグランプリの優勝やタイトルとは話が違う。そのような業績は、年月を経るにつれて色あせてしまう。子どもたちは、色あせずに瞳に映る輝きのようなもの。人生を明るく照らし、平凡な日常を感情豊かなものにしてくれる。

「ロビンが僕の足にしがみついていると、後ろ髪を引かれる思いになる。罪悪感にだって苛まれる。でも、嬉しい面だってある。一、二週間家を離れていると、一緒にいると気づかないような子どもたちの成長が手に取るようにわかるんだ」

人生は気分次第で、どのようにでもなる。決まった方向があるわけではない。業績、名声、名誉。素晴らしいと思うことも、瞬く間にどうでもよくなってしまうことだってある。これまでキミは多くのことを成し遂げてきた。彼には当然、名声や名誉、そして富など特筆すべき業績が数多くある。その一方で彼は、ここ数年の間に大切な人を三人失った。父マッティ・ライコネンが２０１０年12月22日に他界し、マネージャーのデイビッド・ロバートソンが２０１４年2月5日に逝去した。そして医師であったアキ・ヒンツァは２０１６年11月15日に、この世を去った。

業績は本質を皮で覆い隠し、喪失は皮を剥き本質を露わにする。いまキミには家族がいる。子どもたちは、パパはどこなの、と聞く年齢だ。まだ面と向かって、パパは何者なの、とは聞いてこない。人を形づくるのは、その人の行動、言葉、仕草、そして他者との相互関係だ。人は他人がどんな人物なのかを言葉で伝えることができるが、その際その声の中には真面目に受け取ってはいけない何かが常に存在している。最終的な人のイメージは、他者からの伝聞によって生まれる。だからと言って、あなたはどんな人ですか、と本人に直接聞いていけない理由はない。

ある質問をされると、キミはソファにさらに深く沈みこむ。答えられないのだ。誰もが答えに窮する質問をしているわけではない。それに答えられないとしても、少なくとも誰でも答えようとする。自分自身のことを正確にわかっていると言う人は、嘘をついている。もしくは、自分をよく見せようとしているか、はたまた自分を演じている。自分自身のことを把握できるのは、ある程度までで、完全に知ることはない。

キミ・ライコネンさん、あなたがどんな人物だとご自身はお考えですか。

「それは、誰か他の人から聞くべきだろう。言葉にするのは、厄介だ。自分がどうであるかってことには、関心がないんだ。誰でも、どうしようもない奴になる時がある。常にまともな奴だったら、それは何かがおかしい。誰かの意見に反対すれば、その人は即刻どうしようもない奴だと烙印を押される。意見を聞かない奴らの方こそ無能な奴で、そんな奴に限って自分の意見を持っていない、どうしようもない奴なんだ」

ロビンがドア付近に姿を見せ、部屋を覗き込み、くすくすと笑う。パパがおじさんと、二人の間にある小さな箱に向かって話している。ロビンはおしゃべりにも、その箱にも興味がない。遊びだったら面白いと思える。ロビンはドアのところからフィンランド語と英語が混じった文を叫ぶ。その内容は、はっきりしている。もうおしゃべりは、おしまいにしてよ。

ロビンは、キミの頭の中をお父さんモードに切り替える。

「兄のラミは、父親の鏡だ。彼の爪の垢でも煎じて飲みたいぐらいだ。彼が子どもたちとどう接しているのか、いつも観察している。彼はいつも子どもたちといて、どんなことでも一緒にやるんだ。半分でいいから彼のように子どもたちと接することができれば、満足なんだけど」

キミが一向に自分について話す気配もないので、ここで私は彼の友人についてのあるエピソードを話すことにする。ジノ・ロサトは、「ミスター・フィックス・イット（まとめ役）」の異名を持つ、謎に包まれた元フェラーリのセキュリティ担当ディレクターだ。しかし、ここで注目したいのは彼がロビンの名づけ親であり、キミとすでに12年も親交があること。ジノはカナダ系イタリア人だ。カナダ出身だが、現在はイタリアのマラネロの近くに住んでいる。カナダGPのたびにキミが、モンオリオールから25㎞離れたラヴァルに住むジノのお母さんを訪れてくれた、とジノは話す。自身の訪問がジノの母にとって大きな意味をもつことをキミは知っていた。ジノによると、F1の世界では、多くの者が次第に仕事上の付き合いを優先するようになる。キミは絶対に自分の利益のために人と付き合ったりはしない、とジノは言う。

彼はどうしようもない奴らについては何も言及しないが、キミが行う人物描写は説得力がある。これに関連しては、アメリカ合衆国の元国務長官ヘンリー・キッシンジャーの逸話を引き合いに出す必要がある。国務長官は、ある事柄の背景が知りたいと考え、情報を集めるよう数人の秘書に頼んだ。秘書たちは頼まれた仕事をこなし、集まった情報が記された書類をキッシンジャーに差し出した。彼は書類を見て、こう言い放った。「私には事実を語らないでくれ、事実が何を意味するのか語ってくれ」

キミの場合、事実は年間約140日にも及ぶ遠征を18年続けているということだ。その日数を合計すると7年ほどになる。この事実は何を意味しているのか。それは、彼が長期間自宅に滞在できず、帰宅したと思ったらすぐに仕事へとんぼ返りする生活を送ってきたことを意味する。同時に精神状態に悪影響を及ぼす可能性を示唆している。神経器官が完全に休まることなく、スーツケースの中身をすべて洗濯機に放り込み、乾いたら服をたたんでスーツケースへと戻す。この慌ただしい状態に人が置かれると、怒りっぽくなり、非常に無愛想に振る舞ってしまいかねない。彼がどうしようもない奴になってしまい得るのだ。少なくとも一時的に。少なくとも外の世界に対して。そして時には、大切な人たちに対しても。

キミが、どこにも出かけなくてもいい時間を恋しがるのも当然だ。

いまのところ、私たちが把握していることは、キミは心の温かい人であり、どうしようもない奴でもある。彼は子ども好きで、ユーモアのセンスがある。もしそれを聞いた人も同じようなセンスを持っているならばの話だが。我々は、自分自身のユーモアが世界中で通用するとは、間違っても思っちゃいけない。

彼を形容する他の言葉はなんだろうか。

寡黙で内気、そして率直な奴だ、とフェラーリの前チーム代表であり、ＦＩＡ現会長であるジャン・トッドは言う。

面白く、愛しい人、とミントゥは言う。

レースで起こったことを騒ぎ立てない人、とセバスチャン・ベッテルは言う。

大きい人、知ってる人、抱っこしてくれる人、とリアンナは思っている。

神経が図太い奴、そうでなければチャンピオンは夢のまた夢だった、とジャン・トッドは言う。

自分がスターだなんて、一度も思ったことすらない、と彼自身は言う。

キミは何が嫌いなのか聞いてみよう。

「まあ、たとえば電話だね。その9割は、何の用事もないのにかけてくる。90年代は固定電話だったから、むしろ用事がなければかかってこなかった。例えば、一緒に出かけようかと真面目に誘われた。当時は、軽い思いつきで電話をかけることなんてなかった。そういうこともあって、もう何年も携帯の着信音を消している。電話に出る気になれないよ。だって、こっちは変わったことはないけど、そっちは最近どうなのなんて聞かれてもさ」

なるほど。電話で遊びましょうってことだね。

キミは、どんな家庭で育ったのだろう。

人は生まれる時、家族を選べないし、交換することもできない。金のスプーンを口に運ぶ家庭に生まれてくる子もいれば、レンチ片手に汗まみれに働く家庭に生まれてくる子もいる。人生の出発点は忘れ去られ、地平線に消え去ってしまうが、時に、はっきりと育ちが表に現れ出てくることもある。キミの後ろポケットから、わずかにレンチが顔を覗かせている。これだって安っぽい比喩ではないが、彼のすべての行動や発言、そして動作から、彼がどんな家庭で育ったのかを読み取ることができる。

かつてマクラーレンのチーム代表ロン・デニスが、キミを秘密裏に再びチームに迎え入れようとしたことがあった。しかし、不発に終わってしまう。四角い積み木は、丸い穴におさまらなかったのだ。顔が歪んでいるなら、鏡を咎めるな、と昔から言うが、おそらくF1の世界では、鏡の方が最初から歪んでいる、と思った方がいいかもしれない。F1では、時として大金と薄汚さが固い握手を交わす。エスポー市カウフスオ出身の油まみれのレーサーが、レースを離れた華やかな社交の場で孤児になった気になるのも無理はない。

キミが誰か同じ境遇の人からカウンセリングを受けたいと望むならの話だが、ローリング・ストーンズのドラマー、チャーリー・ワッツに話を聞いてもらうのがいいだろう。彼は、ローリング・ストーンズでドラムを53年間叩き続けてきたが、その知名度と栄光に対して自ら距離を置いてきた。彼はブルースで演奏を始め、2年かそこらで終わると思って加入したストーンズで、またドラムを叩いた。今度はオーケストラでドラムを叩いている。このドラマーは、いったい自分がここで何をしているのだろうか、といまだに時々不思議な気持ちに苛まれる。オーダーメイドの服を身に纏ったワッツは管楽器の後ろに陣取り、ジャズの構え方でゆったりとしていながらも正確なリズムを刻む。ただひたすら、ドラムを叩きたい一心でここまできた。

キミも自身の前に開けた世界を目の当たりにして、何度となく我が目を疑ったに違いない。その世界で彼はステアリングを寸分違わぬ正確さで切り、クルマの挙動を正しく見定めることでコーナーを曲がってきた。ただひたすらクルマを運転したいという一心でここまできた。

「自分がレースで走る前は、一度も直接目の前でフォーミュラを見たことさえなかった」

自分自身がどんな人間なのかよくわからないならば、何をするのが好きかぐらいは教えてもらいたい。人の本性は行動にも表れるものだ。

「手を動かすのが好きだ。修理をしたり、装置を取りつけたり。組み立てたり、設計したり。どこかが壊れていたら、それを直す方法を結構早く考え出せるよ」

サミ・ヴィサがいつか語った、昨年のバルセロナテストの走行日のエピソードが記憶から蘇る。キミは、フェラーリのトラックのトイレが壊れていて使えないことに気づいた。彼は、修理するための工具をスタッフに借りに行った。スタッフは怪訝そうな顔を見せるが、チームのスター選手に何か腕よりも長いものが手渡された。調べているうちにキミは、自身の船にも同じような仕組みがあることに気づいた。トラックの下に潜り込み、あっという間にトイレを修理してしまう。スタッフは、唖然とする。

つまり、キミは器用だ。そして、饒舌だ。しかし、いま言葉が途切れがちになってくる。

ロビンが再びドアを開け、父親を見る。彼は何も言い出せないが、父がロビンの表情を見て察する。そろそろ寝るとしよう。

翌朝、キミは遅くまで寝ている。ロビンはもう目を覚まし、ミントゥの膝の上で静かに座っている。そして彼はフィンランド語と英語の混ざった言葉で何かを言って、床の上へ飛びおり、廊下に行ってミニカーを走らせる。ロビンは何をしているのかを実況中継する。その言葉と行動は一致している。

キミ・ライコネンの言葉

キミ・ライコネンは、寡黙な男だ。当然、記憶に残るような言葉は多くない。その反面、回答を求められると不用意に、しかも、ずけずけと物を言ってきた。そうした言葉が「キミ語録」として扱われている。そもそも意図的にそうしようとしたわけではない。これらの語録は、慌ただしさのなか、そして多くの場合は、面倒と思える時に口を衝いて出てきた戯言や口実に過ぎない。苦しまぎれの言葉のようなものだろう。しかし、言ってしまったことは、もう取り返しがつかない。インターネットやYouTubeで世界の果てまで拡散してしまうのだから。

「ほっといてくれ、なにをすればいいかは、わかっている」というキミ語録だって、人里離れた静かな森小屋で熟慮を重ねて生まれた発言ではない。あくまでそれは２０１２年に行われたアブダビGPでレースエンジニアに発した、競技中のドライバーからポロッと漏れたぼやき、つまり短気で経験豊かなレーサーがついた、ため息に過ぎない。レースが終わればドライバーとエンジニアは遺恨を残さず、むしろ当の本人たちは会話したことすら覚えてはいない。このスポーツでは、仕事仲間と二人だけで交わされた会話ですら世界中に広がってしまう。そして、消すことのできない刺青のように、彼の言葉として永遠に人々の記憶に刻まれてしまう可能性があるのだ。

このボーナス・トラックには「キミ語録」が、いくつか集められている。彼が誇りに思う発言もあれば、触れられたくない失言もあるかもしれない。ただ、こればかりはもう取り返しがつかない。

「報道陣がいないＦ１は、楽園だろう」

「雨が降ろうが降るまいが、まったく一緒だ」

――ラリーとＦ１の共通点は？

「どちらも、ステアリングを使って操縦することだ」

「まわりに自分がどう思われているかなんて、興味ない。ミハエル・シューマッハーじゃないんだから」

キミは、あるセレモニーを見る機会を逃してしまった。その式典では、サッカーの神様ペレが、Ｆ１引退レースを目前にしたミハエル・シューマッハーに記念トロフィーを手渡した。セレモニーの様子を伝えていた司会のマーティン・ブランドルは、生放送でキミに欠席の理由を尋ねた。

「トイレで、きばっていた」

――多くのドライバーがヘルメットに対して何らかの儀式を行っていますが、あなたには何かそのようなものはありますか。

「ヘルメットを拭いているよ。前が、よく見えるように」

「イタリア語を学ぶために語学学校に行くつもりなんてないよ。そんなことをしにフェラーリへ来たんじゃないんだから」

――終わったばかりのレースウイークで、最高の瞬間は？

「スタート」

――最悪の瞬間は？

「これ（インタビュー）」

ホッケンハイムの予選後、キミが受けた質問「タイヤの感触は、どうでしたか」

「普通に回っていたけど」

――あなたは、よき隣人であると思いますか。

「もちろん。仕事で、家にいることはほとんどないからね」

グランプリ初優勝を果たしたルイス・ハミルトンが喜びのあまり、優勝はセックスよりもいい気持ちだと感想を述べた。記者が、そのことについてキミの意見を求めた。

「たぶん、彼は童貞なんじゃないかな」

――今回の結果に満足していますか（ライコネンは入賞圏外だった）。

「あなたは、そうだと思う?」

――フィンランドでは、どんなことができますか。

「そうだな～、夏は魚を獲ったり、女を抱いたりできる。冬は魚を獲るには不便な場所さ」

――何か趣味はありますか。

「木の実を集めている」

「まぁどうなるか、様子をみるとしよう」

記者に翌日のレースについて尋ねられると、口癖のようにキミは、この言葉を繰り返す。

――KERS（運動エネルギー回生システム）を、どこで使うつもりですか。

「あのコースで」

――初挑戦となるニコ・ロズベルグとスコット・スピードに何かアドバイスはありますか。

「きちんと道を譲ってくれることを願ってるよ」

「レースは紙の上で、してるわけじゃない」

シーズン開幕前に、減量について聞かれるキミ。

「さあね、体重計を持ってないんだ」

――5番グリッドからスタートするのは、どのような気分ですか。

「それは5番目のグリッドからスタートする気分だ」

「コーナーの途中で話しかけないでくれ!」

2009年マレーシアGPのフリー走行で、無線を通してフェラーリのレースエンジニアに放った言葉。

「わかった、わかった、もう、わかったって。タイヤでしょ。いちいち言わなくていいよ!」

2012年アブダビGPにて、ロータスのレースエンジニアからの無線に応答するキミ。

バクー市街地コースの2017年アゼルバイジャンGP。キミが赤い旗の掲げられたピットから戻ってくる。万事順調だ。ステアリングが外されたまま見当たらないことを除けば。ステアリングを携えたクルーがキミのクルマの横に駆け寄るが、どういうわけか、すぐにフィンランド人へ渡そうとしない。キミが叫ぶ。

「ハンドル、ハンドル! おい、おい! ハンドル! ハンドルを寄越すよう、みんなから言ってくれ! 急いで!」

KIMI RÄIKKÖSEN URA

1988-2018

キミ・ライコネン　これまでのキャリア

1988 ― レーシングカートを始める。１９９１年から本格的なレースに参戦

1991 ― レーシングカート　ミニ・クラス

1992 ― レーシングカート　ＲＪクラス

1993 ― レーシングカート　ＲＪクラス／フィンランド・カップ9位

1994 ― レーシングカート　ＲＪクラス／フィンランド・カップ2位

1995 ― レーシングカート　ＦＡクラス／モナコ・カップ4位

1996 ― レーシングカート　ＦＡクラス／フィンランド・チャンピオン
欧州選手権／世界選手権／北欧選手権

1997 ― レーシングカート　ＦＡクラス／フィンランド・チャンピオン　国際Ａクラス／北欧シリーズ優勝
欧州選手権／ＳＡ2位／モナコ・カップ3位／ＦＳＡ世界選手権

1998 ― レーシングカート　ＦＡクラス／フィンランド・チャンピオン　国際Ａクラス／北欧シリーズ優勝
欧州選手権／ＳＡ2位／モナコ・カップ3位／ＦＳＡ世界選手権

1999 ― レーシングカート　ＦＡクラス／フィンランド・シリーズ2位　ＦＳＡ世界選手権10位
フォーミュラ・ルノー　ヘイウッド・レーシングから初参戦／３位
フォーミュラ・ルノー・ウインター・シリーズ／優勝

2000 ― 英国フォーミュラ・ルノー２０００シリーズ　マノー・レーシングから参戦／優勝
フォーミュラ・ルノー２０００ユーロカップ

2001 ― Ｆ１世界選手権　ザウバー・ペトロナスからデビュー／ドライバーズランキング10位

2002——F1世界選手権　マクラーレン・メルセデスへ移籍／ドライバーズランキング6位
2003——F1世界選手権　マクラーレン・メルセデス／ドライバーズランキング2位　マレーシアGPで初優勝
2004——F1世界選手権　マクラーレン・メルセデス／ドライバーズランキング7位
2005——F1世界選手権　マクラーレン・メルセデス／ドライバーズランキング2位
2006——F1世界選手権　マクラーレン・メルセデス／ドライバーズランキング5位
2007——F1世界選手権　フェラーリへ移籍／ドライバーズチャンピオンに輝く
2008——F1世界選手権　フェラーリ／ドライバーズランキング3位
2009——F1世界選手権　フェラーリ／ドライバーズランキング6位
2010——F1活動を休止し、世界ラリー選手権（WRC）に参戦／ランキング10位
2011——世界ラリー選手権／ランキング10位
NASCARスポット参戦／トラック・シリーズ15位　ネイションワイド・シリーズ27位
2012——F1世界選手権へ復帰　ロータス・ルノーGP／ドライバーズランキング3位
2013——F1世界選手権　ロータス・ルノーGP／ドライバーズランキング5位
2014——F1世界選手権　フェラーリへ復帰／ドライバーズランキング12位
2015——F1世界選手権　フェラーリ／ドライバーズランキング4位
2016——F1世界選手権　フェラーリ／ドライバーズランキング6位
2017——F1世界選手権　フェラーリ／ドライバーズランキング4位
2018——F1世界選手権　フェラーリ／ドライバーズランキング3位（2018年9月15日時点）

KÄÄNTÄJÄN JÄLKISANAT

訳者あとがき

著者カリ・ホタカイネン（Kari Hotakainen 一九五七‐）は、実に大胆な男だ。彼がキミ＝マティアス・ライコネン（Kimi-Matias Räikkönen, 一九七九‐）の伝記を執筆中であると知ったフィンランド国営放送（ＹＬＥ）の記者が彼にインタビューを試みると、彼はあっさりこう答えた。

「Ｆ１にはまったく興味がないんだ。そもそもレースを最後まで見たことがない。キミについて本を書き終えても、Ｆ１に関心を寄せることはない」

　ホタカイネンのこの不敵な物言いは、彼の作家としてのスタンスを如実に物語っている。簡潔に言えば、彼は事象それ自体にはまったく興味はないのだ。あくまで彼がこだわったのは物事の本質であって、その風刺画のような文体に浮き彫りにされる本来の人の姿は、自然と現実味を帯び、読者の胸に刻まれる。

　一方、本書の主人公キミ・ライコネンは、言わずと知れたＦ１ドライバーだ。寡黙さゆえに、有名でありながら知られざる一面を併せ持つ人物でもある。無愛想とも思える彼のインタビューに答える姿。形式的な質問にうんざりする彼の意志そのものだ。それゆえ本書の企画が話し合われた際も執筆は蘊蓄を持たぬ部外者、つまりモータースポーツと関わりのない作家に執筆してほしいと要望を出している。

物事の本質を描きたい著者と物事の本質を伝えてもらいたい主人公。本文中にある言葉を借りるならば、「私には事実を語らないでくれ、事実が何を意味するのか語ってくれ」。まさにこれに尽きる。その意味でカリ・ホタカイネンとキミ・ライコネンの出会いは必然、もしくは偶然が効率的に物事を動かしたかのようだ。

さらに本書を、キミの本性を知りたいと望む読者が取り囲む。それを物語るように本国フィンランドでは発売後すぐに本書は完売となり、すでに重版が決定している。著者と主人公、そして読者がサーキットのように円で繋がれた。その意味でも、誰もが待ちわびる一冊だ。

さらに、この本には色がある。フェラーリの赤ではない。本書を彩るのは、キミの家族、両親、友人、仕事仲間による数々の証言だ。これらの人々の協力がなければ、本書はぼやけた平凡な作品で終わっていたかもしれない。

なお、本書はキミ・ライコネンの伝記としてではなく、あくまでも著者が希望するように「自動車整備士になっていたかもしれないモータースポーツ選手の物語」として読んでいただきたい。キミの未来は、まだ開けている。実際、彼がザウバーへ移籍することも決まった。まだまだ先がある。

彼の天性の速さに今後も期待したい。

本書の翻訳は、序文から十章までを五十嵐淳が、十一章から十六章までを和泉由紀が、十七章からボーナストラックまでを川合遥香が担当した。翻訳にあたり、セレ・アイラスヴィルタ、トニ・トゥオミネンに助言をいただいている。最終的に本書全体を五十嵐が監訳し加筆修正を施した。登場する人名、その他の固有名詞は、定訳で表記している。あらかじめご了承いただきたい。

最後に本書の出版に関して株式会社三栄書房オートスポーツ編集部の皆様、とりわけ水谷素子さんの存在なくしては、完訳に辿りつかなかった。校正およびその他の作業を適切な方向へと導いていただいた。加えて翻訳作業を支えてくれた五十嵐由紀子・仁希さん、その他多くの方々から各分野に関する助言をいただいた。この場を借りて協力してくださったすべての皆様に心からお礼を申し上げたい。

二〇一八年九月

訳者を代表して　五十嵐　淳

■著者

カリ・ホタカイネン（KARI HOTAKAINEN）

1957年生まれ。フィンランドの現代文学を代表する作家。出版社などで編集者を経て作家へ転身。詩、小説、児童書、舞台脚本など幅広く手がける。本書は、初めてのノンフィクション作品となる。

■訳者

五十嵐 淳（いがらし じゅん）

フィンランド国立タンペレ大学人文学部フィンランド文学科卒。同修士課程修了。専攻はフィンランド文学。語学講師（ディラ国際語学アカデミー、慶応義塾志木高等学校など）や翻訳者を務めるかたわら、フィンランド文学研究家として執筆を行っている。フィンランド文学関連の著作にPetja Aarnipuu 編『Kalevala maailmalla（世界での『カレヴァラ』-翻訳の文化受容史）』（共著／SKS／2012）、訳書にトゥーラ・カルヤライネン著『ムーミンの生みの親、トーベ・ヤンソン』（共訳／河出書房新社／2014）など。

和泉 由妃（いずみ ゆき）

フィンランド在住。モータースポーツの仕事に携わるかたわら、フィンランド語の通訳・翻訳ならびにフィンランド国内のコーディネーターとしても活動。

川合 遥香（かわい はるか）

フィンランド国立ユヴァスキュラ大学教育心理学部教育学科学士および修士課程在学中。主専攻は特別支援教育（フィンランド語による教員養成課程）、副専攻は幼児教育およびフィンランド手話。勉学のかたわらフィンランド語の翻訳・通訳なども行う。

本書で撮影者の記載されていない写真はライコネン一家のアルバムより

知られざるキミ・ライコネン

2018年10月23日　初版　第1刷発行
2020年4月13日　　　　第3刷発行

著者　カリ・ホタカイネン

訳者／監修　五十嵐 淳　Jun Igarashi
訳者　和泉 由妃　Yuki Izumi／川合 遥香　Haruka Kawai

発行人　星野 邦久　Kunihisa Hoshino

発行元　株式会社 三栄
〒160-8461 東京都新宿区新宿6-27-30
新宿イーストサイドスクエア7F
販売部　TEL：03-6897-4611
受注センター　TEL：048-988-6011

印刷・製本　図書印刷株式会社

日本語版ブックデザイン　原 靖隆　Yasutaka Hara（Nozarashi.inc）
DTP　田中 千鶴子　Chizuko Tanaka（Nozarashi.inc）

校正　髙橋 芳之　Yoshiyuki Takahashi
編集　水谷 素子　Motoko Mizutani

Printed in Japan
ISBN 978-4-7796-3756-8

スピードに魅せられたライコネン一家

F1世界選手権のための修行時代

RSJ
BLANKEN
GOLD
P.D.B
RSJ
DUNLOP
ROTAX
FINLAN

MIR
RSJ
RACING TEAM
JVR
1
MIR
ibea
CRC
NGK
JVR
KARTING TEAM
BATTERY
ENERGY
CRC
ibea

考え中のマサ（父、マッティ・ライコネン）

母と息子のひととき
キミとミントゥの結婚式にて

2003年、レヴィ。マッティ・ニュカネンのジャンプスーツ
PHOTO：UFFE TAGSTRÖM

PHOTO：TEEMU NEVALAINEN
UPPIE DIGITAL

PHOTO : JUHA HANSKI

キミのバチェラー・パーティ。ボートの耐久レースで風通しの良さそうな「ホイールモンキー賞」を手に入れた

イタルジェット社製の子ども用オフロードバイクに初めて跨ったとき、キミは3歳だった。それから36年後のいま、彼はモトクロスチームを所有している。人生の歯車が一周回って、昔のような軽快なバイク音が響く

PHOTO：ILARI SUHONEN

PHOTO : ILARI SUHONEN

PHOTO : ILARI SUHONEN

サミ・ヴィサ、ラミ・ライコネン、ロビンとキミ

彼は愛する人に語りかける

彼女は彼の愛に耳を傾ける

PHOTO : @CALLOALBANESE

キミのファンと一緒のマーク・アーナル

PHOTO：SAMI VISA

サミ・ヴィサ　2018年、上海

PHOTO : @CALLOALBANESE

パウラとロビン
2018年バルセロナF1テスト
PHOTO：SAMI VISA

「キミは家族の話ばっかりだ」

Jobs to do

SPANISH GP 第5戦 スペインGP

1	Lewis Hamilton	Mercedes	1:35'29.972
2	Valtteri Bottas	Mercedes	+20.593
3	Max Verstappen	Red Bull-TAG Heuer	+26.873
R	**Kimi Raikkonen**	**Ferrari**	**25 laps**
4	**Kimi Raikkonen**	**Ferrari**	**1'16.612**

MONACO GP 第6戦 モナコGP

1	Daniel Ricciardo	Red Bull-TAG Heuer	1:42'54.807
2	Sebastian Vettel	Ferrari	+7.336
3	Lewis Hamilton	Mercedes	+17.013
4	**Kimi Raikkonen**	**Ferrari**	**+18.127**
4	**Kimi Raikkonen**	**Ferrari**	**1'11.266**

CANADIAN GP 第7戦 カナダGP

1	Sebastian Vettel	Ferrari	1:28'31.377
2	Valtteri Bottas	Mercedes	+7.376
3	Max Verstappen	Red Bull-TAG Heuer	+8.360
6	**Kimi Raikkonen**	**Ferrari**	**+27.184**
5	**Kimi Raikkonen**	**Ferrari**	**1'11.095**

FRENCH GP 第8戦 フランスGP

1	Lewis Hamilton	Mercedes	1:30'11.385
2	Max Verstappen	Red Bull-TAG Heuer	+7.090
3	**Kimi Raikkonen**	**Ferrari**	**+25.888**
6	**Kimi Raikkonen**	**Ferrari**	**1'31.057**

AUSTRIAN GP 第9戦 オーストリアGP

1	Max Verstappen	Red Bull-TAG Heuer	1:21'56.024
2	**Kimi Raikkonen**	**Ferrari**	**+1.504**
3	Sebastian Vettel	Ferrari	+3.181
4	**Kimi Raikkonen**	**Ferrari**	**1'03.660**

BRITISH GP 第10戦 イギリスGP

1	Sebastian Vettel	Ferrari	1:27'29.784
2	Lewis Hamilton	Mercedes	+2.264
3	**Kimi Raikkonen**	**Ferrari**	**+3.652**
3	**Kimi Raikkonen**	**Ferrari**	**1'25.990**

GERMAN GP 第11戦 ドイツGP

1	Lewis Hamilton	Mercedes	1:32'29.845
2	Valtteri Bottas	Mercedes	+4.535
3	**Kimi Raikkonen**	**Ferrari**	**+6.732**
3	**Kimi Raikkonen**	**Ferrari**	**1'11.547**

HUNGARIAN GP 第12戦 ハンガリーGP

1	Lewis Hamilton	Mercedes	1:37'16.427
2	Sebastian Vettel	Ferrari	+17.123
3	**Kimi Raikkonen**	**Ferrari**	**+20.101**
3	**Kimi Raikkonen**	**Ferrari**	**1'36.186**

BELGIAN GP 第13戦 ベルギーGP

1	Sebastian Vettel	Ferrari	1:23'34.476
2	Lewis Hamilton	Mercedes	+11.061
3	Max Verstappen	Red Bull-TAG Heuer	+31.372
R	**Kimi Raikkonen**	**Ferrari**	**8 laps**
6	**Kimi Raikkonen**	**Ferrari**	**2'02.671**

ITALIAN GP 第14戦 イタリアGP

1	Lewis Hamilton	Mercedes	1:16'54.484
2	**Kimi Raikkonen**	**Ferrari**	**+8.705**
3	Valtteri Bottas	Mercedes	+14.066
PP	**Kimi Raikkonen**	**Ferrari**	**1'19.119**

SINGAPORE GP 第15戦 シンガポールGP

1	Lewis Hamilton	Mercedes	1:51'11.611
2	Max Verstappen	Red Bull-TAG Heuer	+8.961
3	Sebastian Vettel	Ferrari	+39.945
5	**Kimi Raikkonen**	**Ferrari**	**+53.001**
5	**Kimi Raikkonen**	**Ferrari**	**1'36.794**

キミ・ライコネンF1全成績は巻末の344ページから始まります。本の後ろからページをめくってください。

ITALIAN GP 第13戦 イタリアGP

1	Lewis Hamilton	Mercedes	1:15'32.312
2	Valtteri Bottas	Mercedes	+4.471
3	Sebastian Vettel	Ferrari	+36.317
5	**Kimi Raikkonen**	**Ferrari**	**+1.00.082**
7 (5)	**Kimi Raikkonen**	**Ferrari**	**1'37.987**

SINGAPORE GP 第14戦 シンガポールGP

1	Lewis Hamilton	Mercedes	2:03'23.544
2	Daniel Ricciardo	Red Bull-TAG Heuer	+4.507
3	Valtteri Bottas	Mercedes	+8.800
R	**Kimi Raikkonen**	**Ferrari**	**0 laps**
4	**Kimi Raikkonen**	**Ferrari**	**1'40.069**

MALAYSIAN GP 第15戦 マレーシアGP

1	Max Verstappen	Red Bull-TAG Heuer	1:30'01.290
2	Lewis Hamilton	Mercedes	+12.770
3	Daniel Ricciardo	Red Bull-TAG Heuer	+22.519
R	**Kimi Raikkonen**	**Ferrari**	**DNS**
2	**Kimi Raikkonen**	**Ferrari**	**1'30.121**

JAPANESE GP 第16戦 日本GP

1	Lewis Hamilton	Mercedes	1:27'31.194
2	Max Verstappen	Red Bull-TAG Heuer	+1.211
3	Daniel Ricciardo	Red Bull-TAG Heuer	+9.679
5	**Kimi Raikkonen**	**Ferrari**	**+32.622**
6 (10)	**Kimi Raikkonen**	**Ferrari**	**1'28.498**

UNITED STATES GP 第17戦 アメリカGP

1	Lewis Hamilton	Mercedes	1:33'50.991
2	Sebastian Vettel	Ferrari	+10.143
3	**Kimi Raikkonen**	**Ferrari**	**+15.779**
5	**Kimi Raikkonen**	**Ferrari**	**1'33.577**

MEXICAN GP 第18戦 メキシコGP

1	Max Verstappen	Red Bull-TAG Heuer	1:36'26.552
2	Valtteri Bottas	Mercedes	+19.678
3	**Kimi Raikkonen**	**Ferrari**	**+54.007**
5	**Kimi Raikkonen**	**Ferrari**	**1'17.238**

BRAZILIAN GP 第19戦 ブラジルGP

1	Sebastian Vettel	Ferrari	1:31'26.262
2	Valtteri Bottas	Mercedes	+2.762
3	**Kimi Raikkonen**	**Ferrari**	**+4.600**
3	**Kimi Raikkonen**	**Ferrari**	**1'08.538**

ABU DHABI GP 第20戦 アブダビGP

1	Valtteri Bottas	Mercedes	1:34'14.062
2	Lewis Hamilton	Mercedes	+3.899
3	Sebastian Vettel	Ferrari	+19.330
4	**Kimi Raikkonen**	**Ferrari**	**+45.386**
5	**Kimi Raikkonen**	**Ferrari**	**1'36.985**

2018

Pos Driver Team Time

AUSTRALIAN GP 第1戦 オーストラリアGP

1	Sebastian Vettel	Ferrari	1:29'33.283
2	Lewis Hamilton	Mercedes	+5.036
3	**Kimi Raikkonen**	**Ferrari**	**+6.309**
2	**Kimi Raikkonen**	**Ferrari**	**1'21.828**

BAHRAIN GP 第2戦 バーレーンGP

1	Sebastian Vettel	Ferrari	1:32'01.940
2	Valtteri Bottas	Mercedes	+0.699
3	Lewis Hamilton	Mercedes	+6.512
R	**Kimi Raikkonen**	**Ferrari**	**35 laps**
2	**Kimi Raikkonen**	**Ferrari**	**1'28.101**

CHINESE GP 第3戦 中国GP

1	Daniel Ricciardo	Red Bull-TAG Heuer	1:35'36.380
2	Valtteri Bottas	Mercedes	+8.894
3	**Kimi Raikkonen**	**Ferrari**	**+9.637**
2	**Kimi Raikkonen**	**Ferrari**	**1'31.182**

AZERBAIJAN GP 第4戦 アゼルバイジャンGP

1	Lewis Hamilton	Mercedes	1:43'44.291
2	**Kimi Raikkonen**	**Ferrari**	**+2.460**
3	Sergio Perez	Force India-Mercedes	+4.024
6	**Kimi Raikkonen**	**Ferrari**	**1'42.490**

2017

Pos	Driver	Team	Time

AUSTRALIAN GP 第1戦 オーストラリアGP

1	Sebastian Vettel	Ferrari	1:24'11.672
2	Lewis Hamilton	Mercedes	+9.975
3	Valtteri Bottas	Mercedes	+11.250
4	**Kimi Raikkonen**	**Ferrari**	**+22.393**
4	**Kimi Raikkonen**	**Ferrari**	**1'23.033**

CHINESE GP 第2戦 中国GP

1	Lewis Hamilton	Mercedes	1:37'36.158
2	Sebastian Vettel	Ferrari	+6.250
3	Max Verstappen	Red Bull-TAG Heuer	+45.192
5	**Kimi Raikkonen**	**Ferrari**	**+48.076**
4	**Kimi Raikkonen**	**Ferrari**	**1'32.140**

BAHRAIN GP 第3戦 バーレーンGP

1	Sebastian Vettel	Ferrari	1:33'53.374
2	Lewis Hamilton	Mercedes	+6.660
3	Valtteri Bottas	Mercedes	+20.397
4	**Kimi Raikkonen**	**Ferrari**	**+22.475**
5	**Kimi Raikkonen**	**Ferrari**	**1:29.567**

RUSSIAN GP 第4戦 ロシアGP

1	Valtteri Bottas	Mercedes	1:28'08.743
2	Sebastian Vettel	Ferrari	+0.617
3	**Kimi Raikkonen**	**Ferrari**	**+11.000**
2	**Kimi Raikkonen**	**Ferrari**	**1'33.253**

SPANISH GP 第5戦 スペインGP

1	Lewis Hamilton	Mercedes	1:35'56.497
2	Sebastian Vettel	Ferrari	+3.490
3	Daniel Ricciardo	Red Bull-TAG Heuer	+1'15.820
R	**Kimi Raikkonen**	**Ferrari**	**0 laps**
4	**Kimi Raikkonen**	**Ferrari**	**1'19.439**

MONACO GP 第6戦 モナコGP

1	Sebastian Vettel	Mercedes	1:44'44.340
2	**Kimi Raikkonen**	**Ferrari**	**+3.145**
3	Daniel Ricciardo	Red Bull-TAG Heuer	+3.745
PP	**Kimi Raikkonen**	**Ferrari**	**1'12.178**

CANADIAN GP 第7戦 カナダGP

1	Lewis Hamilton	Mercedes	1:33'05.154
2	Valtteri Bottas	Mercedes	+19.783
3	Daniel Ricciardo	Red Bull-TAG Heuer	+35.297
7	**Kimi Raikkonen**	**Ferrari**	**+58.632**
4	**Kimi Raikkonen**	**Ferrari**	**1'12.252**

AZERBAIJAN GP 第8戦 アゼルバイジャンGP

1	Daniel Ricciardo	Red Bull-TAG Heuer	2:03'55.573
2	Valtteri Bottas	Mercedes	+3.904
3	Lance Stroll	Williams-Mercedes	+4.009
14	**Kimi Raikkonen**	**Ferrari**	**+5 laps**
3	**Kimi Raikkonen**	**Ferrari**	**1'41.693**

AUSTRIAN GP 第9戦 オーストリアGP

1	Valtteri Bottas	Mercedes	1:21'48.523
2	Sebastian Vettel	Ferrari	+0.658
3	Daniel Ricciardo	Red Bull-TAG Heuer	+6.012
5	**Kimi Raikkonen**	**Ferrari**	**+20.370**
4 (3)	**Kimi Raikkonen**	**Ferrari**	**1'04.779**

BRITISH GP 第10戦 イギリスGP

1	Lewis Hamilton	Mercedes	1:21'27.430
2	Valtteri Bottas	Mercedes	+14.063
3	**Kimi Raikkonen**	**Ferrari**	**+36.570**
2	**Kimi Raikkonen**	**Ferrari**	**1'27.147**

HUNGARIAN GP 第11戦 ハンガリーGP

1	Sebastian Vettel	Mercedes	1:39'46.713
2	**Kimi Raikkonen**	**Ferrari**	**+0.908**
3	Valtteri Bottas	Mercedes	+12.462
2	**Kimi Raikkonen**	**Ferrari**	**1'16.444**

BELGIAN GP 第12戦 ベルギーGP

1	Lewis Hamilton	Mercedes	1:24'42.820
2	Sebastian Vettel	Ferrari	+2.358
3	Daniel Ricciardo	Red Bull-TAG Heuer	+10.791
4	**Kimi Raikkonen**	**Ferrari**	**+14.471**
4	**Kimi Raikkonen**	**Ferrari**	**1'43.270**

HUNGARIAN GP 第11戦 ハンガリーGP

1	Lewis Hamilton	Mercedes	1:40'30.115
2	Nico Rosberg	Mercedes	+1.977
3	Daniel Ricciardo	Red Bull-TAG Heuer	+27.539
6	**Kimi Raikkonen**	**Ferrari**	**+49.044**
14	**Kimi Raikkonen**	**Ferrari**	**1'25.435**

GERMAN GP 第12戦 ドイツGP

1	Lewis Hamilton	Mercedes	1:30'44.200
2	Daniel Ricciardo	Red Bull-TAG Heuer	+6.996
3	Max Verstappen	Red Bull-TAG Heuer	+13.413
6	**Kimi Raikkonen**	**Ferrari**	**+37.023**
5	**Kimi Raikkonen**	**Ferrari**	**1'15.142**

BELGIAN GP 第13戦 ベルギーGP

1	Nico Rosberg	Mercedes	1:44'51.058
2	Daniel Ricciardo	Red Bull-TAG Heuer	+14.113
3	Lewis Hamilton	Mercedes	+27.634
9	**Kimi Raikkonen**	**Ferrari**	**+1'01.109**
3	**Kimi Raikkonen**	**Ferrari**	**1'46.910**

ITALIAN GP 第14戦 イタリアGP

1	Nico Rosberg	Mercedes	1:17'28.089
2	Lewis Hamilton	Mercedes	+15.070
3	Sebastian Vettel	Ferrari	+20.990
4	**Kimi Raikkonen**	**Ferrari**	**+27.561**
4	**Kimi Raikkonen**	**Ferrari**	**1'22.065**

SINGAPORE GP 第15戦 シンガポールGP

1	Nico Rosberg	Mercedes	1:55'48.950
2	Daniel Ricciardo	Red Bull-TAG Heuer	+0.488
3	Lewis Hamilton	Ferrari	+8.038
4	**Kimi Raikkonen**	**Ferrari**	**+10.219**
5	**Kimi Raikkonen**	**Ferrari**	**1'43.540**

MALAYSIAN GP 第16戦 マレーシアGP

1	Daniel Ricciardo	Red Bull-TAG Heuer	1:37'12.776
2	Max Verstappen	Red Bull-TAG Heuer	+2.443
3	Nico Rosberg	Mercedes	+25.516
4	**Kimi Raikkonen**	**Ferrari**	**+28.785**
6	**Kimi Raikkonen**	**Ferrari**	**1'33.632**

JAPANESE GP 第17戦 日本GP

1	Nico Rosberg	Ferrari	1:26'43.333
2	Max Verstappen	Mercedes	+4.978
3	Lewis Hamilton	Ferrari	+5.776
5	**Kimi Raikkonen**	**Ferrari**	**+28.370**
3 (8)	**Kimi Raikkonen**	**Ferrari**	**1'30.949**

UNITED STATES GP 第18戦 アメリカGP

1	Lewis Hamilton	Mercedes	1:38'12.618
2	Nico Rosberg	Mercedes	+4.520
3	Daniel Ricciardo	Ferrari	+19.692
R	**Kimi Raikkonen**	**Ferrari**	**38 laps**
5	**Kimi Raikkonen**	**Ferrari**	**1'36.131**

MEXICAN GP 第19戦 メキシコGP

1	Lewis Hamilton	Mercedes	1:40'31.402
2	Nico Rosberg	Mercedes	+8.354
3	Daniel Ricciardo	Red Bull-TAG Heuer	+20.858
6	**Kimi Raikkonen**	**Ferrari**	**+49.376**
6	**Kimi Raikkonen**	**Ferrari**	**1'19.376**

BRAZILIAN GP 第20戦 ブラジルGP

1	Lewis Hamilton	Mercedes	3:01'01.335
2	Nico Rosberg	Mercedes	+11.455
3	Max Verstappen	Red Bull-TAG Heuer	+21.481
R	**Kimi Raikkonen**	**Ferrari**	**19 laps**
3	**Kimi Raikkonen**	**Ferrari**	**1'11.404**

ABU DHABI GP 第21戦 アブダビGP

1	Lewis Hamilton	Mercedes	1:38'04.013
2	Nico Rosberg	Mercedes	+0.439
3	Sebastian Vettel	Ferrari	+0.843
6	**Kimi Raikkonen**	**Ferrari**	**+18.816**
4	**Kimi Raikkonen**	**Ferrari**	**1'39.604**

BRAZILIAN GP 第18戦 ブラジルGP

1	Nico Rosberg	Mercedes	1:31'09.090
2	Lewis Hamilton	Mercedes	+7.756
3	Sebastian Vettel	Ferrari	+14.244
4	**Kimi Raikkonen**	**Ferrari**	**+47.543**
5 (4)	**Kimi Raikkonen**	**Ferrari**	**1'12.144**

ABU DHABI GP 第19戦 アブダビGP

1	Nico Rosberg	Mercedes	1:38'30.175
2	Lewis Hamilton	Mercedes	+8.271
3	**Kimi Raikkonen**	**Ferrari**	**+19.430**
3	**Kimi Raikkonen**	**Ferrari**	**1'41.051**

2016

Pos	Driver	Team	Time

AUSTRALIAN GP 第1戦 オーストラリアGP

1	Nico Rosberg	Mercedes	1:48'15.565
2	Lewis Hamilton	Mercedes	+8.060
3	Sebastian Vettel	Ferrari	+9.643
R	**Kimi Raikkonen**	**Ferrari**	**21 laps**
4	**Kimi Raikkonen**	**Ferrari**	**1'25.033**

BAHRAIN GP 第2戦 バーレーンGP

1	Nico Rosberg	Mercedes	1:33'34.696
2	**Kimi Raikkonen**	**Ferrari**	**+10.282**
3	Lewis Hamilton	Mercedes	+30.148
4	**Kimi Raikkonen**	**Ferrari**	**1'30.244**

CHINESE GP 第3戦 中国GP

1	Nico Rosberg	Mercedes	1:38'53.891
2	Sebastian Vettel	Ferrari	+37.776
3	Daniil Kvyat	Red Bull-TAG Heuer	+45.936
5	**Kimi Raikkonen**	**Ferrari**	**+1.05.872**
3	**Kimi Raikkonen**	**Ferrari**	**1'35.972**

RUSSIAN GP 第4戦 ロシアGP

1	Nico Rosberg	Mercedes	1:32'41.997
2	Lewis Hamilton	Mercedes	+25.022
3	**Kimi Raikkonen**	**Ferrari**	**+31.998**
4 (3)	**Kimi Raikkonen**	**Ferrari**	**1'36.663**

SPANISH GP 第5戦 スペインGP

1	Max Verstappen	Red Bull-TAG Heuer	1:41'40.017
2	**Kimi Raikkonen**	**Ferrari**	**+0.616**
3	Sebastian Vettel	Ferrari	+5.581
5	**Kimi Raikkonen**	**Ferrari**	**1'23.113**

MONACO GP 第6戦 モナコGP

1	Lewis Hamilton	Mercedes	1:59'29.133
2	Daniel Ricciardo	Red Bull-TAG Heuer	+7.252
3	Sergio Perez	Force India-Mercedes	+13.825
R	**Kimi Raikkonen**	**Ferrari**	**10 laps**
6 (11)	**Kimi Raikkonen**	**Ferrari**	**1'14.732**

CANADIAN GP 第7戦 カナダGP

1	Lewis Hamilton	Mercedes	1:31'05.296
2	Sebastian Vettel	Ferrari	+5.011
3	Valtteri Bottas	Williams-Mercedes	+46.422
6	**Kimi Raikkonen**	**Ferrari**	**+1.03.017**
6	**Kimi Raikkonen**	**Ferrari**	**1'13.579**

EUROPEAN GP 第8戦 ヨーロッパGP

1	Nico Rosberg	Mercedes	1:32'52.366
2	Sebastian Vettel	Ferrari	+16.696
3	Sergio Perez	Force India-Mercedes	+25.241
4	**Kimi Raikkonen**	**Ferrari**	**+33.102**
5 (4)	**Kimi Raikkonen**	**Ferrari**	**1'44.269**

AUSTRIAN GP 第9戦 オーストリアGP

1	Lewis Hamilton	Mercedes	1:27'38.107
2	Max Verstappen	Red Bull-TAG Heuer	+5.719
3	**Kimi Raikkonen**	**Ferrari**	**+6.024**
6 (4)	**Kimi Raikkonen**	**Ferrari**	**1'09.901**

BRITISH GP 第10戦 イギリスGP

1	Lewis Hamilton	Mercedes	1:34'55.831
2	Max Verstappen	Red Bull-TAG Heuer	+8.250
3	Nico Rosberg	Mercedes	+16.911
5	**Kimi Raikkonen**	**Ferrari**	**+1'09.743**
5	**Kimi Raikkonen**	**Ferrari**	**1'30.881**

MONACO GP 第6戦 モナコGP

1	Nico Rosberg	Mercedes	1:49'18.420
2	Sebastian Vettel	Ferrari	+4.486
3	Lewis Hamilton	Mercedes	+6.053
6	**Kimi Raikkonen**	**Ferrari**	**+14.345**
6	**Kimi Raikkonen**	**Ferrari**	**1'16.427**

CANADIAN GP 第7戦 カナダGP

1	Lewis Hamilton	Mercedes	1:31'53.145
2	Nico Rosberg	Mercedes	+2.285
3	Valtteri Bottas	Williams-Mercedes	+40.666
4	**Kimi Raikkonen**	**Ferrari**	**+45.625**
3	**Kimi Raikkonen**	**Ferrari**	**1'15.014**

AUSTRIAN GP 第8戦 オーストリアGP

1	Nico Rosberg	Mercedes	1:30'16.930
2	Lewis Hamilton	Mercedes	+8.800
3	Felipe Massa	Williams-Mercedes	+17.573
R	**Kimi Raikkonen**	**Ferrari**	**0 laps**
18 (14)	**Kimi Raikkonen**	**Ferrari**	**1'12.867**

BRITISH GP 第9戦 イギリスGP

1	Lewis Hamilton	Mercedes	1:31'27.729
2	Nico Rosberg	Mercedes	+10.956
3	Sebastian Vettel	Ferrari	+25.443
8	**Kimi Raikkonen**	**Ferrari**	**+1 lap**
5	**Kimi Raikkonen**	**Ferrari**	**1'33.379**

HUNGARIAN GP 第10戦 ハンガリーGP

1	Sebastian Vettel	Ferrari	1:46'09.985
2	Daniil Kvyat	Red Bull-Renault	+15.748
3	Daniel Ricciardo	Red Bull-Renault	+25.084
R	**Kimi Raikkonen**	**Ferrari**	**55 laps**
5	**Kimi Raikkonen**	**Ferrari**	**1'23.020**

BELGIAN GP 第11戦 ベルギーGP

1	Lewis Hamilton	Mercedes	1:23'40.387
2	Nico Rosberg	Mercedes	+2.058
3	Romain Grosjean	Lotus-Mercedes	+37.988
7	**Kimi Raikkonen**	**Ferrari**	**+55.703**
14 (16)	**Kimi Raikkonen**	**Ferrari**	**No Time**

ITALIAN GP 第12戦 イタリアGP

1	Lewis Hamilton	Mercedes	1:18'00.688
2	Sebastian Vettel	Ferrari	+25.042
3	Felipe Massa	Williams-Mercedes	+47.635
5	**Kimi Raikkonen**	**Ferrari**	**+1'08.860**
2	**Kimi Raikkonen**	**Ferrari**	**1'23.631**

SINGAPORE GP 第13戦 シンガポールGP

1	Sebastian Vettel	Ferrari	2:01'22.118
2	Daniel Ricciardo	Red Bull-Renault	+1.478
3	**Kimi Raikkonen**	**Ferrari**	**+17.154**
3	**Kimi Raikkonen**	**Ferrari**	**1'44.667**

JAPANESE GP 第14戦 日本GP

1	Lewis Hamilton	Mercedes	1:28'06.508
2	Nico Rosberg	Mercedes	+18.964
3	Sebastian Vettel	Ferrari	+20.850
4	**Kimi Raikkonen**	**Ferrari**	**+33.768**
6	**Kimi Raikkonen**	**Ferrari**	**1'33.347**

RUSSIAN GP 第15戦 ロシアGP

1	Lewis Hamilton	Mercedes	1:37'11.024
2	Sebastian Vettel	Ferrari	+5.953
3	Sergio Perez	Force India-Mercedes	+28.918
8	**Kimi Raikkonen**	**Ferrari**	**+1'12.358**
5	**Kimi Raikkonen**	**Ferrari**	**1'38.348**

UNITED STATES GP 第16戦 アメリカGP

1	Lewis Hamilton	Mercedes	1:50'52.703
2	Nico Rosberg	Mercedes	+2.850
3	Sebastian Vettel	Ferrari	+3.381
R	**Kimi Raikkonen**	**Ferrari**	**25 laps**
8 (18)	**Kimi Raikkonen**	**Ferrari**	**1'59.703**

MEXICAN GP 第17戦 メキシコGP

1	Nico Rosberg	Mercedes	1:42'35.038
2	Lewis Hamilton	Mercedes	+1.954
3	Valtteri Bottas	Williams-Mercedes	+14.592
R	**Kimi Raikkonen**	**Ferrari**	**21 laps**
15 (19)	**Kimi Raikkonen**	**Ferrari**	**1'22.494**

SINGAPORE GP 第14戦 シンガポールGP

1	Lewis Hamilton	Mercedes	2:00'04.795
2	Sebastian Vettel	Red Bull-Renault	+13.534
3	Daniel Ricciardo	Red Bull-Renault	+14.273
8	**Kimi Raikkonen**	**Ferrari**	**+1'00.641**
7	**Kimi Raikkonen**	**Ferrari**	**1'46.170**

JAPANESE GP 第15戦 日本GP

1	Lewis Hamilton	Mercedes	1:51'43.021
2	Nico Rosberg	Mercedes	+9.180
3	Sebastian Vettel	Red Bull-Renault	+29.122
12	**Kimi Raikkonen**	**Ferrari**	**+1 lap**
10	**Kimi Raikkonen**	**Ferrari**	**1'34.548**

RUSSIAN GP 第16戦 ロシアGP

1	Lewis Hamilton	Mercedes	1:31'50.744
2	Nico Rosberg	Mercedes	+13.657
3	Valtteri Bottas	Williams-Mercedes	+17.425
9	**Kimi Raikkonen**	**Ferrari**	**+1'18.877**
9 (8)	**Kimi Raikkonen**	**Lotus-Renault**	**1'39.771**

UNITED STATES GP 第17戦 アメリカGP

1	Lewis Hamilton	Mercedes	1:40'04.785
2	Nico Rosberg	Mercedes	+4.314
3	Daniel Ricciardo	Ferrari	+25.560
13	**Kimi Raikkonen**	**Ferrari**	**+1 lap**
9 (8)	**Kimi Raikkonen**	**Ferrari**	**1'37.804**

BRAZILIAN GP 第18戦 ブラジルGP

1	Nico Rosberg	Mercedes	1:30'02.555
2	Lewis Hamiton	Mercedes	+1.457
3	Felipe Massa	Williams-Mercedes	+41.031
7	**Kimi Raikkonen**	**Ferrari**	**+1'03.730**
10	**Kimi Raikkonen**	**Ferrari**	**1'11.099**

ABU DHABI GP 第19戦 アブダビGP

1	Lewis Hamilton	Mercedes	1:39'02.619
2	Felipe Massa	Williams-Mercedes	+2.576
3	Valtteri Bottas	Williams-Mercedes	+28.880
10	**Kimi Raikkonen**	**Ferrari**	**+1'27.820**
7	**Kimi Raikkonen**	**Ferrari**	**1'42.236**

2015

AUSTRALIAN GP 第1戦 オーストラリアGP

Pos	Driver	Team	Time
1	Lewis Hamilton	Mercedes	1:31'54.067
2	Nico Rosberg	Mercedes	+1.360
3	Sebastian Vettel	Ferrari	+34.523
R	**Kimi Raikkonen**	**Ferrari**	**40 laps**
5	**Kimi Raikkonen**	**Ferrari**	**1'27.790**

MALAYSIAN GP 第2戦 マレーシアGP

1	Sebastian Vettel	Ferrari	1:41'05.793
2	Lewis Hamilton	Mercedes	+8.569
3	Nico Rosberg	Mercedes	+12.310
4	**Kimi Raikkonen**	**Ferrari**	**+53.822**
11	**Kimi Raikkonen**	**Ferrari**	**1'42.173**

CHINESE GP 第3戦 中国GP

1	Lewis Hamilton	Mercedes	1:39'42.008
2	Nico Rosberg	Mercedes	+0.714
3	Sebastian Vettel	Ferrari	+2.988
4	**Kimi Raikkonen**	**Ferrari**	**+3.835**
6	**Kimi Raikkonen**	**Ferrari**	**1'37.232**

BAHRAIN GP 第4戦 バーレーンGP

1	Lewis Hamilton	Mercedes	1:35'05.809
2	**Kimi Raikkonen**	**Ferrari**	**+3.380**
3	Nico Rosberg	Mercedes	+6.033
4	**Kimi Raikkonen**	**Ferrari**	**1'33.227**

SPANISH GP 第5戦 スペインGP

1	Nico Rosberg	Mercedes	1:41'12.555
2	Lewis Hamilton	Mercedes	+17.551
3	Sebastian Vettel	Ferrari	+45.342
5	**Kimi Raikkonen**	**Ferrari**	**+1'00.002**
7	**Kimi Raikkonen**	**Ferrari**	**1'26.414**

MALAYSIAN GP 第2戦 マレーシアGP

1	Lewis Hamilton	Mercedes	1:40'25.974
2	Nico Rosberg	Mercedes	+17.313
3	Sebastian Vettel	Red Bull-Renault	+24.534
12	**Kimi Raikkonen**	**Ferrari**	**+1 lap**
6	**Kimi Raikkonen**	**Ferrari**	**2'01.218**

BAHRAIN GP 第3戦 バーレーンGP

1	Lewis Hamilton	Mercedes	1:39'42.743
2	Nico Rosberg	Mercedes	+1.085
3	Sergio Perez	Force India-Mercedes	+24.067
10	**Kimi Raikkonen**	**Ferrari**	**+33.462**
6 (5)	**Kimi Raikkonen**	**Ferrari**	**1'34.368**

CHINESE GP 第4戦 中国GP

1	Lewis Hamilton	Mercedes	1:33'28.338
2	Nico Rosberg	Mercedes	+18.062
3	Fernando Alonso	Ferrari	+23.604
8	**Kimi Raikkonen**	**Ferrari**	**+1'16.335**
11	**Kimi Raikkonen**	**Ferrari**	**1'56.860**

SPANISH GP 第5戦 スペインGP

1	Lewis Hamilton	Mercedes	1:41'05.155
2	Nico Rosberg	Mercedes	+0.636
3	Daniel Ricciardo	Red Bull-Renault	+49.014
7	**Kimi Raikkonen**	**Ferrari**	**+1 lap**
6	**Kimi Raikkonen**	**Ferrari**	**1'27.104**

MONACO GP 第6戦 モナコGP

1	Nico Rosberg	Mercedes	1.49.27.661
2	Lewis Hamilton	Mercedes	+9.210
3	Daniel Ricciardo	Red Bull-Renault	+9.614
12	**Kimi Raikkonen**	**Ferrari**	**+1 lap**
6	**Kimi Raikkonen**	**Ferrari**	**1'17.389**

CANADIAN GP 第7戦 カナダGP

1	Daniel Ricciardo	Red Bull-Renault	1:39'12.830
2	Nico Rosberg	Mercedes	+4.236
3	Sebastian Vettel	Red Bull-Renault	+5.247
10	**Kimi Raikkonen**	**Ferrari**	**+53.678**
10	**Kimi Raikkonen**	**Ferrari**	**1'16.214**

AUSTRIAN GP 第8戦 オーストリアGP

1	Nico Rosberg	Mercedes	1:27'54.976
2	Lewis Hamilton	Mercedes	+1.932
3	Valtteri Bottas	Williams-Mercedes	+8.172
10	**Kimi Raikkonen**	**Ferrari**	**+47.777**
8	**Kimi Raikkonen**	**Ferrari**	**1'10.795**

BRITISH GP 第9戦 イギリスGP

1	Lewis Hamilton	Mercedes	2:26'52.094
2	Valtteri Bottas	Williams-Mercedes	+30.135
3	Daniel Ricciardo	Red Bull-Renault	+46.495
R	**Kimi Raikkonen**	**Ferrari**	**0 laps**
19 (18)	**Kimi Raikkonen**	**Ferrari**	**1'46.684**

GERMAN GP 第10戦 ドイツGP

1	Nico Rosberg	Mercedes	1:33'42.914
2	Valtteri Bottas	Williams-Mercedes	+20.789
3	Lewis Hamilton	Mercedes	+22.530
11	**Kimi Raikkonen**	**Ferrari**	**+1 lap**
12	**Kimi Raikkonen**	**Ferrari**	**1'18.273**

HUNGARIAN GP 第11戦 ハンガリーGP

1	Daniel Ricciardo	Red Bull-Renault	1:53'05.058
2	Fernando Alonso	Ferrari	+5.225
3	Lewis Hamilton	Mercedes	+5.857
6	**Kimi Raikkonen**	**Ferrari**	**+31.491**
17 (16)	**Kimi Raikkonen**	**Ferrari**	**1'26.792**

BELGIAN GP 第12戦 ベルギーGP

1	Daniel Ricciardo	Red Bull-Renault	1:24'36.556
2	Nico Rosberg	Mercedes	+3.383
3	Valtteri Bottas	Williams-Mercedes	+28.032
4	**Kimi Raikkonen**	**Ferrari**	**+36.815**
8	**Kimi Raikkonen**	**Ferrari**	**2'08.780**

ITALIAN GP 第13戦 イタリアGP

1	Lewis Hamilton	Mercedes	1:19'10.236
2	Nico Rosberg	Mercedes	+3.175
3	Felipe Massa	Williams-Mercedes	+25.026
9	**Kimi Raikkonen**	**Ferrari**	**+1'03.535**
12 (11)	**Kimi Raikkonen**	**Ferrari**	**1'26.110**

CANADIAN GP 第7戦 カナダGP

1	Sebastian Vettel	Red Bull-Renault	1:32'09.143
2	Fernando Alonso	Ferrari	+14.408
3	Lewis Hamilton	Mercedes	+15.942
9	**Kimi Raikkonen**	**Lotus-Renault**	**+1 lap**
9 (10)	**Kimi Raikkonen**	**Lotus-Renault**	**1'27.432**

BRITISH GP 第8戦 イギリスGP

1	Nico Rosberg	Mercedes	1:32'59.456
2	Mark Webber	Red Bull-Renault	+0.765
3	Fernando Alonso	Ferrari	+7.124
5	**Kimi Raikkonen**	**Lotus-Renault**	**+11.257**
8	**Kimi Raikkonen**	**Lotus-Renault**	**1'30.962**

GERMAN GP 第9戦 ドイツGP

1	Sebastian Vettel	Red Bull-Renault	1:41'14.711
2	**Kimi Raikkonen**	**Lotus-Renault**	**+1.008**
3	Romain Grosjean	Lotus-Renault	+5.830
2 (4)	**Kimi Raikkonen**	**Lotus-Renault**	**1'29.892**

HUNGARIAN GP 第10戦 ハンガリーGP

1	Lewis Hamilton	Mercedes	1:42'29.445
2	**Kimi Raikkonen**	**Lotus-Renault**	**+10.938**
3	Sebastian Vettel	Red Bull-Renault	+12.459
6	**Kimi Raikkonen**	**Lotus-Renault**	**1'19.851**

BELGIAN GP 第11戦 ベルギーGP

1	Sebastian Vettel	Red Bull-Renault	1:23'42.196
2	Fernando Alonso	Ferrari	+16.869
3	Lewis Hamilton	Mercedes	+27.734
R	**Kimi Raikkonen**	**Lotus-Renault**	**25 laps**
8	**Kimi Raikkonen**	**Lotus-Renault**	**2'03.390**

ITALIAN GP 第12戦 イタリアGP

1	Sebastian Vettel	Red Bull-Renault	1:18'33.352
2	Fernando Alonso	Ferrari	+5.467
3	Mark Webber	Red Bull-Renault	+6.350
11	**Kimi Raikkonen**	**Lotus-Renault**	**+38.695**
11	**Kimi Raikkonen**	**Lotus-Renault**	**1'24.610**

SINGAPORE GP 第13戦 シンガポールGP

1	Sebastian Vettel	Red Bull-Renault	1:59'13.132
2	Fernando Alonso	Ferrari	+32.627
3	**Kimi Raikkonen**	**Lotus-Renault**	**+43.920**
13	**Kimi Raikkonen**	**Lotus-Renault**	**1'44.658**

KOREAN GP 第14戦 韓国GP

1	Sebastian Vettel	Red Bull-Renault	1:43'13.701
2	**Kimi Raikkonen**	**Lotus-Renault**	**+4.224**
3	Romain Grosjean	Lotus-Renault	+4.927
10 (9)	**Kimi Raikkonen**	**Lotus-Renault**	**1'38.822**

JAPANESE GP 第15戦 日本GP

1	Sebastian Vettel	Red Bull-Renault	1:26'49.301
2	Mark Webber	Red Bull-Renault	+7.129
3	Romain Grosjean	Lotus-Renault	+9.910
5	**Kimi Raikkonen**	**Lotus-Renault**	**+47.325**
9	**Kimi Raikkonen**	**Lotus-Renault**	**1'31.684**

INDIAN GP 第16戦 インドGP

1	Sebastian Vettel	Red Bull-Renault	1:31'12.187
2	Nico Rosberg	Mercedes	+29.823
3	Romain Grosjean	Lotus-Renault	+39.892
7	**Kimi Raikkonen**	**Lotus-Renault**	**+1'07.988**
6	**Kimi Raikkonen**	**Lotus-Renault**	**1'25.248**

ABU DHABI GP 第17戦 アブダビGP

1	Sebastian Vettel	Red Bull-Renault	1:38'06.106
2	Mark Webber	Red Bull-Renault	+30.829
3	Nico Rosberg	Mercedes	+33.650
R	**Kimi Raikkonen**	**Lotus-Renault**	**0 laps**
5 (22)	**Kimi Raikkonen**	**Lotus-Renault**	**1'40.542**

第18戦 アメリカGP／第19戦 ブラジルGPは欠場

2014

AUSTRALIAN GP 第1戦 オーストラリアGP

Pos	Driver	Team	Time
1	Nico Rosberg	Mercedes	1:32'58.710
2	Kevin Magnussen	McLaren-Mercedes	+26.777
3	Jenson Button	McLaren-Mercedes	+30.027
7	**Kimi Raikkonen**	**Ferrari**	**+57.675**
12 (11)	**Kimi Raikkonen**	**Ferrari**	**1'44.494**

KOREAN GP 第16戦 韓国GP

1	Sebastian Vettel	Red Bull-Renault	1:36'28.651
2	Mark Webber	Red Bull-Renault	+8.231
3	Fernando Alonso	Ferrari	+13.944
5	**Kimi Raikkonen**	**Lotus-Renault**	**+36.739**
5	**Kimi Raikkonen**	**Lotus-Renault**	**1'37.625**

INDIAN GP 第17戦 インドGP

1	Sebastian Vettel	Red Bull-Renault	1:31'10.744
2	Fernando Alonso	Ferrari	+9.437
3	Mark Webber	Red Bull-Renault	+13.217
7	**Kimi Raikkonen**	**Lotus-Renault**	**+45.227**
7	**Kimi Raikkonen**	**Lotus-Renault**	**1'26.236**

ABU DHABI GP 第18戦 アブダビGP

1	**Kimi Raikkonen**	**Lotus-Renault**	**1:45'58.667**
2	Fernando Alonso	Ferrari	+0.852
3	Sebastian Vettel	Red Bull-Renault	+4.163
4	**Kimi Raikkonen**	**Lotus-Renault**	**1'41.260**

UNITED STATES GP 第19戦 アメリカGP

1	Lewis Hamilton	McLaren-Mercedes	1:35'55.269
2	Sebastian Vettel	Red Bull-Renault	+0.675
3	Fernando Alonso	Ferrari	+39.229
6	**Kimi Raikkonen**	**Lotus-Renault**	**+1'04.425**
5 (4)	**Kimi Raikkonen**	**Lotus-Renault**	**1'36.708**

BRAZILIAN GP 第20戦 ブラジルGP

1	Jenson Button	Red Bull-Renault	1:45'22.656
2	Fernando Alonso	Mercedes	+2.754
3	Felipe Massa	Ferrari	+3.615
10	**Kimi Raikkonen**	**Lotus-Renault**	**+1 lap**
9 (8)	**Kimi Raikkonen**	**Lotus-Renault**	**1'13.298**

2013

Pos	Driver	Team	Time

AUSTRALIAN GP 第1戦 オーストラリアGP

1	**Kimi Raikkonen**	**Lotus-Renault**	**1:30'03.225**
2	Fernando Alonso	Ferrari	+12.451
3	Sebastian Vettel	Red Bull-Renault	+22.346
7	**Kimi Raikkonen**	**Lotus-Renault**	**1'28.738**

MALAYSIAN GP 第2戦 マレーシアGP

1	Sebastian Vettel	Red Bull-Renault	1:38'56.681
2	Mark Webber	Red Bull-Renault	+4.298
3	Lewis Hamilton	Mercedes	+12.181
7	**Kimi Raikkonen**	**Lotus-Renault**	**+48.479**
7 (10)	**Kimi Raikkonen**	**Lotus-Renault**	**1'52.970**

CHINESE GP 第3戦 中国GP

1	Fernando Alonso	Ferrari	1:36'26.945
2	**Kimi Raikkonen**	**Lotus-Renault**	**+10.168**
3	Lewis Hamilton	Mercedes	+12.322
2	**Kimi Raikkonen**	**Lotus-Renault**	**1'34.761**

BAHRAIN GP 第4戦 バーレーンGP

1	Sebastian Vettel	Red Bull-Renault	1:36'00.498
2	**Kimi Raikkonen**	**Lotus-Renault**	**+9.111**
3	Romain Grosjean	Lotus-Renault	+19.507
9 (8)	**Kimi Raikkonen**	**Lotus-Renault**	**1'33.327**

SPANISH GP 第5戦 スペインGP

1	Fernando Alonso	Ferrari	1:39'16.596
2	**Kimi Raikkonen**	**Lotus-Renault**	**+9.338**
3	Felipe Massa	Ferrari	+26.049
4	**Kimi Raikkonen**	**Lotus-Renault**	**1'21.177**

MONACO GP 第6戦 モナコGP

1	Nico Rosberg	Mercedes	2:17'52.506
2	Sebastian Vettel	Red Bull-Renault	+3.888
3	Mark Webber	Red Bull-Renault	+6.314
10	**Kimi Raikkonen**	**Lotus-Renault**	**+36.582**
5	**Kimi Raikkonen**	**Lotus-Renault**	**1'14.822**

CHINESE GP 第3戦 中国GP

1	Nico Rosberg	Mercedes	1:36'26.929
2	Jenson Button	McLaren-Mercedes	+20.626
3	Lewis Hamilton	McLaren-Mercedes	+26.012
14	**Kimi Raikkonen**	**Lotus-Renault**	**+50.573**
4	**Kimi Raikkonen**	**Lotus-Renault**	**1'35.898**

BAHRAIN GP 第4戦 バーレーンGP

1	Sebastian Vettel	Red Bull-Renault	1:35'10.990
2	**Kimi Raikkonen**	**Lotus-Renault**	**+3.333**
3	Romain Grosjean	Lotus-Renault	+10.194
11	**Kimi Raikkonen**	**Lotus-Renault**	**1'33.789**

SPANISH GP 第5戦 スペインGP

1	Pastor Maldonado	Williams-Renault	1:39'09.145
2	Fernando Alonso	Ferrari	+3.195
3	**Kimi Raikkonen**	**Lotus-Renault**	**+3.884**
4	**Kimi Raikkonen**	**Lotus-Renault**	**1'22.487**

MONACO GP 第6戦 モナコGP

1	Mark Webber	Red Bull-Renault	1:46'06.557
2	Nico Rosberg	Mercedes	+0.643
3	Fernando Alonso	Ferrari	+0.947
9	**Kimi Raikkonen**	**Lotus-Renault**	**+44.036**
8	**Kimi Raikkonen**	**Lotus-Renault**	**1'15.199**

CANADIAN GP 第7戦 カナダGP

1	Lewis Hamilton	McLaren-Mercedes	1:32'29.586
2	Romain Grosjean	Lotus-Renault	+2.513
3	Sergio Perez	Sauber-Ferrari	+5.260
8	**Kimi Raikkonen**	**Lotus-Renault**	**+15.567**
12	**Kimi Raikkonen**	**Lotus-Renault**	**1'14.734**

EUROPEAN GP 第8戦 ヨーロッパGP

1	Fernando Alonso	Ferrari	1:44'16.649
2	**Kimi Raikkonen**	**Lotus-Renault**	**+6.421**
3	Michael Schumacher	Mercedes	+12.639
5	**Kimi Raikkonen**	**Lotus-Renault**	**1'38.513**

BRITISH GP 第9戦 イギリスGP

1	Mark Webber	Red Bull-Renault	1:25'11.288
2	Fernando Alonso	Ferrari	+3.060
3	Sebastian Vettel	Red Bull-Renault	+4.836
5	**Kimi Raikkonen**	**Lotus-Renault**	**+10.314**
6	**Kimi Raikkonen**	**Lotus-Renault**	**1'53.290**

GERMAN GP 第10戦 ドイツGP

1	Fernando Alonso	Ferrari	1:31'05.862
2	Jenson Button	McLaren-Mercedes	+6.949
3	**Kimi Raikkonen**	**Lotus-Renault**	**+16.409**
10	**Kimi Raikkonen**	**Lotus-Renault**	**1'45.811**

HUNGARIAN GP 第11戦 ハンガリーGP

1	Lewis Hamilton	McLaren-Mercedes	1:41'05.503
2	**Kimi Raikkonen**	**Lotus-Renault**	**+1.032**
3	Romain Grosjean	Lotus-Renault	+10.518
5	**Kimi Raikkonen**	**Lotus-Renault**	**1'21.730**

BELGIAN GP 第12戦 ベルギーGP

1	Jenson Button	McLaren-Mercedes	1:29'08.530
2	Sebastian Vettel	Red Bull-Renault	+13.624
3	**Kimi Raikkonen**	**Lotus-Renault**	**+25.334**
4 (3)	**Kimi Raikkonen**	**Lotus-Renault**	**1'48.205**

ITALIAN GP 第13戦 イタリアGP

1	Lewis Hamilton	McLaren-Mercedes	1:19'41.221
2	Sergio Perez	Sauber-Ferrari	+4.356
3	Fernando Alonso	Ferrari	+20.594
5	**Kimi Raikkonen**	**Lotus-Renault**	**+30.881**
8 (7)	**Kimi Raikkonen**	**Lotus-Renault**	**1'24.855**

SINGAPORE GP 第14戦 シンガポールGP

1	Sebastian Vettel	Red Bull-Renault	2:00'26.144
2	Jenson Button	McLaren-Mercedes	+8.959
3	Fernando Alonso	Ferrari	+15.227
6	**Kimi Raikkonen**	**Lotus-Renault**	**+35.759**
12	**Kimi Raikkonen**	**Lotus-Renault**	**1'48.261**

JAPANESE GP 第15戦 日本GP

1	Sebastian Vettel	Red Bull-Renault	1:28'56.242
2	Felipe Massa	Ferrari	+20.632
3	Kamui Kobayashi	Sauber-Ferrari	+24.538
6	**Kimi Raikkonen**	**Lotus-Renault**	**+50.424**
8 (7)	**Kimi Raikkonen**	**Lotus-Renault**	**1'32.208**

BRITISH GP 第8戦 イギリスGP

1	Sebastian Vettel	Red Bull-Renault	1:22'49.328
2	Mark Webber	Red Bull-Renault	+15.188
3	Rubens Barrichello	Brawn-Mercedes	+41.175
8	**Kimi Raikkonen**	**Ferrari**	**+1'09.622**
9	**Kimi Raikkonen**	**Ferrari**	**1'20.715**

GERMAN GP 第9戦 ドイツGP

1	Mark Webber	Red Bull-Renault	1:36'43.310
2	Sebastian Vettel	Red Bull-Renault	+9.252
3	Felipe Massa	Ferrari	+15.906
R	**Kimi Raikkonen**	**Ferrari**	**34 laps**
9	**Kimi Raikkonen**	**Ferrari**	**1'34.710**

HUNGARIAN GP 第10戦 ハンガリーGP

1	Lewis Hamilton	McLaren-Mercedes	1:38'23.876
2	**Kimi Raikkonen**	**Ferrari**	**+11.529**
3	Mark Webber	Red Bull-Renault	+16.886
7	**Kimi Raikkonen**	**Ferrari**	**1'22.468**

EUROPEAN GP 第11戦 ヨーロッパGP

1	Rubens Barrichello	Brawn-Mercedes	1:35'51.289
2	Lewis Hamilton	McLaren-Mercedes	+2.358
3	**Kimi Raikkonen**	**Ferrari**	**+15.994**
6	**Kimi Raikkonen**	**Ferrari**	**1'40.144**

BELGIAN GP 第12戦 ベルギーGP

1	**Kimi Raikkonen**	**Ferrari**	**1:23'50.995**
2	Giancarlo Fisichella	Force India-Mercedes	+0.939
3	Sebastian Vettel	Red Bull-Renault	+3.875
6	**Kimi Raikkonen**	**Ferrari**	**1'46.633**

ITALIAN GP 第13戦 イタリアGP

1	Rubens Barrichello	Brawn-Mercedes	1:16'21.706
2	Jenson Button	Brawn-Mercedes	+2.866
3	**Kimi Raikkonen**	**Ferrari**	**+30.664**
3	**Kimi Raikkonen**	**Ferrari**	**1'24.523**

SINGAPORE GP 第14戦 シンガポールGP

1	Lewis Hamilton	McLaren-Mercedes	1:56'06.337
2	Timo Glock	Toyota	+9.634
3	Fernando Alonso	Renault	+16.624
10	**Kimi Raikkonen**	**Ferrari**	**+58.892**
13 (12)	**Kimi Raikkonen**	**Ferrari**	**1'47.177**

JAPANESE GP 第15戦 日本GP

1	Sebastian Vettel	Red Bull-Renault	1:28'20.443
2	Jarno Trulli	Toyota	+4.877
3	Lewis Hamilton	McLaren-Mercedes	+6.472
4	**Kimi Raikkonen**	**Ferrari**	**+7.940**
8 (5)	**Kimi Raikkonen**	**Ferrari**	**1'32.980**

BRAZILIAN GP 第16戦 ブラジルGP

1	Mark Webber	Red Bull-Renault	1:32'23.081
2	Robert Kubica	BMW Sauber	+7.626
3	Lewis Hamilton	McLaren-Mercedes	+18.944
6	**Kimi Raikkonen**	**Ferrari**	**+33.340**
5	**Kimi Raikkonen**	**Ferrari**	**1'20.168**

ABU DHABI GP 第17戦 アブダビGP

1	Sebastian Vettel	Red Bull-Renault	1:34'03.414
2	Mark Webber	Red Bull-Renault	+17.857
3	Jenson Button	Brawn-Mercedes	+18.467
12	**Kimi Raikkonen**	**Ferrari**	**+54.317**
11	**Kimi Raikkonen**	**Ferrari**	**1'40.726**

2012

Pos	Driver	Team	Time

AUSTRALIAN GP 第1戦 オーストラリアGP

1	Jenson Button	McLaren-Mercedes	1:34'09.565
2	Sebastian Vettel	Red Bull-Renault	+2.139
3	Lewis Hamilton	McLaren-Mercedes	+4.075
7	**Kimi Raikkonen**	**Lotus-Renault**	**+38.014**
18 (17)	**Kimi Raikkonen**	**Lotus-Renault**	**1'27.758**

MALAYSIAN GP 第2戦 マレーシアGP

1	Fernando Alonso	Ferrari	2:44'51.812
2	Sergio Perez	Sauber-Ferrari	+2.263
3	Lewis Hamilton	McLaren-Mercedes	+14.591
5	**Kimi Raikkonen**	**Lotus-Renault**	**+29.456**
5 (10)	**Kimi Raikkonen**	**Lotus-Renault**	**1'36.461**

ITALIAN GP 第14戦 イタリアGP

1	Sebastian Vettel	Toro Rosso-Ferrari	1:26'47.494
2	Heikki Kovalainen	McLaren-Mercedes	+12.512
3	Robert Kubica	BMW Sauber	+20.471
9	**Kimi Raikkonen**	**Ferrari**	**+39.468**
14	**Kimi Raikkonen**	**Ferrari**	**1'37.522**

SINGAPORE GP 第15戦 シンガポールGP

1	Fernando Alonso	Renault	1:57'16.304
2	Nico Rosberg	Williams-Toyota	+2.957
3	Lewis Hamilton	McLaren-Mercedes	+5.917
15	**Kimi Raikkonen**	**Ferrari**	**+4 laps**
3	**Kimi Raikkonen**	**Ferrari**	**1'45.617**

JAPANESE GP 第16戦 日本GP

1	Fernando Alonso	Renault	1:30'21.892
2	Robert Kubica	BMW Sauber	+5.283
3	**Kimi Raikkonen**	**Ferrari**	**+6.400**
2	**Kimi Raikkonen**	**Ferrari**	**1'18.644**

CHINESE GP 第17戦 中国GP

1	Lewis Hamilton	McLaren-Mercedes	1:31'57.403
2	Felipe Massa	Ferrari	+14.925
3	**Kimi Raikkonen**	**Ferrari**	**+16.445**
2	**Kimi Raikkonen**	**Ferrari**	**1'36.645**

BRAZILIAN GP 第18戦 ブラジルGP

1	Felipe Massa	Ferrari	1:34'11.435
2	Fernando Alonso	Renault	+13.298
3	**Kimi Raikkonen**	**Ferrari**	**+16.235**
3	**Kimi Raikkonen**	**Ferrari**	**1'12.825**

2009

AUSTRALIAN GP 第1戦 オーストラリアGP

Pos	Driver	Team	Time
1	Jenson Button	Brawn-Mercedes	1:34'15.784
2	Rubens Barrichello	Brawn-Mercedes	+0.807
3	Jarno Trulli	Toyota	+1.604
15	**Kimi Raikkonen**	**Ferrari**	**+3 laps**
7	**Kimi Raikkonen**	**Ferrari**	**1'27.163**

MALAYSIAN GP 第2戦 マレーシアGP

1	Jenson Button	Brawn-Mercedes	55'30.622
2	Nick Heidfeld	BMW Sauber	+22.722
3	Timo Glock	Toyota	+23.513
14	**Kimi Raikkonen**	**Ferrari**	**+2'22.841**
9 (7)	**Kimi Raikkonen**	**Ferrari**	**1'36.170**

CHINESE GP 第3戦 中国GP

1	Sebastian Vettel	Red Bull-Renault	1:57'43.485
2	Mark Webber	Red Bull-Renault	+10.970
3	Jenson Button	Brawn-Mercedes	+44.975
10	**Kimi Raikkonen**	**Ferrari**	**+1'31.750**
8	**Kimi Raikkonen**	**Ferrari**	**1'38.089**

BAHRAIN GP 第4戦 バーレーンGP

1	Jenson Button	Brawn-Mercedes	1:31'48.182
2	Sebastian Vettel	Red Bull-Renault	+7.187
3	Jarno Trulli	Toyota	+9.170
6	**Kimi Raikkonen**	**Ferrari**	**+42.057**
10	**Kimi Raikkonen**	**Ferrari**	**1'35.380**

SPANISH GP 第5戦 スペインGP

1	Jenson Button	Brawn-Mercedes	1:37'19.202
2	Rubens Barrichello	Brawn-Mercedes	+13.056
3	Mark Webber	Red Bull-Renault	+13.924
R	**Kimi Raikkonen**	**Ferrari**	**17 laps**
16	**Kimi Raikkonen**	**Ferrari**	**1'21.291**

MONACO GP 第6戦 モナコGP

1	Jenson Button	Brawn-Mercedes	1:40'44.282
2	Rubens Barrichello	Brawn-Mercedes	+7.666
3	**Kimi Raikkonen**	**Ferrari**	**+13.442**
2	**Kimi Raikkonen**	**Ferrari**	**1'14.927**

TURKISH GP 第7戦 トルコGP

1	Jenson Button	Brawn-Mercedes	1:26'24.848
2	Mark Webber	Red Bull-Renault	+6.714
3	Sebastian Vettel	Red Bull-Renault	+7.461
9	**Kimi Raikkonen**	**Ferrari**	**+50.246**
6	**Kimi Raikkonen**	**Ferrari**	**1'28.815**

2008

Pos	Driver	Team	Time

AUSTRALIAN GP 第1戦 オーストラリアGP

1	Lewis Hamilton	McLaren-Mercedes	1:34'50.616
2	Nick Heidfeld	BMW Sauber	+5.478
3	Nico Rosberg	Williams-Toyota	+8.163
8	**Kimi Raikkonen**	**Ferrari**	**+5laps**
16 (15)	**Kimi Raikkonen**	**Ferrari**	**No Time**

MALAYSIAN GP 第2戦 マレーシアGP

1	**Kimi Raikkonen**	**Ferrari**	**1:31'18.555**
2	Robert Kubica	BMW Sauber	+19.750
3	Heikki Kovalainen	McLaren-Mercedes	+38.450
2	**Kimi Raikkonen**	**Ferrari**	**1'36.230**

BAHRAIN GP 第3戦 バーレーンGP

1	Felipe Massa	Ferrari	1:31'06.970
2	**Kimi Raikkonen**	**Ferrari**	**+3.339**
3	Robert Kubica	BMW Sauber	+4.998
4	**Kimi Raikkonen**	**Ferrari**	**1'33.418**

SPANISH GP 第4戦 スペインGP

1	**Kimi Raikkonen**	**Ferrari**	**1:38'19.051**
2	Felipe Massa	Ferrari	+3.228
3	Lewis Hamilton	McLaren-Mercedes	+4.187
PP	**Kimi Raikkonen**	**Ferrari**	**1'21.813**

TURKISH GP 第5戦 トルコGP

1	Felipe Massa	Ferrari	1:26'49.451
2	Lewis Hamilton	McLaren-Mercedes	+3.779
3	**Kimi Raikkonen**	**Ferrari**	**+4.271**
4	**Kimi Raikkonen**	**Ferrari**	**1'27.936**

MONACO GP 第6戦 モナコGP

1	Lewis Hamilton	McLaren-Mercedes	2:00'42.742
2	Robert Kubica	BMW Sauber	+3.064
3	Felipe Massa	Ferrari	+4.811
9	**Kimi Raikkonen**	**Ferrari**	**+33.792**
2	**Kimi Raikkonen**	**Ferrari**	**1'15.815**

CANADIAN GP 第7戦 カナダGP

1	Robert Kubica	BMW Sauber	1:36'24.447
2	Nick Heidfeld	BMW Sauber	+16.495
3	David Coulthard	Red Bull-Renault	+23.352
R	**Kimi Raikkonen**	**Ferrari**	**19 laps**
3	**Kimi Raikkonen**	**Ferrari**	**1'18.735**

FRENCH GP 第8戦 フランスGP

1	Felipe Massa	Ferrari	1:31'50.245
2	**Kimi Raikkonen**	**Ferrari**	**+17.984**
3	Jarno Trulli	Toyota	+28.250
PP	**Kimi Raikkonen**	**Ferrari**	**1'16.449**

BRITISH GP 第9戦 イギリスGP

1	Lewis Hamilton	McLaren-Mercedes	1:39'09.440
2	Nick Heidfeld	BMW Sauber	+1.08.577
3	Rubens Barrichello	Honda	+1.22.273
4	**Kimi Raikkonen**	**Ferrari**	**+1 lap**
3	**Kimi Raikkonen**	**Ferrari**	**1'21.706**

GERMAN GP 第10戦 ドイツGP

1	Lewis Hamilton	McLaren-Mercedes	1:31'20.874
2	Nelson Piquet Jr.	Renault	+5.586
3	Felipe Massa	Ferrari	+9.339
6	**Kimi Raikkonen**	**Ferrari**	**+14.483**
6	**Kimi Raikkonen**	**Ferrari**	**1'16.389**

HUNGARIAN GP 第11戦 ハンガリーGP

1	Heikki Kovalainen	McLaren-Mercedes	1:37'27.067
2	Timo Glock	Toyota	+11.061
3	**Kimi Raikkonen**	**Ferrari**	**+16.856**
6	**Kimi Raikkonen**	**Ferrari**	**1'21.516**

EUROPEAN GP 第12戦 ヨーロッパGP

1	Felipe Massa	Ferrari	1:35'32.339
2	Lewis Hamilton	McLaren-Mercedes	+5.611
3	Robert Kubica	BMW Sauber	+37.353
R	**Kimi Raikkonen**	**Ferrari**	**45 laps**
4	**Kimi Raikkonen**	**Ferrari**	**1'39.488**

BELGIAN GP 第13戦 ベルギーGP

1	Felipe Massa	Ferrari	1:22'59.394
2	Nick Heidfeld	BMW Sauber	+9.383
3	Lewis Hamilton	McLaren-Mercedes	+10.539
18	**Kimi Raikkonen**	**Ferrari**	**+2 laps**
4	**Kimi Raikkonen**	**Ferrari**	**1'47.992**

SPANISH GP 第4戦 スペインGP

1	Felipe Massa	Ferrari	1:31'36.230
2	Lewis Hamilton	McLaren-Mercedes	+6.790
3	Fernando Alonso	McLaren-Mercedes	+17.456
R	**Kimi Raikkonen**	**Ferrari**	**9 laps**
3	**Kimi Raikkonen**	**Ferrari**	**1'21.723**

MONACO GP 第5戦 モナコGP

1	Fernando Alonso	McLaren-Mercedes	1:40'29.329
2	Lewis Hamilton	McLaren-Mercedes	+4.095
3	Felipe Massa	Ferrari	+1'09.114
8	**Kimi Raikkonen**	**Ferrari**	**+1 lap**
16	**Kimi Raikkonen**	**Ferrari**	**No Time**

CANADIAN GP 第6戦 カナダGP

1	Lewis Hamilton	McLaren-Mercedes	1:44'11.292
2	Nick Heidfeld	BMW Sauber	+4.343
3	Alexander Wurz	Williams-Toyota	+5.325
5	**Kimi Raikkonen**	**Ferrari**	**+13.007**
4	**Kimi Raikkonen**	**Ferrari**	**1'16.411**

UNITED STATES GP 第7戦 アメリカGP

1	Lewis Hamilton	McLaren-Mercedes	1:31'09.965
2	Fernando Alonso	McLaren-Mercedes	+1.518
3	Felipe Massa	Ferrari	+12.842
4	**Kimi Raikkonen**	**Ferrari**	**+15.422**
4	**Kimi Raikkonen**	**Ferrari**	**1'12.839**

FRENCH GP 第8戦 フランスGP

1	**Kimi Raikkonen**	**Ferrari**	**1:30'54.200**
2	Felipe Massa	Ferrari	+2.414
3	Lewis Hamilton	McLaren-Mercedes	+32.153
3	**Kimi Raikkonen**	**Ferrari**	**1'15.257**

BRITISH GP 第9戦 イギリスGP

1	**Kimi Raikkonen**	**Ferrari**	**1:21'43.074**
2	Fernando Alonso	McLaren-Mercedes	+2.459
3	Lewis Hamilton	McLaren-Mercedes	+39.373
2	**Kimi Raikkonen**	**Ferrari**	**1'20.099**

EUROPEAN GP 第10戦 ヨーロッパGP

1	Fernando Alonso	McLaren-Mercedes	2:06'26.358
2	Felipe Massa	Ferrari	+8.155
3	Mark Webber	Red Bull-Renault	+1'05.674
R	**Kimi Raikkonen**	**Ferrari**	**34 laps**
PP	**Kimi Raikkonen**	**Ferrari**	**1'31.450**

HUNGARIAN GP 第11戦 ハンガリーGP

1	Lewis Hamilton	McLaren-Mercedes	1:35'52.991
2	**Kimi Raikkonen**	**Ferrari**	**+0.715**
3	Nick Heidfeld	BMW Sauber	+43.129
4 (3)	**Kimi Raikkonen**	**Ferrari**	**1'20.410**

TURKISH GP 第12戦 トルコGP

1	Felipe Massa	Ferrari	1:26'42.161
2	**Kimi Raikkonen**	**Ferrari**	**+2.275**
3	Fernando Alonso	McLaren-Mercedes	+26.181
3	**Kimi Raikkonen**	**Ferrari**	**1'27.546**

ITALIAN GP 第13戦 イタリアGP

1	Fernando Alonso	McLaren-Mercedes	1:18'37.806
2	Lewis Hamilton	McLaren-Mercedes	+6.062
3	**Kimi Raikkonen**	**Ferrari**	**+27.325**
5	**Kimi Raikkonen**	**Ferrari**	**1'23.183**

BELGIAN GP 第14戦 ベルギーGP

1	**Kimi Raikkonen**	**Ferrari**	**1:20'39.066**
2	Felipe Massa	Ferrari	+4.695
3	Fernando Alonso	McLaren-Mercedes	+14.343
PP	**Kimi Raikkonen**	**Ferrari**	**1'45.994**

JAPANESE GP 第15戦 日本GP

1	Lewis Hamilton	McLaren-Mercedes	2:00'34.579
2	Heikki Kovalainen	Renault	+8.377
3	**Kimi Raikkonen**	**Ferrari**	**+9.478**
3	**Kimi Raikkonen**	**Ferrari**	**1'25.516**

CHINESE GP 第16戦 中国GP

1	**Kimi Raikkonen**	**Ferrari**	**1:37'58.395**
2	Fernando Alonso	McLaren-Mercedes	+9.806
3	Felipe Massa	Ferrari	+12.891
2	**Kimi Raikkonen**	**Ferrari**	**1'36.044**

BRAZILIAN GP 第17戦 ブラジルGP

1	**Kimi Raikkonen**	**Ferrari**	**1:28'15.270**
2	Felipe Massa	Ferrari	+1.493
3	Fernando Alonso	McLaren-Mercedes	+57.019
3	**Kimi Raikkonen**	**Ferrari**	**1'12.322**

UNITED STATES GP 第10戦 アメリカGP

1	Michael Schumacher	Ferrari	1:34'35.199
2	Felipe Massa	Ferrari	+7.984
3	Giancarlo Fisichella	Renault	+16.595
R	**Kimi Raikkonen**	**McLaren-Mercedes**	**0 laps**
9	**Kimi Raikkonen**	**McLaren-Mercedes**	**1'13.174**

FRENCH GP 第11戦 フランスGP

1	Michael Schumacher	Ferrari	1:32'07.803
2	Fernando Alonso	Renault	+10.131
3	Felipe Massa	Ferrari	+22.546
5	**Kimi Raikkonen**	**McLaren-Mercedes**	**+33.006**
6	**Kimi Raikkonen**	**McLaren-Mercedes**	**1'16.281**

GERMAN GP 第12戦 ドイツGP

1	Michael Schumacher	Ferrari	1:27'51.693
2	Felipe Massa	Ferrari	+0.720
3	**Kimi Raikkonen**	**McLaren-Mercedes**	**+13.206**
PP	**Kimi Raikkonen**	**McLaren-Mercedes**	**1'14.070**

HUNGARIAN GP 第13戦 ハンガリーGP

1	Jenson Button	Honda	1:52'20.941
2	Pedro de la Rosa	McLaren-Mercedes	+30.837
3	Nick Heidfeld	BMW Sauber	+43.822
R	**Kimi Raikkonen**	**McLaren-Mercedes**	**25 laps**
PP	**Kimi Raikkonen**	**McLaren-Mercedes**	**1'19.599**

TURKISH GP 第14戦 トルコGP

1	Felipe Massa	Ferrari	1:28'51.082
2	Fernando Alonso	Renault	+5.575
3	Michael Schumacher	Ferrari	+5.656
R	**Kimi Raikkonen**	**McLaren-Mercedes**	**1 lap**
8 (7)	**Kimi Raikkonen**	**McLaren-Mercedes**	**1'27.866**

ITALIAN GP 第15戦 イタリアGP

1	Michael Schumacher	Ferrari	1:14'51.975
2	**Kimi Raikkonen**	**McLaren-Mercedes**	**+8.046**
3	Robert Kubica	BMW Sauber	+26.414
PP	**Kimi Raikkonen**	**McLaren-Mercedes**	**1'21.484**

CHINESE GP 第16戦 中国GP

1	Michael Schumacher	Ferrari	1:37'32.747
2	Fernando Alonso	Renault	+3.121
3	Giancarlo Fisichella	Renault	+44.197
R	**Kimi Raikkonen**	**McLaren-Mercedes**	**18 laps**
5	**Kimi Raikkonen**	**McLaren-Mercedes**	**1'45.754**

JAPANESE GP 第17戦 日本GP

1	Fernando Alonso	Renault	1:23'52.413
2	Felipe Massa	Ferrari	+16.151
3	Giancarlo Fisichella	Renault	+23.953
5	**Kimi Raikkonen**	**McLaren-Mercedes**	**+43.596**
11	**Kimi Raikkonen**	**McLaren-Mercedes**	**1'30.827**

BRAZILIAN GP 第18戦 ブラジルGP

1	Felipe Massa	Ferrari	1:31'53.751
2	Fernando Alonso	Renault	+18.658
3	Jenson Button	Honda	+19.394
5	**Kimi Raikkonen**	**McLaren-Mercedes**	**+28.503**
2	**Kimi Raikkonen**	**McLaren-Mercedes**	**1'11.299**

2007

AUSTRALIAN GP 第1戦 オーストラリアGP

Pos	Driver	Team	Time
1	**Kimi Raikkonen**	**Ferrari**	**1:25'28.770**
2	Fernando Alonso	McLaren-Mercedes	+7.242
3	Lewis Hamilton	McLaren-Mercedes	+18.595
PP	**Kimi Raikkonen**	**Ferrari**	**1'26.072**

MALAYSIAN GP 第2戦 マレーシアGP

1	Fernando Alonso	McLaren-Mercedes	1:32'14.930
2	Lewis Hamilton	McLaren-Mercedes	+17.557
3	**Kimi Raikkonen**	**Ferrari**	**+18.339**
3	**Kimi Raikkonen**	**Ferrari**	**1'35.479**

BAHRAIN GP 第3戦 バーレーンGP

1	Felipe Massa	Ferrari	1:33'27.515
2	Lewis Hamilton	McLaren-Mercedes	+2.360
3	**Kimi Raikkonen**	**Ferrari**	**+10.839**
3	**Kimi Raikkonen**	**Ferrari**	**1'33.131**

BRAZILIAN GP 第17戦 ブラジルGP

1	Juan Pablo Montoya	McLaren-Mercedes	1:29'20.574
2	**Kimi Raikkonen**	**McLaren-Mercedes**	**+2.527**
3	Fernando Alonso	Renault	+24.840
5	**Kimi Raikkonen**	**McLaren-Mercedes**	**1'12.781**

JAPANESE GP 第18戦 日本GP

1	**Kimi Raikkonen**	**McLaren-Mercedes**	**1:29'02.212**
2	Giancarlo Fisichella	Renault	+1.633
3	Fernando Alonso	Renault	+17.456
17	**Kimi Raikkonen**	**McLaren-Mercedes**	**2'02.309**

CHINESE GP 第19戦 中国GP

1	Fernando Alonso	Renault	1:39'53.618
2	**Kimi Raikkonen**	**McLaren-Mercedes**	**+4.015**
3	Ralf Schumacher	Toyota	+25.376
3	**Kimi Raikkonen**	**McLaren-Mercedes**	**1'34.488**

2006

Pos Driver Team Time

BAHRAIN GP 第1戦 バーレーンGP

1	Fernando Alonso	Renault	1:29'46.205
2	Michael Schumacher	Ferrari	+1.246
3	**Kimi Raikkonen**	**McLaren-Mercedes**	**+19.360**
22	**Kimi Raikkonen**	**McLaren-Mercedes**	**No Time**

MALAYSIAN GP 第2戦 マレーシアGP

1	Giancarlo Fisichella	Renault	1:30'40.529
2	Fernando Alonso	Renault	+4.585
3	Jenson Button	Honda	+9.631
R	**Kimi Raikkonen**	**McLaren-Mercedes**	**0 laps**
7 (6)	**Kimi Raikkonen**	**McLaren-Mercedes**	**1'34.983**

AUSTRALIAN GP 第3戦 オーストラリアGP

1	Fernando Alonso	Renault	1:34'27.870
2	**Kimi Raikkonen**	**McLaren-Mercedes**	**+1.829**
3	Ralf Schumacher	Toyota	+24.824
4	**Kimi Raikkonen**	**McLaren-Mercedes**	**1'25.822**

SAN MARINO GP 第4戦 サンマリノGP

1	Michael Schumacher	Ferrari	1:31'06.486
2	Fernando Alonso	Renault	+2.096
3	Juan Pablo Montoya	McLaren-Mercedes	+15.868
5	**Kimi Raikkonen**	**McLaren-Mercedes**	**+17.524**
8	**Kimi Raikkonen**	**McLaren-Mercedes**	**1'24.158**

EUROPEAN GP 第5戦 ヨーロッパGP

1	Michael Schumacher	Ferrari	1:35'58.765
2	Fernando Alonso	Renault	+3.751
3	Felipe Massa	Ferrari	+4.447
4	**Kimi Raikkonen**	**McLaren-Mercedes**	**+4.879**
5	**Kimi Raikkonen**	**McLaren-Mercedes**	**1'30.933**

SPANISH GP 第6戦 スペインGP

1	Fernando Alonso	Renault	1:26'21.759
2	Michael Schumacher	Ferrari	+18.502
3	Giancarlo Fisichella	Renault	+23.951
5	**Kimi Raikkonen**	**McLaren-Mercedes**	**+56.875**
9	**Kimi Raikkonen**	**McLaren-Mercedes**	**1'16.015**

MONACO GP 第7戦 モナコGP

1	Fernando Alonso	Renault	1:43'43.116
2	Juan Pablo Montoya	McLaren-Mercedes	+14.567
3	David Coulthard	Red Bull-Ferrari	+52.298
R	**Kimi Raikkonen**	**McLaren-Mercedes**	**50 laps**
3	**Kimi Raikkonen**	**McLaren-Mercedes**	**1'14.140**

BRITISH GP 第8戦 イギリスGP

1	Fernando Alonso	Renault	1:25'51.927
2	Michael Schumacher	Ferrari	+13.951
3	**Kimi Raikkonen**	**McLaren-Mercedes**	**+18.672**
2	**Kimi Raikkonen**	**McLaren-Mercedes**	**1'21.648**

CANADIAN GP 第9戦 カナダGP

1	Fernando Alonso	Renault	1'34.37.308
2	Michael Schumacher	Ferrari	+2.111
3	**Kimi Raikkonen**	**McLaren-Mercedes**	**+8.813**
3	**Kimi Raikkonen**	**McLaren-Mercedes**	**1'15.386**

BAHRAIN GP 第3戦 バーレーンGP

1	Fernando Alonso	Renault	1:29'18.531
2	Jarno Trulli	Toyota	+13.409
3	**Kimi Raikkonen**	**McLaren-Mercedes**	**+32.063**
9	**Kimi Raikkonen**	**McLaren-Mercedes**	**3'03.524**

SAN MARINO GP 第4戦 サンマリノGP

1	Fernando Alonso	Renault	1:27'41.921
2	Michael Schumacher	Ferrari	+0.215
3	Alexander Wurz	McLaren-Mercedes	+27.554
R	**Kimi Raikkonen**	**McLaren-Mercedes**	**9 laps**
PP	**Kimi Raikkonen**	**McLaren-Mercedes**	**2'42.880**

SPANISH GP 第5戦 スペインGP

1	**Kimi Raikkonen**	**McLaren-Mercedes**	**1:27'16.830**
2	Fernando Alonso	Renault	+27.652
3	Jarno Trulli	Toyota	+45.947
PP	**Kimi Raikkonen**	**McLaren-Mercedes**	**2'31.421**

MONACO GP 第6戦 モナコGP

1	**Kimi Raikkonen**	**McLaren-Mercedes**	**1:45'15.556**
2	Nick Heidfeld	Williams-BMW	+13.877
3	Mark Webber	Williams-BMW	+18.484
PP	**Kimi Raikkonen**	**McLaren-Mercedes**	**2'30.323**

EUROPEAN GP 第7戦 ヨーロッパGP

1	Fernando Alonso	Renault	1:31'46.648
2	Nick Heidfeld	Williams-BMW	+16.567
3	Rubens Barrichello	Ferrari	+18.549
11	**Kimi Raikkonen**	**McLaren-Mercedes**	**+1 lap**
2	**Kimi Raikkonen**	**McLaren-Mercedes**	**1'30.197**

CANADIAN GP 第8戦 カナダGP

1	**Kimi Raikkonen**	**McLaren-Mercedes**	**1:32'09.290**
2	Michael Schumacher	Ferrari	+1.137
3	Rubens Barrichello	Ferrari	+40.483
7	**Kimi Raikkonen**	**McLaren-Mercedes**	**1'15.923**

UNITED STATES GP 第9戦 アメリカGP

1	Michael Schumacher	Ferrari	1:29'43.181
2	Rubens Barrichello	Ferrari	+1.522
3	Tiago Monteiro	Jordan-Toyota	+1 lap
W	**Kimi Raikkonen**	**McLaren-Mercedes**	**DNS**
2	**Kimi Raikkonen**	**McLaren-Mercedes**	**1'10.694**

FRENCH GP 第10戦 フランスGP

1	Fernando Alonso	Renault	1:31'22.233
2	**Kimi Raikkonen**	**McLaren-Mercedes**	**+11.805**
3	Michael Schumacher	Ferrari	+1'21.914
3 (13)	**Kimi Raikkonen**	**McLaren-Mercedes**	**1'14.559**

BRITISH GP 第11戦 イギリスGP

1	Juan Pablo Montoya	McLaren-Mercedes	1:24'29.588
2	Fernando Alonso	Renault	+2.739
3	**Kimi Raikkonen**	**McLaren-Mercedes**	**+14.436**
2 (12)	**Kimi Raikkonen**	**McLaren-Mercedes**	**1'19.932**

GERMAN GP 第12戦 ドイツGP

1	Fernando Alonso	Renault	1:26'28.599
2	Juan Pablo Montoya	McLaren-Mercedes	+22.569
3	Jenson Button	BAR-Honda	+24.422
R	**Kimi Raikkonen**	**McLaren-Mercedes**	**35 laps**
PP	**Kimi Raikkonen**	**McLaren-Mercedes**	**1'14.320**

HUNGARIAN GP 第13戦 ハンガリーGP

1	**Kimi Raikkonen**	**McLaren-Mercedes**	**1:37'25.552**
2	Michael Schumacher	Ferrari	+35.581
3	Ralf Schumacher	Toyota	+36.129
4	**Kimi Raikkonen**	**McLaren-Mercedes**	**1'20.891**

TURKISH GP 第14戦 トルコGP

1	**Kimi Raikkonen**	**McLaren-Mercedes**	**1:24'34.454**
2	Fernando Alonso	Renault	+18.609
3	Juan Pablo Montoya	McLaren-Mercedes	+19.635
PP	**Kimi Raikkonen**	**McLaren-Mercedes**	**1'26.797**

ITALIAN GP 第15戦 イタリアGP

1	Juan Pablo Montoya	McLaren-Mercedes	1:14'28.659
2	Fernando Alonso	Renault	+2.479
3	Giancarlo Fisichella	Renault	+17.975
4	**Kimi Raikkonen**	**McLaren-Mercedes**	**+22.775**
PP (11)	**Kimi Raikkonen**	**McLaren-Mercedes**	**1'20.878**

BELGIAN GP 第16戦 ベルギーGP

1	**Kimi Raikkonen**	**McLaren-Mercedes**	**1:30'01.295**
2	Fernando Alonso	Renault	+28.394
3	Jenson Button	BAR-Honda	+32.077
2	**Kimi Raikkonen**	**McLaren-Mercedes**	**1'46.440**

UNITED STATES GP 第9戦 アメリカGP

1	Michael Schumacher	Ferrari	1:40'29.914
2	Rubens Barrichello	Ferrari	+2.950
3	Takuma Sato	BAR-Honda	+22.036
6	**Kimi Raikkonen**	**McLaren-Mercedes**	**+1 lap**
7	**Kimi Raikkonen**	**McLaren-Mercedes**	**1'11.137**

FRENCH GP 第10戦 フランスGP

1	Michael Schumacher	Ferrari	1:30'18.133
2	Fernando Alonso	Renault	+8.329
3	Rubens Barrichello	Ferrari	+31.622
7	**Kimi Raikkonen**	**McLaren-Mercedes**	**+36.230**
9	**Kimi Raikkonen**	**McLaren-Mercedes**	**1'14.346**

BRITISH GP 第11戦 イギリスGP

1	Michael Schumacher	Ferrari	1:24'42.700
2	**Kimi Raikkonen**	**McLaren-Mercedes**	**+2.130**
3	Rubens Barrichello	Ferrari	+3.114
PP	**Kimi Raikkonen**	**McLaren-Mercedes**	**1'18.233**

GERMAN GP 第12戦 ドイツGP

1	Michael Schumacher	Ferrari	1:23'54.848
2	Jenson Button	BAR-Honda	+8.388
3	Fernando Alonso	Renault	+16.351
R	**Kimi Raikkonen**	**McLaren-Mercedes**	**13 laps**
4 (3)	**Kimi Raikkonen**	**McLaren-Mercedes**	**1'13.690**

HUNGARIAN GP 第13戦 ハンガリーGP

1	Michael Schumacher	Ferrari	1:35'26.131
2	Rubens Barrichello	Ferrari	+4.696
3	Fernando Alonso	Renault	+44.599
R	**Kimi Raikkonen**	**McLaren-Mercedes**	**13 laps**
10	**Kimi Raikkonen**	**McLaren-Mercedes**	**1'20.570**

BELGIAN GP 第14戦 ベルギーGP

1	**Kimi Raikkonen**	**McLaren-Mercedes**	**1:32'35.274**
2	Michael Schumacher	Ferrari	+3.132
3	Rubens Barrichello	Ferrari	+4.371
10	**Kimi Raikkonen**	**McLaren-Mercedes**	**1'59.635**

ITALIAN GP 第15戦 イタリアGP

1	Rubens Barrichello	Ferrari	1:15'18.448
2	Michael Schumacher	Ferrari	+1.347
3	Jenson Button	BAR-Honda	+10.197
R	**Kimi Raikkonen**	**McLaren-Mercedes**	**13 laps**
7	**Kimi Raikkonen**	**McLaren-Mercedes**	**1'20.877**

CHINESE GP 第16戦 中国GP

1	Rubens Barrichello	Ferrari	1:29'12.420
2	Jenson Button	BAR-Honda	+1.035
3	**Kimi Raikkonen**	**McLaren-Mercedes**	**+1.469**
2	**Kimi Raikkonen**	**McLaren-Mercedes**	**1'34.178**

JAPANESE GP 第17戦 日本GP

1	Michael Schumacher	Ferrari	1:24'26.985
2	Ralf Schumacher	Williams-BMW	+14.098
3	Jenson Button	BAR-Honda	+19.662
6	**Kimi Raikkonen**	**McLaren-Mercedes**	**+39.362**
12	**Kimi Raikkonen**	**McLaren-Mercedes**	**1'36.820**

BRAZILIAN GP 第18戦 ブラジルGP

1	Juan Pablo Montoya	Williams-BMW	1:28'01.451
2	**Kimi Raikkonen**	**McLaren-Mercedes**	**+1.022**
3	Rubens Barrichello	Ferrari	+24.099
3	**Kimi Raikkonen**	**McLaren-Mercedes**	**1'10.892**

2005

Pos | Driver | Team | Time

AUSTRALIAN GP 第1戦 オーストラリアGP

Pos	Driver	Team	Time
1	Giancarlo Fisichella	Renault	1:24'17.336
2	Rubens Barrichello	Ferrari	+5.553
3	Fernando Alonso	Renault	+6.712
8	**Kimi Raikkonen**	**McLaren-Mercedes**	**+39.633**
10	**Kimi Raikkonen**	**McLaren-Mercedes**	**3'15.558**

MALAYSIAN GP 第2戦 マレーシアGP

1	Fernando Alonso	Renault	1:31'33.736
2	Jarno Trulli	Toyota	+24.327
3	Nick Heidfeld	Williams-BMW	+32.188
9	**Kimi Raikkonen**	**McLaren-Mercedes**	**+1'21.580**
6	**Kimi Raikkonen**	**McLaren-Mercedes**	**3'09.483**

HUNGARIAN GP 第13戦 ハンガリーGP

1	Fernando Alonso	Renault	1:39'01.460
2	**Kimi Raikkonen**	**McLaren-Mercedes**	**+16.768**
3	Juan Pablo Montoya	Williams-BMW	+34.537
7	**Kimi Raikkonen**	**McLaren-Mercedes**	**1'22.742**

ITALIAN GP 第14戦 イタリアGP

1	Michael Schumacher	Ferrari	1:14'19.838
2	Juan Pablo Montoya	Williams-BMW	+5.294
3	Rubens Barrichello	Ferrari	+11.835
4	**Kimi Raikkonen**	**McLaren-Mercedes**	**+12.834**
4	**Kimi Raikkonen**	**McLaren-Mercedes**	**1'21.466**

UNITED STATES GP 第15戦 アメリカGP

1	Michael Schumacher	Ferrari	1:33'35.997
2	**Kimi Raikkonen**	**McLaren-Mercedes**	**+18.258**
3	Heinz-Harald Frentzen	Sauber-Petronas	+37.964
PP	**Kimi Raikkonen**	**McLaren-Mercedes**	**1'11.670**

JAPANESE GP 第16戦 日本GP

1	Rubens Barrichello	Ferrari	1:25'11.743
2	**Kimi Raikkonen**	**McLaren-Mercedes**	**+11.085**
3	David Coulthard	McLaren-Mercedes	+11.614
8	**Kimi Raikkonen**	**McLaren-Mercedes**	**1'33.272**

2004

AUSTRALIAN GP 第1戦 オーストラリアGP

Pos	Driver	Team	Time
1	Michael Schumacher	Ferrari	1:24'15.757
2	Rubens Barrichello	Ferrari	+13.605
3	Fernando Alonso	Renault	+34.673
R	**Kimi Raikkonen**	**McLaren-Mercedes**	**9 laps**
10	**Kimi Raikkonen**	**McLaren-Mercedes**	**1'26.297**

MALAYSIAN GP 第2戦 マレーシアGP

1	Michael Schumacher	Ferrari	1:31'07.490
2	Juan Pablo Montoya	Williams-BMW	+5.022
3	Jenson Button	BAR-Honda	+11.568
R	**Kimi Raikkonen**	**McLaren-Mercedes**	**40 laps**
5	**Kimi Raikkonen**	**McLaren-Mercedes**	**1'34.164**

BAHRAIN GP 第3戦 バーレーンGP

1	Michael Schumacher	Ferrari	1:28'34.875
2	Rubens Barrichello	Ferrari	+1.367
3	Jenson Button	BAR-Honda	+26.687
R	**Kimi Raikkonen**	**McLaren-Mercedes**	**7 laps**
20 (19)	**Kimi Raikkonen**	**McLaren-Mercedes**	**No Time**

SAN MARINO GP 第4戦 サンマリノGP

1	Michael Schumacher	Ferrari	1:26'19.670
2	Jenson Button	BAR-Honda	+9.702
3	Juan Pablo Montoya	Williams-BMW	+21.617
8	**Kimi Raikkonen**	**McLaren-Mercedes**	**+1 lap**
20	**Kimi Raikkonen**	**McLaren-Mercedes**	**No Time**

SPANISH GP 第5戦 スペインGP

1	Michael Schumacher	Ferrari	1:27'32.841
2	Rubens Barrichello	Ferrari	+13.290
3	Jarno Trulli	Renault	+32.294
11	**Kimi Raikkonen**	**McLaren-Mercedes**	**+1 lap**
13	**Kimi Raikkonen**	**McLaren-Mercedes**	**1'17.445**

MONACO GP 第6戦 モナコGP

1	Jarno Trulli	Renault	1:45'46.601
2	Jenson Button	BAR-Honda	+0.497
3	Rubens Barrichello	Ferrari	+1'15.766
R	**Kimi Raikkonen**	**McLaren-Mercedes**	**27 laps**
6 (5)	**Kimi Raikkonen**	**McLaren-Mercedes**	**1'14.592**

EUROPEAN GP 第7戦 ヨーロッパGP

1	Michael Schumacher	Ferrari	1:32'35.101
2	Rubens Barrichello	Ferrari	+17.989
3	Jenson Button	BAR-Honda	+22.533
R	**Kimi Raikkonen**	**McLaren-Mercedes**	**9 laps**
4	**Kimi Raikkonen**	**McLaren-Mercedes**	**1'29.137**

CANADIAN GP 第8戦 カナダGP

1	Michael Schumacher	Ferrari	1:28'24.803
2	Rubens Barrichello	Ferrari	+5.108
3	Jenson Button	BAR-Honda	+20.409
5	**Kimi Raikkonen**	**McLaren-Mercedes**	**+1 lap**
8	**Kimi Raikkonen**	**McLaren-Mercedes**	**1'13.595**

JAPANESE GP 第17戦 日本GP

1	Michael Schumacher	Ferrari	1:26'59.698
2	Rubens Barrichello	Ferrari	+0.506
3	**Kimi Raikkonen**	**McLaren-Mercedes**	**+23.292**
4	**Kimi Raikkonen**	**McLaren-Mercedes**	**1'32.197**

2003

Pos	Driver	Team	Time

AUSTRALIAN GP 第1戦 オーストラリアGP

1	David Coulthard	McLaren-Mercedes	1:34'42.124
2	Juan Pablo Montoya	Williams-BMW	+8.675
3	**Kimi Raikkonen**	**McLaren-Mercedes**	**+9.192**
15	**Kimi Raikkonen**	**McLaren-Mercedes**	**1'29.470**

MALAYSIAN GP 第2戦 マレーシアGP

1	**Kimi Raikkonen**	**McLaren-Mercedes**	**1:32'22.195**
2	Rubens Barrichello	Ferrari	+39.286
3	Fernando Alonso	Renault	+1'04.007
7	**Kimi Raikkonen**	**McLaren-Mercedes**	**1'37.858**

BRAZILIAN GP 第3戦 ブラジルGP

1	Giancarlo Fisichella	Jordan-Ford	1:31'17.748
2	**Kimi Raikkonen**	**McLaren-Mercedes**	**+0.945**
3	Fernando Alonso	Renault	+6.348
4	**Kimi Raikkonen**	**McLaren-Mercedes**	**1'13.866**

SAN MARINO GP 第4戦 サンマリノGP

1	Michael Schumacher	Ferrari	1:28'12.058
2	**Kimi Raikkonen**	**McLaren-Mercedes**	**+1.882**
3	Rubens Barrichello	Ferrari	+2.291
6	**Kimi Raikkonen**	**McLaren-Mercedes**	**1'23.148**

SPANISH GP 第5戦 スペインGP

1	Michael Schumacher	Ferrari	1:33'46.933
2	Fernando Alonso	Renault	+5.716
3	Rubens Barrichello	Ferrari	+18.001
R	**Kimi Raikkonen**	**McLaren-Mercedes**	**0 laps**
20	**Kimi Raikkonen**	**McLaren-Mercedes**	**No Time**

AUSTRIAN GP 第6戦 オーストリアGP

1	Michael Schumacher	Ferrari	1:24'04.888
2	**Kimi Raikkonen**	**McLaren-Mercedes**	**+3.362**
3	Rubens Barrichello	Ferrari	+3.951
2	**Kimi Raikkonen**	**McLaren-Mercedes**	**1'09.189**

MONACO GP 第7戦 モナコGP

1	Juan Pablo Montoya	Williams-BMW	1:42'19.010
2	**Kimi Raikkonen**	**McLaren-Mercedes**	**+0.602**
3	Michael Schumacher	Ferrari	+1.720
2	**Kimi Raikkonen**	**McLaren-Mercedes**	**1'15.295**

CANADIAN GP 第8戦 カナダGP

1	Michael Schumacher	Ferrari	1:31'13.591
2	Ralf Schumacher	Williams-BMW	+0.784
3	Juan Pablo Montoya	Williams-BMW	+1.355
6	**Kimi Raikkonen**	**McLaren-Mercedes**	**+1'10.502**
20	**Kimi Raikkonen**	**McLaren-Mercedes**	**No Time**

EUROPEAN GP 第9戦 ヨーロッパGP

1	Ralf Schumacher	Williams-BMW	1:34'43.622
2	Juan Pablo Montoya	Williams-BMW	+16.821
3	Rubens Barrichello	Ferrari	+39.673
R	**Kimi Raikkonen**	**McLaren-Mercedes**	**25 laps**
PP	**Kimi Raikkonen**	**McLaren-Mercedes**	**1'31.523**

FRENCH GP 第10戦 フランスGP

1	Ralf Schumacher	Williams-BMW	1:30'49.213
2	Juan Pablo Montoya	Williams-BMW	+13.813
3	Michael Schumacher	Ferrari	+19.568
4	**Kimi Raikkonen**	**McLaren-Mercedes**	**+38.047**
4	**Kimi Raikkonen**	**McLaren-Mercedes**	**1'15.533**

BRITISH GP 第11戦 イギリスGP

1	Rubens Barrichello	Ferrari	1:28'37.554
2	Juan Pablo Montoya	Williams-BMW	+5.462
3	**Kimi Raikkonen**	**McLaren-Mercedes**	**+10.656**
3	**Kimi Raikkonen**	**McLaren-Mercedes**	**1'21.695**

GERMAN GP 第12戦 ドイツGP

1	Juan Pablo Montoya	Williams-BMW	1:28'48.769
2	David Coulthard	McLaren-Mercedes	+1.05.459
3	Jarno Trulli	Renault	+1'09.060
R	**Kimi Raikkonen**	**McLaren-Mercedes**	**0 laps**
5	**Kimi Raikkonen**	**McLaren-Mercedes**	**1'15.874**

SPANISH GP 第5戦 スペインGP

1	Michael Schumacher	Ferrari	1:30'29.981
2	Juan Pablo Montoya	Williams-BMW	+35.630
3	David Coulthard	McLaren-Mercedes	+42.623
R	**Kimi Raikkonen**	**McLaren-Mercedes**	**4 laps**
5	**Kimi Raikkonen**	**McLaren-Mercedes**	**1'17.519**

AUSTRIAN GP 第6戦 オーストリアGP

1	Michael Schumacher	Ferrari	1:33'51.562
2	Rubens Barrichello	Ferrari	+0.182
3	Juan Pablo Montoya	Williams-BMW	+17.730
R	**Kimi Raikkonen**	**McLaren-Mercedes**	**5 laps**
6	**Kimi Raikkonen**	**McLaren-Mercedes**	**1'09.154**

MONACO GP 第7戦 モナコGP

1	David Coulthard	McLaren-Mercedes	1:45'39.055
2	Michael Schumacher	Ferrari	+1.050
3	Ralf Schumacher	Williams-BMW	+1.07.450
R	**Kimi Raikkonen**	**McLaren-Mercedes**	**41 laps**
6	**Kimi Raikkonen**	**McLaren-Mercedes**	**1'17.660**

CANADIAN GP 第8戦 カナダGP

1	Michael Schumacher	Ferrari	1:33'36.111
2	David Coulthard	McLaren-Mercedes	+1.132
3	Rubens Barrichello	Ferrari	+7.082
4	**Kimi Raikkonen**	**McLaren-Mercedes**	**+37.563**
5	**Kimi Raikkonen**	**McLaren-Mercedes**	**1'13.898**

EUROPEAN GP 第9戦 ヨーロッパGP

1	Rubens Barrichello	Ferrari	1:35'07.426
2	Michael Schumacher	Ferrari	+0.294
3	**Kimi Raikkonen**	**McLaren-Mercedes**	**+46.435**
6	**Kimi Raikkonen**	**McLaren-Mercedes**	**1'30.591**

BRITISH GP 第10戦 イギリスGP

1	Michael Schumacher	Ferrari	1:31'45.015
2	Rubens Barrichello	Ferrari	+14.578
3	Juan Pablo Montoya	Williams-BMW	+31.661
R	**Kimi Raikkonen**	**McLaren-Mercedes**	**44 laps**
5	**Kimi Raikkonen**	**McLaren-Mercedes**	**1'20.133**

FRENCH GP 第11戦 フランスGP

1	Michael Schumacher	Ferrari	1:32'09.837
2	**Kimi Raikkonen**	**McLaren-Mercedes**	**+1.105**
3	David Coulthard	McLaren-Mercedes	+31.976
4	**Kimi Raikkonen**	**McLaren-Mercedes**	**1'12.244**

GERMAN GP 第12戦 ドイツGP

1	Michael Schumacher	Ferrari	1:27'52.078
2	Juan Pablo Montoya	Williams-BMW	+10.503
3	Ralf Schumacher	Williams-BMW	+14.466
R	**Kimi Raikkonen**	**McLaren-Mercedes**	**59 laps**
5	**Kimi Raikkonen**	**McLaren-Mercedes**	**1'15.639**

HUNGARIAN GP 第13戦 ハンガリーGP

1	Rubens Barrichello	Ferrari	1:41'49.001
2	Michael Schumacher	Ferrari	+0.434
3	Ralf Schumacher	Williams-BMW	+13.355
4	**Kimi Raikkonen**	**McLaren-Mercedes**	**+29.479**
11	**Kimi Raikkonen**	**McLaren-Mercedes**	**1'15.243**

BELGIAN GP 第14戦 ベルギーGP

1	Michael Schumacher	Ferrari	1:21'20.634
2	Rubens Barrichello	Ferrari	+1.977
3	Juan Pablo Montoya	Williams-BMW	+18.445
R	**Kimi Raikkonen**	**McLaren-Mercedes**	**35 laps**
2	**Kimi Raikkonen**	**McLaren-Mercedes**	**1'44.150**

ITALIAN GP 第15戦 イタリアGP

1	Rubens Barrichello	Ferrari	1:16'19.982
2	Michael Schumacher	Ferrari	+0.255
3	Eddie Irvine	Jaguar-Cosworth	+52.579
R	**Kimi Raikkonen**	**McLaren-Mercedes**	**29 laps**
6	**Kimi Raikkonen**	**McLaren-Mercedes**	**1'21.712**

UNITED STATES GP 第16戦 アメリカGP

1	Rubens Barrichello	Ferrari	1:31'07.934
2	Michael Schumacher	Ferrari	+0.011
3	David Coulthard	McLaren-Mercedes	+7.799
R	**Kimi Raikkonen**	**McLaren-Mercedes**	**50 laps**
6	**Kimi Raikkonen**	**McLaren-Mercedes**	**1'11.633**

FRENCH GP 第10戦 フランスGP

1	Michael Schumacher	Ferrari	1:33'35.636
2	Ralf Schumacher	Williams-BMW	+10.399
3	Rubens Barrichello	Ferrari	+16.381
7	**Kimi Raikkonen**	**Sauber-Petronas**	**+1 lap**
13	**Kimi Raikkonen**	**Sauber-Petronas**	**1'14.536**

BRITISH GP 第11戦 イギリスGP

1	Mika Hakkinen	McLaren-Mercedes	1:25'33.770
2	Michael Schumacher	Ferrari	+33.646
3	Rubens Barrichello	Ferrari	+59.280
5	**Kimi Raikkonen**	**Sauber-Petronas**	**+1 lap**
7	**Kimi Raikkonen**	**Sauber-Petronas**	**1'22.023**

GERMAN GP 第12戦 ドイツGP

1	Ralf Schumacher	Williams-BMW	1:18'17.873
2	Rubens Barrichello	Ferrari	+46.117
3	Jacques Villeneuve	BAR-Honda	+1'02.806
R	**Kimi Raikkonen**	**Sauber-Petronas**	**16 laps**
8	**Kimi Raikkonen**	**Sauber-Petronas**	**1'40.072**

HUNGARIAN GP 第13戦 ハンガリーGP

1	Michael Schumacher	Ferrari	1:41'49.675
2	Rubens Barrichello	Ferrari	+3.363
3	David Coulthard	McLaren-Mercedes	+3.940
7	**Kimi Raikkonen**	**Sauber-Petronas**	**+1 lap**
9	**Kimi Raikkonen**	**Sauber-Petronas**	**1'15.906**

BELGIAN GP 第14戦 ベルギーGP

1	Michael Schumacher	Ferrari	1:08'05.002
2	David Coulthard	McLaren-Mercedes	+10.098
3	Giancarlo Fisichella	Benetton-Renault	+27.742
R	**Kimi Raikkonen**	**Sauber-Petronas**	**DNS**
12	**Kimi Raikkonen**	**Sauber-Petronas**	**1'59.050**

ITALIAN GP 第15戦 イタリアGP

1	Juan Pablo Montoya	Williams-BMW	1:16'58.493
2	Rubens Barrichello	Ferrari	+5.175
3	Ralf Schumacher	Williams-BMW	+17.335
7	**Kimi Raikkonen**	**Sauber-Petronas**	**+1'23.107**
9	**Kimi Raikkonen**	**Sauber-Petronas**	**1'23.595**

UNITED STATES GP 第16戦 アメリカGP

1	Mika Hakkinen	McLaren-Mercedes	1:32'42.840
2	Michael Schumacher	Ferrari	+11.046
3	David Coulthard	McLaren-Mercedes	+12.043
R	**Kimi Raikkonen**	**Sauber-Petronas**	**2 laps**
11	**Kimi Raikkonen**	**Sauber-Petronas**	**1'12.881**

JAPANESE GP 第17戦 日本GP

1	Michael Schumacher	Ferrari	1:27'33.298
2	Juan Pablo Montoya	Williams-BMW	+3.154
3	David Coulthard	McLaren-Mercedes	+23.262
R	**Kimi Raikkonen**	**Sauber-Petronas**	**5 laps**
12	**Kimi Raikkonen**	**Sauber-Petronas**	**1'34.581**

2002

Pos	Driver	Team	Time

AUSTRALIAN GP 第1戦 オーストラリアGP

1	Michael Schumacher	Ferrari	1:35'36.792
2	Juan Pablo Montoya	Williams-BMW	+18.628
3	**Kimi Raikkonen**	**McLaren-Mercedes**	**+25.067**
5	**Kimi Raikkonen**	**McLaren-Mercedes**	**1'27.161**

MALAYSIAN GP 第2戦 マレーシアGP

1	Ralf Schumacher	Williams-BMW	1:34'12.912
2	Juan Pablo Montoya	Williams-BMW	+39.700
3	Michael Schumacher	Ferrari	+1'01.795
R	**Kimi Raikkonen**	**McLaren-Mercedes**	**24 laps**
5	**Kimi Raikkonen**	**McLaren-Mercedes**	**1'36.468**

BRAZILIAN GP 第3戦 ブラジルGP

1	Michael Schumacher	Ferrari	1:31'43.663
2	Ralf Schumacher	Williams-BMW	+0.588
3	David Coulthard	McLaren-Mercedes	+59.109
12	**Kimi Raikkonen**	**McLaren-Mercedes**	**+4 laps**
5	**Kimi Raikkonen**	**McLaren-Mercedes**	**1'13.595**

SAN MARINO GP 第4戦 サンマリノGP

1	Michael Schumacher	Ferrari	1:29'10.789
2	Rubens Barrichello	Ferrari	+17.907
3	Ralf Schumacher	Williams-BMW	+19.755
R	**Kimi Raikkonen**	**McLaren-Mercedes**	**44 laps**
5	**Kimi Raikkonen**	**McLaren-Mercedes**	**1'22.104**

TILASTOTIETOA 2001-2018

キミ・ライコネンF1全成績

※データは2018年9月16日までのもの
DNS：スタートせず　R：リタイア　W：撤退　（網掛け）：予選　PP：ポールポジション
（　）カッコ内は予選結果から変更になった場合のスターティンググリッド

2001

AUSTRALIAN GP 第1戦 オーストラリアGP

Pos	Driver	Team	Time
1	Michael Schumacher	Ferrari	1:38'26.533
2	David Coulthard	McLaren-Mercedes	+1.718
3	Rubens Barrichello	Ferrari	+33.491
6	**Kimi Raikkonen**	**Sauber-Petronas**	**+1'24.143**
13	**Kimi Raikkonen**	**Sauber-Petronas**	**1'28.993**

MALAYSIAN GP 第2戦 マレーシアGP

Pos	Driver	Team	Time
1	Michael Schumacher	Ferrari	1:47'34.801
2	Rubens Barrichello	Ferrari	+23.660
3	David Coulthard	McLaren-Mercedes	+28.555
R	**Kimi Raikkonen**	**Sauber-Petronas**	**0 laps**
14	**Kimi Raikkonen**	**Sauber-Petronas**	**1'37.728**

BRAZILIAN GP 第3戦 ブラジルGP

Pos	Driver	Team	Time
1	David Coulthard	McLaren-Mercedes	1:39'00.834
2	Michael Schumacher	Ferrari	+16.164
3	Nick Heidfeld	Sauber-Petronas	+1 lap
R	**Kimi Raikkonen**	**Sauber-Petronas**	**55 laps**
10	**Kimi Raikkonen**	**Sauber-Petronas**	**1'14.924**

SAN MARINO GP 第4戦 サンマリノGP

Pos	Driver	Team	Time
1	Ralf Schumacher	Williams-BMW	1:30'44.817
2	David Coulthard	McLaren-Mercedes	+4.352
3	Rubens Barrichello	Ferrari	+34.766
R	**Kimi Raikkonen**	**Sauber-Petronas**	**17 laps**
10	**Kimi Raikkonen**	**Sauber-Petronas**	**1'24.671**

SPANISH GP 第5戦 スペインGP

Pos	Driver	Team	Time
1	Michael Schumacher	Ferrari	1:31'03.305
2	Juan Pablo Montoya	Williams-BMW	+40.738
3	Jacques Villeneuve	BAR-Honda	+49.626
8	**Kimi Raikkonen**	**Sauber-Petronas**	**+1'19.808**
9	**Kimi Raikkonen**	**Sauber-Petronas**	**1'19.229**

AUSTRIAN GP 第6戦 オーストリアGP

Pos	Driver	Team	Time
1	David Coulthard	McLaren-Mercedes	1:27'45.927
2	Michael Schumacher	Ferrari	+2.191
3	Rubens Barrichello	Ferrari	+2.528
4	**Kimi Raikkonen**	**Sauber-Petronas**	**+41.594**
9	**Kimi Raikkonen**	**Sauber-Petronas**	**1'10.396**

MONACO GP 第7戦 モナコGP

Pos	Driver	Team	Time
1	Michael Schumacher	Ferrari	1:47'22.561
2	Rubens Barrichello	Ferrari	+0.431
3	Eddie Irvine	Jaguar-Cosworth	+30.698
10	**Kimi Raikkonen**	**Sauber-Petronas**	**+5 laps**
15	**Kimi Raikkonen**	**Sauber-Petronas**	**1'20.081**

CANADIAN GP 第8戦 カナダGP

Pos	Driver	Team	Time
1	Ralf Schumacher	Williams-BMW	1:34'31.522
2	Michael Schumacher	Ferrari	+20.235
3	Mika Hakkinen	McLaren-Mercedes	+40.672
4	**Kimi Raikkonen**	**Sauber-Petronas**	**+1'08.115**
7	**Kimi Raikkonen**	**Sauber-Petronas**	**1'16.875**

EUROPEAN GP 第9戦 ヨーロッパGP

Pos	Driver	Team	Time
1	Michael Schumacher	Ferrari	1:29'42.724
2	Juan Pablo Montoya	Williams-BMW	+4.217
3	David Coulthard	McLaren-Mercedes	+24.993
10	**Kimi Raikkonen**	**Sauber-Petronas**	**+1 lap**
9	**Kimi Raikkonen**	**Sauber-Petronas**	**1'16.402**